글로 듣는 정치학 수업

이인성 저

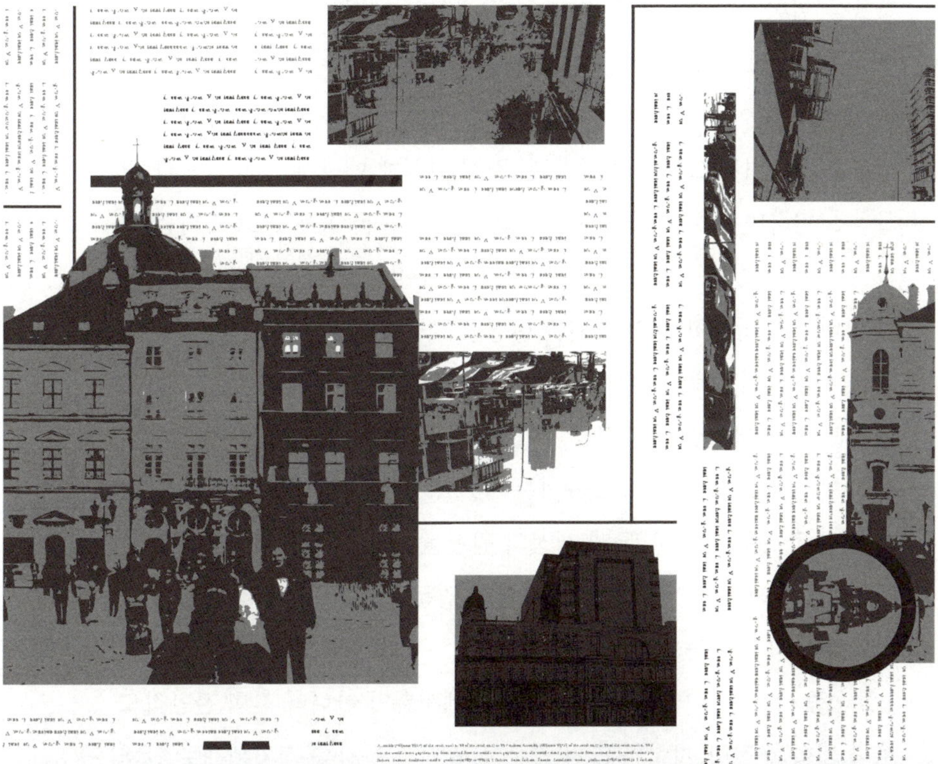

형설출판사
www.hyungseul.co.kr

서 문

이 책은 정치학을 처음 접하거나 정치세계를 제대로 알기 원하는 독자들을 위한 것이다. 책을 쓰게 된 직접적인 계기는 필자가 대학에서 『정치학 입문』 수업을 10년 넘게 진행하면서 갖게 된 나름대로의 인상과 소감 때문이다. 정치학 수업을 통해 학부 학생들, 특히 1학년 신입생들을 만나면서 그들이 갖고 있는 정치 현실에 대한 많은 궁금증과 정답을 고민하면서 한국 사회가 정치적 편견과 혼돈 속에 살고 있다는 생각을 하게 되었다. 『정치학 입문』 수업이 수강자들에게 인생에서 처음이자 마지막 정치학 수업이 되는 현실을 깨닫고 한 학기 수업의 목표를 학생들이 정치세계의 원형을 알고 그를 기반으로 정치 현상을 스스로 판단할 수 있게 돕는 방향으로 설정하였다. 수업의 내용도 매주 정치세계의 핵심 요소를 하나씩 소개하는 것으로 구성하였으며, 오해와 편견이 많은 주제는 토론을 통해 쟁점의 원인을 점검해보는 시간을 갖고자 하였다. 이 책은 한 학기 동안 『정치학 입문』 수업시간에 진행되는 강의와 토론의 핵심을 정리한 것이다.

초·중·고등학교와 대학의 교육과정에서뿐만 아니라 사회 전반적으로 정치학을 접할 기회가 많지 않은 상황에서 독자를 정치세계로 안내하는 역할을 자처하다 보니 '핵심성'이 본서의 첫 번째 구성 원칙이 되었다. 그 결과 오랜 기간 축적해 놓은 정치학의 다양한 주제와 방대한 논의 내용을 두루 소개하는 대신에 정치학의 핵심 주제와 기본 내용을 추려내고 정리하는 것에 집중하였다. 또한 많은 정치학자와 학설을 소개하고 인용하기보다는 주요 분야의 선구적 인물과 그들의 생각을 알리는 데에 초점을 두었다. 그러면서도 대학의 정치학 수업이 요구하는 학문적 자세와 기준을 갖추기 위한 '학술성'과 정치학의 보편적 가치와 지식을 전달하기 위한 '보편성'을 갖추는 데에 유의하였다. 이를 통하여 우리가 살고 있는 정치세계를 객관적으로 이해하고, 정치세계 속에서 개인의 모습과 자기 정체성을 확인하고, 바람직한 정치세계를 그려볼 수 있는 태도와 식견을 갖추는데 도움이 되고자 하였다.

본서의 제1부는 정치학의 주요 개념과 구성 요소를 다루고 있다. 정치의 의미와 발생 조건, 권력과 국가 및 정부 제도와 같은 정치적 수단, 정치문화와 정치이데올로기와 같은 정치의 배경적 요인에 대해 살펴보고자 한다. 제2부는 정치의 과정과 제도를 살펴보는 데에 초점을 둔다. 정치과정에서 특히 현대 문명사회가 지향하고 있는 민주정치과정에서 주요 역할을 수행하고 있는 기구와 조직을 알아보고, 민주정치의 특징과 한계에 대해 살펴본 후 민주정치의 지속 가능 조건과 국제사회로의 확장 가능성에 대해 검토하고자 한다. 이상의 내용을 다루면서 각 주제별로 과거와 현재의 모습을 정리하는 데에 머물지 않고 세계화와 4차 산업혁명의 물결 속에서 일어날 수 있는 변화 내용을 소개함으로써 미래 정치에 대한 독자들의 관심을 촉구하고자 하였다.

정치학자에게 정치학 책을 쓴다는 것은 부담스러우면서도 가슴 설레는 도전이 아닐 수 없다. 2000년이 넘는 세월 동안 쌓아온 정치학의 방대한 내용을 어떻게 정리할지, 현대 정치학의 세부 분야별 전문 지식을 어떤 방식으로 담아낼 지 고민하는 것은 커다란 부담으로 다가온다. 그러면서도 오래전 정치학 개론서를 읽으며 정치학도로서 첫 걸음을 뗐던 초심의 설렘이 느껴진다. 그간 정치학의 세부 주제들에 집중하다가 처음 기본으로 되돌아온 기분이다. 현시대와 같이 정치 사회가 여러 진영으로 나뉘고, 진영 논리 속에 전문성이 묻히고, 정치적 진실이 단편적 정보에 의해 가려지는 세태 속에서 "Back to Basics", 정치학의 기본을 살펴보는 것의 중요성을 절실히 느낀다.

정치는 사람들이 모여 사는 사회공동체의 규칙과 질서를 만드는 과정이다. 사회 규칙과 질서가 바뀌면 개인과 사회공동체의 삶이 송두리째 바뀌게 된다. 그래서 정치가 개인과 사회공동체에 미치는 영향력은 매우 크다고 할 수 있다. 다행히 현대 민주정치는 특정인이나 소수의 사람이 아닌 모든 사회구성원을 위한 정치가 되었고 모든 성인 구성원은 투표권을 행사하거나 직접 정치인이나 공직자가 되어 정치에 참여할 수 있게 되었다. 그러나 이 같은 직접 혹은 간접 방식의 정치참여를 생각하기 전에 정치세계에 대한 올바른 이해와 식견을 갖추는 것이 모든 민주시민의 선행 조건으로 요청된다. 민주주의 규범과 제도가 발달할수록 민주시민이 감당해야 할 정치적 역할과 책임도 커질 수밖에 없다. 민주시민의 역할을 제대로 수행하기 위하여 정치학 공부에 도전하는 분들께 이 책이 도움이 되기를 진심으로 바란다.

2022년 8월
정의관 연구실에서
이 인 성

목 차

PART I 정치의 기본 개념과 구성요소

Chapter 5 정치의 배경요인(2) - 정치이데올로기

PART II 정치의 과정과 제도

Chapter 6 정치체계의 구조와 기능

PART Ⅰ

정치의 기본 개념과 구성요소

Chapter 1
정치의 개념과 조건

"나는 정치와 전쟁을 연구해야 한다. 그러면 내 자식들은 수학과 철학을 연구할 자유를 가지게 될 것이고, 그들의 자식들은 그림, 시, 음악 그리고 건축 등을 연구할 권리를 가지게 될 것이다"

– 존 애덤스(John Adams, 1735~1826), 미국 제2대 대통령

"정치는 거의 전쟁만큼이나 흥미진진하며 위험한 것이다. 전쟁에서는 단지 한 번 죽임을 당하지만 정치에서는 여러 번 당할 수 있다"

– 윈스턴 처칠(Sir Winston Churchill, 1874~1965), 영국 제61·63대 총리, 노벨문학상 수상

개요

현대 사회의 많은 시민이 정치를 잘 안다고 느끼는 착시 현상의 원인을 알아보고 정치학을 배워야 하는 이유에 대해 생각한다. 정치가 발생하는 이유와 조건, 정치의 사회적 기능과 의미를 살펴본다. 정치는 공동체 의사를 결정하고 집행하는 것이라는 점과, 내부 갈등을 조정하고 공동체 삶과 집단 역량을 유지하기 위한 사회관리의 기술이라는 점을 강조한다. 이어서 정치의 개입 범위와 작동 방식의 특징에 대해 알아본다.

주요 개념어

01. 정치학의 선구자들, 정치 정보 vs. 정치학, 정치사상과 정치이론, 무지의 유권자, 무자격의 정치인

02. 정치의 발생 이유와 조건, 집단의사의 결정과 집행, 정치집단의 규모와 성격, 인간의 주체성과 자율성, 의견 충돌과 이익 갈등, 공동체 유지와 집합적 역량, 관계 설정과 집단 구성의 능력

03. 정치의 기능, 통일적 의사결정과 집단 행동, 정치권력의 4대 특성, 정치의 사회관리 기능, 공공정책의 4대 기능

01 정치도 배워야 안다

정치학에 대한 공부 없이 정치를 제대로 알 수 있으며 제대로 할 수 있을까? 예나 지금이나 정치는 많은 사람들의 관심을 끄는 영역이다. 누군가에게 정치는 자신의 힘과 영향력을 과시할 수 있는 기회의 영역이지만 다른 누군가에게는 자신의 자유로운 삶과 행복을 위해 늘 지켜봐야 하는 경계의 대상으로 느껴지기도 한다. 이처럼 수많은 사람의 삶과 운명에 지대한 영향을 미쳐온 정치이기에 그에 대한 궁금증과 의문이 컸고, 정치 현상을 학문적으로 탐구하기 위한 노력도 오래전부터 시작되었다. 그래서 정치학의 역사는 동양에서는 BC 8세기~BC 3세기 춘추전국시대에 활약한 공자와 제자백가의 사상에까지, 서양에서는 고대 그리스의 플라톤(Plato, BC 428/427~348/347)과 아리스토텔레스(Aristotle, BC 384~322)의 저술에까지 거슬러 올라간다. 이후 2000년이 넘는 세월 동안 많은 정치 사상가와 이론가들이 제기했던 수많은 질문과 답에 대해 알지 못한다면 정치를 제대로 이해하고 제대로 행하기 어렵다.

많은 현대인은 정치학의 도움 없이도 정치를 잘 알고 잘 할 수 있다고 느낀다. 그렇게 느끼는 데에는 몇 가지 이유가 있다. 첫째, 정치는 우리가 살고 있는 사회공동체의 통치행위와 권력관계에 대한 이야기이므로 누구에게나 익숙한 주제이기 때문이다. 둘째, 현대사회의 방송언론매체와 온라인 네트워크가 제공하는 방대한 분량의 정치 소식과 분석 정보 덕분에 누구나 정치에 대해 한마디씩 이야기하는 것이 어렵지 않게 되었다. 셋째, 정치학은 다른 사회과학 전공들, 예를 들어 경제학 · 경영학 · 법학 · 행정학 등에 비해 어려울 것이 없는, 그래서 특별히 배워야 할 필요가 적은 평범한 학문으로 다가온다. 정치학은 경제학이나 경영학에서처럼 수리 통계적 분석 방법이나 기타 특별한 방법론을 필수 요건으로 요구하지 않으며 법학이나 행정학보다 세상 이야기에 가깝기 때문에 범용성이 높은 학문으로 여겨진다.

그러나 정치 정보가 정치학은 아니다. 정치에 대해 자주 듣는다고 해서 정치를 제대로 아는 것은 아니다. 자신이 관심을 갖고 자주 듣고 직접 경험하는 부분만 잘 알 뿐이다. 직업적으로 정치 기사를 수집하고 시론을 쓰는 시사평론가나 정치 현장에서 잔뼈가 굵은 정치인들은 자신이 관찰하고 겪은 정치 문제와 상황에 능숙할 수는 있으나, 그 문제와 상황이 갖는 의미와 정치 현장의 이면에 감추어져 있는 기본 원형에 대해서는 잘 모르는 경우가 많다.

평생 정치와 무관한 분야에서 열심히 활동하다가 정치세계에 진출한 의원들은 수시로 바뀌는 시세의 흐름 속에서 자기 나름대로의 정치 개념과 계산법에만 의지한 채 헤쳐 나가기 바쁘다. 정치의 기본 원형과 본질적 특징을 모를 경우 시시각각으로 변하는 정치세계의 파도만 바라볼 뿐 파도를 일으키는 바람은 보지 못하는 경우가 많다. 또한 오늘날 선거투표장에 들어서는 유권자 중에는 초 · 중 · 고등학교와 대학 학창시절에 정치학 수업을 한 번도 제대로 들어본 적이 없는 사람들이 많다. 이들은 민주주의가 가장 좋은 정치제도라는 생각을 가지고 있으나 민주정치의 특징과 요건, 민주정치의 여러 유형과 장단점에 대해서는 잘 알지 못한다. 그렇기 때문에 단편적인 정책 이슈와 귓가에 들리는 소문 그리고 선동적인 구호에 휩쓸려 투표하기 쉽다. 이러한 정치인과 유권자들이 많은 사회에서는 정치 발전을 기대하기 어렵다.

다른 전공과 마찬가지로 정치학에도 기본 개념과 이론적 모형들이 존재한다. 정치학을 크게 두 분야로 나눌 때, 바람직한 정치를 구현하고자 하는 <정치사상> 영역과 현실 정치의 과정과 제도를 체계적으로 분석하기 위한 <정치이론> 영역이 존재한다. 시민의 정치참여가 실제적으로 중요한 비중을 차지하는 민주사회에서 정치사상과 정치이론 두 영역의 기본 내용은 민주시민의 선택과목이 아닌 필수과목이 되었다. 이것은 공직자가 되길 원하는 정치 지망생이나 정치를 바르게 보길 원하는 유권자들이 최소 한번은 공부해야 할 내용들이다. 이런 기초가 전제될 때 무자격의 정치인과 무지의 유권자가 없는 21세기 민주정치 사회를 기대할 수 있을 것이다.

02 정치는 언제, 어떤 경우에 발생하는가

정치는 언제, 어떤 경우에 발생할까? 사람이 제각기 고립적으로 살아가는 곳에서는 정치가 발생하지 않는다. 정치는 사람과 사람의 관계 속에서 발생하기 때문이다. 정치가 발생하기 위해서는 최소한 다음 두 가지 조건이 충족되어야 한다.

집단생활

첫째, 사람들로 구성된 사회집단이 있어야 한다. 예를 들어 영국의 작가인 대니얼 디포(Daniel Defoe, 1660~1731)가 1719년에 발표한 장편 소설 『로빈슨 크루소』(Robinson Crusoe)의 주인공은 무인도에 혼자 사는 동안 생존을 위해 척박한 자연 환경과 치열한 싸움을 벌이는데 그의 무인도 삶에는 정치가 존재하지 않는다. 사람들이 모여 집단을 이루고 그 집단이 공동의 행동을 추구하는 조직으로 성장하여 구성원들의 의사와 행동을 규제하기 시작할 때에야 비로소 정치가 발생한다. 정치가 발생하기 위해서는 사회집단의 규모가 어느 정도 되어야 할까? 이론적으로는 두 사람이 모이면 정치가 발생할 수 있다. 『로빈슨 크루소』 소설로 되돌아가면, 어느 날 무인도에 흑인 노예가 표류되면서 두 사람으로 구성된 사회집단이 형성된다. 그들의 생존 노력이 협업과 집단행동으로 발전하면서 두 사람은 힘을 합치게 되고 공동 작업에 대한 의사결정이 뒤따르면서 정치가 시작된다. 비록 두 사람만으로 구성된 최소 규모의 집단이지만 나름대로 집단의사의 결정과 집행이라는 정치 활동이 발생한 것이다.

그러나 정치가 발생하기 위해서는 집단의 규모보다 집단의 성격이 더 중요하다. 길거리를 바쁘게 스쳐 지나가는 군중 사이에는 그 수가 아무리 많더라도 정치가 발생하기 어렵다. 정치가 발생하기 위해서는 집단 구성원 간에 지속적이고 안정적인 상호 작용과 관계가 있어야 한다. 크루소가 프라이데이(Friday)라고 이름 붙여준 흑인 노예는 무인도에서 생존이라는 절체 절명의 과제 앞에서 크루소와 힘을 합해야 했고 두 사람은 지속적인 협업 속에서 안정적인 관계를 맺을 수밖에 없었다. 이처럼 정치는 사람들이 함께 있는 단순한 무리가 아니라 상호작용이 있는 공동체 집단을 전제로 한다. 정치가 발생하는 공동체 집단은 민족, 역사, 언어, 문화 등 여러 방면에서의 동질성을 기반으로 형성되지만 그에 그치지 않고 통일적 의사결정과 집단행동이 이루어지는 집단이다.

갈등조정

둘째로, 공동체 집단의 의사를 결정하는 과정에서 구성원 간의 차이와 갈등을 조정하는 것이 필요하다. 구성원 간의 의견 충돌과 이익 갈등이 클수록 의사의 결정과 집행은 공동체 생활에 큰 과제로 다가온다. 어떤 사회집단이건 간에 사람들이 모인 곳에는 구성원들의 생각과 관심의 차이로 인해 많은 이견과 갈등이 발생한다. 때때로 공산주의체제와 같은 전체주의(totalitarianism) 국가들이 등장하여 사회구성원들을 하나의 사상과 이념으로 통일시키려는 시도를 하였지만 모두 수포로 돌아갔다. 그만큼 인간은 자기 주체성과 자율성이 강한 존재라 할 수 있다. 아무리 결속력이 강한 공동체 집단이라도 내부 갈등이 없는 것은 지극히 이례적인 일이며, 정치는 집단의사의 결정을 통해 내부 갈등을 해소하려는 노력과 밀접하게 연관되어 있다. 인간의 자율적 주체성과 인간 사회에 내재되어 있는 갈등성은 정치를 발생시키는 두 번째 요인이 된다.

인간 사회의 갈등성은 다른 동물들의 집단생활과 비교할 때 더욱 뚜렷이 드러난다. 집단생활을 하는 동물 중 개미나 벌은 상당한 규모의 집단을 형성한다. 그러나 개미나 벌의 집단생활에서는 우리가 아는 정치가 보이지 않는다. 개미와 벌은 각자 타고난 본능대로 자기 역할을 할 뿐 자신의 의견을 주장하지 않기 때문에 전체 집단의사를 도출하기 위한 정치 활동이 필요하지 않다. 반면에 인간은 개미나 벌과 달리 태어날 때부터 자기 역할이 본능적으로 정해져 있지 않으며 개성과 자아의식이 강한 존재로 성장한다. 이 같은 개인의 주체성과 자율성은 집단생활에서 의견 충돌과 이익 갈등을 유발하는 원인이 된다. 정치는 개개의 구성원이 지닌 개체성을 초월하여 공동체 집단을 유지하고 구성원들의 집합적 역량을 결집하려는 노력과 밀접하게 연관되어 있다. 이 점에서 정치는 자율적인 인간이 가진 특성과 한계를 극복하고 안전과 번영을 이루기 위해 고안된 사회적 기술이라고 말할 수 있다.

동물 이야기를 조금 더 해보면 개미나 벌보다 고등 동물인 늑대와 사자 무리의 집단생활에서는 원시적인 정치 현상이 나타난다. 이들 동물은 우두머리 수컷을 중심으로 20~30 마리가 하나의 집단을 이루어 사냥과 집단 방어 활동에서 고도의 조직력을 발휘하지만, 우두머리 지위를 놓고 수컷들 사이에서는 경쟁이 벌어지고 때로는 무자비한 우두머리를 몰아내기 위해 내부 반란이 일어나는 등의 권력 투쟁도 발생한다. 그러나 인간의 집단 조직력은 늑대나 사자 무리에 비할 바가 아니다. 수만 명, 수천 만 명을 넘어 현대 중국의 경우 14억 명의 사람을 하나의 집단으로 묶고 있다. 억 단위 이상의 인구를 가진 거대 국가들은 인간이 가진 관계설정 능력과 집단구성 능력이 어느 정도까지 확대될 수 있는지 보여주는 산 증거이다.

03 정치는 무엇이며 왜 필요한가

정치의 기능

정치란 무엇이며 어떤 일을 하는 것인가? 인간사회 내에서도 정치가 작동하는 공동체 집단과 그렇지 않은 집단 사이에는 커다란 차이가 있다. 정치 공동체는 구성원의 의사를 결집하여 통일된 행동을 만들어 내는 집단이다. 정치는 공동체 구성원의 의사를 규합하여 공동체 전체를 대표하는 결정을 만들어내고 집행하는 일을 한다. 이를 통해 구성원을 하나의 유기적 행동집단으로 유지하고 내부 협업을 이끌어 내어 공동체와 구성원의 안전, 발전을 도모한다. 정치과정을 통하여 결정된 의사는 공동체 전체의 의사로 간주되기 때문에 개인이나 사회조직의 의사보다 우위에 있고(최고성), 옳은 것이고(합법성), 구성원 모두에게 적용되며(포괄성), 개인 의사와 관계없이 따라야 하는 것으로(비선택성) 간주된다. 오늘날 국가공동체를 대표하는 정부의 공권력은 이들 네 가지의 특성을 모두 가지고 있다.

정치의 개입 범위

정치가 만들어 내는 공동체 집단의사의 개입 범위에는 사실상 제한이 없다. 근대 자유주의 사상이 개인의 자유와 권리를 열심히 설파한 덕분에 국가 공권력의 개입 범위가 축소되긴 하였지만 정부는 공공정책을 통해 거의 모든 사회 영역을 규제하고 관리할 명분과 수단을 가지고 있다. 실제로 나라가 안정되고 발전하려면 정치의 사회관리 기능이 발달하여 경제, 경영, 교육, 문화, 국방, 외교 등 제반 영역의 활동이 정치적 조율 속에서 활발하고 조화롭게 펼쳐져야 한다. 역사적으로 정치의 개입 범위와 방식은 국가와 시대에 따라 달라져 왔다. 자유민주주의 국가는 개인의 자유를 허용하기 위하여 정치의 개입 범위를 최소화하는 반면, 사회주의 국가는 개인 간 평등을 확보하기 위하여 경제와 사회 영역에 이르기까지 폭넓게 개입한다. 한편, 민주주의 국가는 구성원 전체가 공동체 집단의사의 결정 과정에 참여할 권리가 있다고 보는 반면에 독재국가에서는 소수의 구성원이 공동체 전체의 집단의사를 결정한다.

정치의 작동방식

정치가 공동체 집단을 위해 일하는 방식에도 특별한 점이 있다. 정치는 경제나 문화 활동처럼 물질적이고 가시적인 성과물을 내기보다는 사회를 관리하는 데에 필요한 규칙을 산출한다. 그렇게 하기 위해 정치는 끊임없이 사회로부터 자원을 추출하고(extract), 사람과 활동을 규제하고(regulate), 각종 가치와 자원을 배분하고(distribute), 공동체 집단의 결속과 정치체제의 신뢰성을 높이기 위한 상징적 행위에(symbolize) 집중한다. 정치의 규칙제정 활동과 사회관리 기능은 시대에 따라 그 범위와 강도에 차이가 있긴 하지만 현재까지 계속 이어지고 있다. 그러나 오늘날에는 국가공동체의 인구 구성이 다양해지고 국가를 둘러싼 대내외 환경이 복잡해지면서 집단의사의 결집과 집행이라는 정치 기능은 더욱 중요하면서도 어려운 과제가 되고 있다.

이상과 같이 정치 본연의 기능이 집단의사의 결정과 집행을 통해 사회공동체를 관리하는 것임을 알고 나면 정치가 달리 보인다. 정치는 권력 쟁탈과 지배 - 복종의 경쟁 게임이기 전에 사회 내 여러 목소리와 사정을 취합하여 공동의 대응방안을 만들어가는 협력 게임이다. 정치를 이렇게 바라볼 때에 비로소 권력 욕구에 물든 권모술수의 정치인 대신 공동체의 선을 좇아 열심히 봉사하는 정치가의 모습이 눈에 그려진다. 정치는 다양한 의견과 주장 속에서 필요한 집단행동을 도출해내는 인간사회의 특별한 기술이며 능력이다. 정치의 올바른 모습과 정치의 유익한 효과를 제대로 알고 바라볼 때에 정치도 발전할 수 있다.

Chapter 1 토론 사항

정치란 무엇이며 왜 생기는가? (의미와 발생 조건)

정치가 없으면 사회가 그리고 세상이 더 평화롭지 않을까? (목적과 기능)

왜 사람들은 정치를 외면하면서도 관심을 갖는 것인가? (관심과 이중적 자세)

정치학을 공부해야 하는 이유는 무엇인가? (학습 이유)

Chapter 2

정치의 수단(1) – 권력제도

"권력은 결코 뒷걸음치지 않는다. 더 큰 권력 앞에서가 아니라면"

– 말콤 엑스 (Malcolm X, 1925~1965), 미국의 흑인 인권 운동가

"솔직히 말하면 정치는 권력을 갈망하고, 획득하고, 행사하고, 지키는 일이다"

– 장 크레티앵 (Jean Chretien, 1934~), 카나다 제20대 총리

"모든 인간은 끊임없이 권력을 추구하는 경향이 있다.
그 욕망은 죽고 나서야 비로소 멈춘다"

– 토머스 홉스 (Thomas Hobbes, 1588~1679), 영국의 정치철학자

개요

정치세계를 움직이는 동력원으로 간주되어온 권력 개념의 의미와 발생 요인에 대해 알아본다. 권력 현상이 사회관계와 질서 속에 광범위하게 퍼져 있는 점과 권력의 속성이 진화되고 있는 점을 살펴본다. 정치권력의 사회제도 구성 능력과 좋은 권력의 요건에 대해 생각해본다. 민주정치에서 정치권력의 주인이 누구인지, 장차 권력체제에 어떤 변화가 예견되는지에 대해 생각해본다.

주요 개념어

01. 권력의 자발적/비자발적 요인, 권력 획득의 4대 경로, 권력의 자원, 불균등한 사회경제적 권력관계, 권력의 진화, 권력의 제도 구성 능력, 독재 권력과 무정부 상태의 위험성

02. 권력제도의 보편성과 상대성, 권력실체설과 권력관계설, 정당한 권력과 좋은 권력

03. 정치권력의 주인, 대의제 민주주의, 소수지배론, 중우정치론, 과두지배의 철칙, 시민 대표의 재량권, 직접민주주의의 장단점

04. 거대 권력과 미시 권력, 양적 증가 혁명, 이동 혁명, 의식 혁명, 디지털 기술의 급진적 연결성, 거대 소수와 작은 다수

01 정치에는 권력이 필요한가

권력의 의미와 발생 요인

흔히 권력은 타인의 행동을 지배하는 능력으로 정의된다. 사람 사이에 권력관계가 발생하면 지시를 내리는 명령자와 지시에 따르는 복종자가 발생하게 된다. 인간이 지니고 있는 자유의지와 자율성에도 불구하고 누군가는 타인의 지시와 명령에 따르게 되는 것이다. 그 때문에 개인의 자유와 권리를 중시하는 자유주의자들은 권력을 어떠한 형태이건 간에 경계하며 국가권력은 최소화되어야 할 대상으로 여겼다.

자유의지와 자율성의 본능을 지닌 인간이 타인의 지시와 명령에 복종하는 것은 어째서일까. 타인의 지시에 복종하는 이유에 대해 정치학자들은 비자발적 요인과 자발적 요인 모두를 주목한다. 먼저 복종자의 눈에 명령자가 지니고 있는 위협 능력이 감지되면 그는 비자발적으로라도 명령자의 지시에 따를 수밖에 없다. 그 같은 위협은 신체적 구속과 해악, 기존 이익의 박탈, 새로운 불이익의 부과 등 다양한 형태가 가능하다. 다른 한편 충성에 대한 명령자의 보상 능력도 사람들의 복종을 이끌어내는 중요 요인이 된다. 그 같은 보상은 물질적 이익의 제공이나 지위와 명예의 부여 등 여러 형태를 띠는데 위협은 비자발적 복종을 낳는 반면 보상은 자발적인 복종을 이끌어낸다.

위협과 보상 외에 규범과 선전도 권력을 강화하고 확대하는 중요한 경로가 된다. 권력자의 신념이나 리더십이 도덕적으로나 윤리적으로 정당화되어 그의 지시가 하나의 규범처럼 다가오면 자발적 복종은 더욱 강화된다. 또한 선전과 홍보를 통해 명령자의 의도와 정책이 널리 알려지면 공감이 확대되어 자발적 복종이 쉬워진다. 그래서 정치 세력 간 권력 싸움은 주로 이들 네 가지의 경로, 즉 위협 수단, 보상 자원, 규범 설정, 선전 수단을 둘러싸고 진행된다.

그런데 같은 공동체 집단의 구성원 사이에 권력, 즉 타인에게 자신의 의사를 관철시키는 능력이 왜 다르게 나타나는 것인가. 이에 대해 정치학자들은 개인이 누리는 권력 자원에 차이가 있다는 사실에 주목한다. 현대 사회에서는 과거 봉건사회에서처럼 출생 신분이 개인의 사회적 지위와 권력을 결정하지는 않지만, 그럼에도 불구하고 개인이 누릴 수 있는 직위와 재산 그리고 인맥과 같은 권력 자원에 커다란 차이는 여전히 존재한다. 구성원 각자의 정치적 성향과 권력에 대한 열망도 다르다. 이처럼 상이한 권력 자원과 권력 욕구를 가진 개인들 사이에서 형성되는 관계는 법적으로는 대등하고 수평적인 성격을 지니지만 사회경제적으로는 불균등하고 위계적인 모습을 보일 가능성이 높다. 현대 자유민주주의 사회에서 개인 간의 사적인 권력 행사는 사회적 지탄과 처벌의 대상이 되고 있다. 그렇지만 자유민주주의가 그리는 대등한 시민들의 공동체는 이상적 모습에 불과할 뿐 사회 현실은 상이한 권력 자원과 권력 욕구를 가진 개인들 사이에 불균등한 조건 속에서 진행되는 것이 일반적이다.

사회질서 속 권력 관계

개인 간의 불균등한 권력관계는 사회질서 속에서 어떤 모습으로 나타나며 구체적 예는 무엇인가. 먼저 공동체의 집단의사를 결정하고 집행하는 정치 영역에서 구성원 간의 불균등한 권력관계가 가장 극명하게 드러난다. 근대 자유민주주의 이념이 등장하기 전까지 오랜 기간 동안 소수가 다수를 통치하는 권력체계가 정치세계를 지배하여 왔다. 동서양을 막론하고 고대 국가에서부터 근대 절대왕정에 이르기까지 정치세계를 지배해온 수많은 왕정과 귀족정이 그 예이다. 집단의사의 결정과 집행 과정에서 개인이 갖는 힘의 차이는 현대 민주정치체제에도 이어지고 있는데 대통령과 수상이 갖는 권력은 일반 시민에 비해 월등히 크다.

권력관계는 사회조직에서도 목격된다. 기업이나 군대와 같은 사회조직은 예외 없이 조직의 목표를 달성하기 위한 위계질서를 갖추고 있고, 상위 책임자는 하위 조직원에게 업무에 대한 지시를 내린다. 상사에게 부여된 권한은 부하 직원을 자신의 결정에 따르게 하는 권력으로 작용하며 상사의 지시가 주어진 권한에서 벗어나지 않는 한 크게 문제되지 않는다. 최근 들어 직장 상사의 권력형 비리나 갑질이 사회적 이슈로 부각되는 현상은 사회조직에 존재하는 권력 관계를 없애기보다는 근무 윤리를 재정비하려는 노력으로 해석된다. 다만 최근 들어 수직적 피라미드형 조직체계를 버리고 수평적 네트워크형 조직 형태로 옮아가는 사회조직이 늘고 있어 그 추세가 계속될 경우 사회조직 내의 권력구조도 변할 가능성이 존재한다.

기업이나 군대보다 집단성과 조직력이 약한 가정이나 학교에도 권력관계가 존재한다. 부모와 자식 간에, 교사와 학생 간에 지시와 복종의 관계가 작동하기 때문이다. 부모는 자식의 성장에 필요한 가정환경을 제공하는 자로서, 교사는 학생의 학업을 지도하고 평가하는 자로서 자신들의 의사를 자식과 학생에게 상당 부분 관철시킬 수 있는 능력을 가지고 있다. 다만 이들의 지도와 훈육 행위는 자식과 학생의 유익을 위한 것이라는 믿음이 있기 때문에 가정과 학교에 존재하는 권력 관계는 크게 문제되지 않고 넘어간다. 최근 들어 부모의 체벌이 처벌 대상으로 바뀌고 학교생활에서 학생 인권이 강조되는 것은 이들 조직에 존재하는 권력 관계를 완전히 없애기보다는 양육과 교육의 본래 취지를 바로 세우려는 노력으로 해석될 수 있다.

권력의 진화

인간사회는 이처럼 개인 간에도 다양한 형태의 권력관계로 구성되어 있다. 사회 질서 속에 존재하는 개인 간의 권력 지도를 그려본다면 평평하기보다는 울퉁불퉁한 세계로 나타날 것이다. 자유민주사회의 권력 지도는 다른 사회보다는 덜 울퉁불퉁하겠지만 평평한 모습은 기대하기 어렵다. 다만, 현대 자유민주사회에서는 이전 봉건사회에 비해 권력의 범위와 속성이 크게 달라진 점에 주목할 필요가 있다. <표 1>에 정리된 바와 같이 과거 신분에 의해 세습되던 권력의 지위는 자격 선발제도와 직위 취득에 따른 권한의 행사로 바뀌고 있고, 삶의 전 영역에 걸쳐 무제한적인 지배에 가까웠던 권력의 속성도 이제는 업무에 대한 지시와 지휘의 역할로 변하고 있다. 또한 과거에는 권력 행사에 대한 절차와 규정이 부실하여 권력의 자의적 행사가 많았지만 지금은 권한 행사의 절차와 규정이 세분화되고 합리화되어 가는 추세이다. 그만큼 사회 질서 속의 권력은 과거 어느 때보다 계몽되고 기능적인 것으로 변하고 있지만, 주요 사회적 협업 현장에서 개인 간에 의사 결정력의 불균등성이 지속되고 있는 것도 사실이다.

<표 1> 권력의 진화

	봉건사회	현대 자유민주사회
권력 근거	신분	직위
권력 기간	세습	임기
권력 범위	전방위적, 무제한적	업무 관련, 제한적
권력 행사	규정 미비, 자의적	규정 성문화, 합리적
권력 성격	타인 지배, 관계적	업무 지휘, 기능적

공동체집단과 권력의 구성 능력

같은 권력 현상이지만 개인이 아닌 공동체 집단의 관점에서 바라보면 무엇이 보일까, 권력이 다르게 보일까. 개인의 관점에서 보면 권력은 그 명령자가 국가이든 직장 상사이든 간에 자신의 자율적 의지를 제한하는 원인이 된다. 그래서 권력의 불평등과 오남용에 대한 비판과 경계가 끊임없이 거론된다. 그러나 공동체 집단의 관점에서 보면 권력은 공동체를 분열시킬 수 있는 다양한 개인적 의사를 하나로 정리하고 공동체에 필요한 제도를 창출하고 구성원 간의 협업체계를 구성하는 동력으로 쓰인다.

권력은 타인의 행동을 지시하거나 막는 지배력을 행사하는 속성이 있지만 그 권력은 공동체 삶을 구성해가는 역할을 한다. 자율적 주체성이 강한 개인들이 모인 공동체 조직이 처음부터 한 마음으로 움직이는 것을 기대하기는 어렵다. 구성원 모두가 자신의 생각과 입장을 고수할 경우 공동체 규율은 준수되기 어렵고 공동체 집단은 안정적으로 유지되지 못한다. 권력 제도는 구성원 중에서 누가 공동체 운영의 책임과 권한을 갖고 집단의사의 결정을 주도할 것인지 정한다. 권력 제도는 "사공이 많으면 배가 산으로 가는" 사태를 막기 위해 사공의 수를 줄이기 위한 장치라고 할 수 있다. 그 때문에 누군가는 타인의 행동을 지배하고 다른 누군가는 지배를 받는 자리에 서게 되지만 그 덕분에 공동체 집단은 질서를 유지하고 구성원의 행동을 조율하고 그 위에 사회 제도와 문화를 창출해갈 수 있다.

이처럼 개인의 관점에서 볼 때 권력은 지배와 복종의 문제로 다가오지만 공동체 집단의 관점에서 권력은 조율과 협업과 창출의 수단으로 보인다. 정치권력은 명확히 수량화되기 어렵지만 어떤 특정 상황을 결정짓는 의사결정력으로 평가될 수 있다. 공동체 집단을 총괄하는 강제적 의사결정력이 없다면 공동체 집단의 목표를 세우고 실천하는 일은 어려워진다. 권력은 결속력이 강한 사회공동체를 만들고 유지하기 위한 수단이자 조건이다. 이런 견지에서 정치학자들은 권력이 소수에게 과도하게 집중된 독재정치뿐만 아니라 권력이 지나치게 분산된 무정부 상태에 대해서도 우려를 한다.

02 좋은 권력이 되기 위해서는 무엇이 필요한가

권력제도의 보편성과 상대성

앞서 살펴본 바와 같이 권력제도는 개인 간에 의사결정력의 차이를 낳는 불평등 요인이지만 공동체 삶을 구성해가는 수단이기도 하다. 그래서 권력에 대한 많은 비판과 경계에도 불구하고 권력제도는 존속되어 왔다. 그간 과학 기술과 경제 부문에서 수많은 혁명적 변화가 있었지만 정치 부문에는 큰 변화가 없었고, 권력제도를 통해 사회를 통치해온 방식은 거의 변하지 않은 채 유지되고 있다. 향후 디지털 혁명과 전자민주주의의 확산으로 권력을 획득하고 행사하는 방식이 바뀐다면 권력제도에 큰 변화가 있을 수도 있지만 이는 추후에 지켜볼 문제이다.

동서고금을 막론하고 인간사회에 존재하는 권력제도는 보편성이 인정되지만 그렇다고 권력제도의 절대성을 강조하는 것은 적절하지 않다. 권력의 개념과 제도는 사회마다 조금씩 다르고 한 국가 내에서도 지도자가 행사하는 권력의 규모와 강도는 정권마다 차이가 난다. 역사에 등장했던 절대왕정과 현대 민주 정부가 인식하는 권력의 개념에는 엄청난 차이가 존재하며 같은 민주정치체제라도 개별 정권이 누리는 권력의 규모와 강도는 다르다. 이 같은 차이는 어디에서 오는 것인가.

권력은 일차적으로 명령자의 의지와 명령의 수단에서 시작되지만 종국적으로는 추종자들의 공감과 실천 의지에 의해 좌우된다. 아무리 높은 권세가라 할지라도 그의 지시를 진심으로 따르는 추종자가 없을 경우 그의 권력은 실행력이 없기 때문이다. 권력의 이러한 특성을 두고 정치학에서는 '권력실체설'과 '권력관계설'이 대립하여 왔지만 현대 민주정치에서는 시민의 자발적 복종이 핵심적 요건이므로 '권력관계설'이 더 큰 호소력을 갖는다고 할 수 있다.[1] 민주국가들도 예외 없이 권력제도를 유지하고 있으나 그들 내부에 작동하는 정치권력의 실제 모습은 리더십의 역량과 시민의 복종 의사에 의해 좌우된다. 민주정치에서는 정치 리더십에 대한 시민의 인식과 복종 의사가 권력의 규모와 강도를 결정짓는 핵심적 변수가 된다. 현대 민주 사회에서는 '사회계약설'의 전통에 따라 부당한 정치권력에 대한 시민의 불복종이 자연스러운 시민의 권리로 여겨지고 있으므로 시민들에게 좋은 권력으로 인정을 받는 것이 중요하다. 나쁜 권력으로 인식될 경우 시민들의 자발적 복종은 기대하기 어려우며 시민 불복종과 저항 운동이 발생할 가능성이 높다.

---

1 권력실체설과 권력관계설의 구분에 대해서는 Carl J. Friedrich, *Constitutional Government and Politics* (New York: Harper & Brothers, 1937), pp. 13-15 참조. 프리드리히는 실체설과 관계설이 각각 권력의 강제적 측면과 동의적 측면을 나타내는 것으로 보고 두 개념을 절충하는 방안을 취하고 있다.

좋은 권력의 요건

그렇다면 좋은 권력은 어떤 특징을 지니는가. 구성원들에게 좋은 권력으로 인식되기 위해서는 권력의 획득과 행사가 정당하고(정당성) 권력의 용도가 유용하다고(유용성) 인정받아야 한다.[2]

먼저 정당한 권력으로 인정받기 위해서는 첫째로, 권력의 획득과 행사 방법이 합법적이어야 한다. 그렇지 않고 기존 법체계에 위배될 경우 권력의 '절차적 정당성'에 시비가 발생하고 시민의 자발적 복종에도 악영향을 미친다. 그러나 절차적 정당성이 권력 성립의 절대적 요건은 아니기에 혁명 정권의 탄생에서 보듯이 구성원들의 신념과 시대적 요구에 맞는 경우 기존의 법체계를 초월하여 새로운 권력집단이 등장하기도 한다. 둘째로, 권력의 목적과 행사 방법이 사회적 통념과 가치관에 부합해야 하며 이럴 때에 '사회적 정당성'을 얻게 된다. 사회적 정당성은 정당한 권력이 갖추어야 할 조건이며 이를 갖추지 못한 정권과 지도자는 시민의 복종을 얻는 데 한계가 있다. 셋째로, 권력의 내용과 행사 방법이 공동체 구성원들이 가지고 있는 옳고 그름에 관한 윤리적 기준에 부합되어야 한다. 법 조항이 모든 경우를 규정하는 것은 사실상 불가능하며 권력의 행사에 많은 부분은 법체계의 공백으로 남는다. 이 같은 공백 부분에서 권

---

2 정치권력의 정통성 조건에 대해서는 오래 전부터 많은 논의가 있어 왔다. 한국 정치학자의 예를 들면 신정현은 합법성, 도덕성, 효율성을 그 기준으로 삼고 있고, 김우태와 공저자들은 합법성과 사회적 타당성, 윤리적 타당성을 그 기준으로 제시한다. 신정현, 『정치학』(서울: 법문사, 1993), pp. 360-365; 김우태 · 박창진 · 김명하 외, 『정치학의 이해』(서울: 형설출판사, 1998), pp. 99-103 참조.

력의 행사가 구성원들의 윤리적 기준에 부합할 경우 권력은 '윤리적 정당성'을 얻게 되고 정당한 권력이라는 평가를 받게 된다.

그러나 정당한 권력이 곧 좋은 권력인 것은 아니다. 넷째로, 정당한 권력은 옳은 권력으로 평가받을 수 있지만 좋은 권력으로 인정받기 위해서는 유용성을 갖추어야 한다. 즉 권력의 내용과 결과가 구성원들이 가졌던 기대에 부합하고 공동체 집단에 쓸모 있는 것이 되어야 한다. 자유민주국가에서 공권력이 유용성을 인정받기 위해서는 안보와 질서의 확립, 경제 성장과 복지의 제공, 개인의 자유와 공정 사회의 확보 등과 같은 공공재를 제공해야 하며 그 외에도 긴급 현안에 대한 대응력을 발휘해야 한다. 그럴 때에 국민으로부터 쓸모 있는 권력으로 그 유용성을 인정받게 된다. 특별히 개인의 자유를 중시하는 자유민주주의 정치체제에서는 공권력의 행사로 발생하는 공공이익의 가치가 공권력의 행사로 제한되는 개인의 자유보다 커야 한다는 점이 강조된다. <표 2>는 이상의 논의를 정리한 것이다.

<표 2> 좋은 권력의 요건

구성 요소	발생 조건
절차적 정당성	권력의 획득과 행사 방법이 현행 법체계에 부합
사회적 정당성	권력의 목적과 행사 방법이 사회 통념과 가치관에 부합
윤리적 정당성	권력의 내용과 행사 방법이 도덕적 옳음 기준에 부합
결과의 유용성	권력의 내용과 결과가 공동체 기대에 부합 예: 공공재(안보와 질서, 경제 성장과 복지, 개인의 자유와 공정 사회 등)의 제공, 현안 해결

03 정치권력의 주인은 누구인가

과거와 현재의 모습

정치 영역에서 그토록 중요한 권력은 누가 행사하는가, 민주국가에서는 누가 정치권력의 주인인가. 정치권력이 부여하는 의사결정권을 누가 행사하는가에 따라 정치 과정과 형태는 크게 달라진다. 그래서 누가 정치권력의 주인인가의 문제는 고대 그리스의 플라톤(Plato)과 아리스토텔레스(Aristotle) 시절부터 정치학의 핫 이슈(hot issue)였다. 오랜 세월 동안 정치세계를 지배했던 군주정에서는 군주 한 사람이 전체 국가를 대표하여 집단의사를 결정하였기에 구성원 누구도 군주의 통치권력에 대해 이의를 제기하지 않았다. 동양의 한자문명권에서는 "온 땅에 임금의 신하가 아닌 사람은 없다"는 말이 널리 통용되었다. 그 시대의 정치권력은 군주의 것이었다.

그러나 근대 서양의 자유민주주의 사상과 정치개혁은 인민 대중을 정치권력의 주체로 만들었고 오늘날 '국민주권론'은 하나의 보편적 정치규범으로 자리를 잡고 있다. 하지만 대의제 민주정치제도가 정착됨으로써 정치권력의 주인에 대한 논쟁은 계속 이어지고 있다. 직접 민주정치체제에서는 국민이 직접 국가정책의 결정과 집행에 참여함으로써 정치권력의 소유자와 행사자가 일치하여 별 문제가 없지만, 대의제 민주정치체제에서는 일반 국민이 선출한 인민 대표가 정치권력을 행사함으로써 권력의 소유자와 행사자가 달라지기 때문이다.

현대 민주주의 국가의 대부분이 채택하고 있는 대의제 민주정치제도에서 일반 시민은 대표를 선출하고 여론을 형성하는 역할에 머문다. 공동체 집단의 의사 결정은 입법기관과 의원들에 의해 그리고 집단의사의 집행은 행정기관과 공무원들에 의해 실천된다. 일부 국가에서는 국민의 입법 발의가 제도적으로 자리 잡고 있지만 대부분의 국가에서 일반 시민의 의견은 정책결정자들의 참고 자료로만 다루어진다. 국가정책의 집행도 거의 전적으로 중앙 정부와 지방자치 행정기관에 맡겨져 있는 실정이다. 그렇기 때문에 정당과 의원들이 선거 후 시민의 목소리를 등한시하는 순간 민주국가의 시민은 정치권력의 주인이 아니라 정당과 의원들의 입법적 지배의 대상으로 전락하게 된다. 또한 대통령을 정점으로 한 국가의 행정조직이 독점적으로 정책 집행을 강행할 경우 민주시민은 더 이상 정치권력의 주인이 아니라 행정적 지배의 대상으로 전락하게 된다. 이런 상황이 발생했을 때 민주사회의 시민을 정치권력의 주인이라 볼 수 있는지 의문이 제기된다.

정치이론의 답변들

정치사상의 측면에서 볼 때 정치권력의 주인이 누구인가라는 물음에 대해 '민주주의론'과 '소수지배론'은 상반된 답을 제시한다. 민주주의론의 대표적 대변자라 할 수 있는 미국의 정치학자 로버트 달(Robert A. Dahl, 1915~2014) 교수는 민주주의야말로 문명사회가 지향해야 할 정치이념일 뿐만 아니라 현실적으로 작동이 가능한 정치제도임을 강조한다.[3] 그는 시민의 정치적 학습 능력과 정책결정 능력을 신뢰했으며 대의제 민주정치에서도 시민의 정치적 역할이 발휘될 수 있다고 보았다. 민주주의 법체계가 확립되고, 시민의 근본적 권리가 제도적으로 확립되고, 민주주의 규범과 신념에 대한 사회적 공감대가 자리를 잡은 경우 민주주의 원리가 지켜질 것으로 보았다.

이에 반해 소수지배론은 민주정치가 가능하더라도 바람직하지 않다는 주장과 민주주의는 당초 실현이 불가능하다는 입장을 보인다. 전자의 대표 격인 플라톤(Plato)은 민주정치가 민중의 무지와 집단이기심의 작용으로 중우정치(衆愚政治)로 전락할 것을 예견하였다.[4] 그는 민주정치의 실천이 불가능하다고 주장하지는 않았으나 민주정치가 인민 대중의 공적 이성과 시민 덕성의 부족으로 중우정치(衆愚政治)에 빠졌다가 그 같은 혼란을 수습하는 과정에서 독재정치로 이어질 것으로 전망하였다. 후자의 대표 격인 독일의 사회학자 로버트 미헬스(Robert Michels, 1876~1936)는 그의 '과두제의 철칙(the iron law of oligarchy)'을 통하여 민주주의는 하나의 이상적 이념에 불과하다는 점을 강조한다.[5] 그는 민주주의 이념을 표방하는 사회조직이라 할지

---

3 로버트 달, 조기제 역, 『민주주의와 그 비판자들』 (서울: 문학과 지성사, 1999), "제6장 정당화: 가치의 본질적 평등 사상," pp. 169-195 참조.

4 플라톤, 최현 역, 『국가론』 (서울: 집문당, 1990) 참조.

5 Robert Michels, *Political Parties: A Sociological Study of the Oligarchical Tendencies of Modern Democracy.* Translated into English by Eden Paul and Cedar Paul (New York: Collier Books, 1962) 참조.

라도 전략적 그리고 기술적 필요 때문에 소수의 핵심 구성원을 중심으로 운영될 수밖에 없으며 필연적으로 과두지배체제에 놓이게 된다고 보았다. 조직의 규모가 크고 복잡할수록 민주적 방식으로 운영되기 어려워 조직 운영에 관한 권력이 소수 지도층에 의해 행사된다고 주장하였다.

시민과 시민 대표의 관계

결국 현대 민주정치에서 시민이 정치권력의 주인인가의 문제는 시민의 대표로 선출된 공직자들이 시민의 의사를 얼마나 충실히 반영하는가에 달려 있다고 말할 수 있다. 현재의 선거제도는 유권자의 권한을 선출된 대표에게 위임하는 것이기에 시민 대표는 단순한 대리인이 아니며 공적 업무에 대해 스스로 판단하고 결정하는 권한을 가지고 있다. 그러나 다음 선거를 고려할 때 선출된 시민 대표가 유권자의 의사를 완전히 무시하기는 어려우므로 유권자 시민과 시민 대표 사이의 관계는 단순 대리인과 마이웨이(my way) 정치인의 양극단 사이에서 변화의 폭이 넓다. 여기서 시민 대표의 재량권 행사가 민주주의 법체계와 사회적 통념 안에 머문다면 권력주체로서 일반 시민의 위상이 유지되나 그렇지 않을 경우 일반 시민은 시민 대표의 통제를 받는 종속자로 전락할 가능성이 높다.

이 같은 가능성을 의식한 달(Dahl)은 민주주의 법체계와 제도만으로는 부족하며 민주주의 가치와 신념이 사회적 공감대로 자리 잡아야 한다고 보았다. 그래야 입법부와 행정부의 공직자들이 함부로 민주주의 체제를 훼손하지 못할 것으로 기대하였다. 하지만 이러한 사회적 공감대가 형성되었더라도 경제 위기나 사회 불안이 엄습할 때에는 민주주의 가치와 신념이 흔들리는 경우가 많다. 따라서 민주주의 가치와 신념에 대한 사회적 공감대가 지켜지기 위해서는 그에 합당한 사회경제적 기반이 요구된다. 즉 사회 전반적으로 일정 수준 이상의 경제적 부와 교육적 성과가 축적되고 탄탄한 중산층과 다각화된 민간 영역이 존재할 때 민주주의에 대한 사회적 공감대도 안정적으로 유지될 수 있다. 그럴 때에 정당과 정치인들도 민주주의 가치와 규범에 민감하게 반응하고 사회적 공감대에 어긋난 선택을 최대한 자제하게 됨으로써 유권자 시민의 주도적 지위가 유지된다고 할 수 있다. 그러나 모든 민주국가가 위와 같은 사회경제적 조건을 갖추고 있는 것이 아니므로 민주국가에서는 국민이 정치권력의 주인이라고 일반화하기 어렵다.

최근 들어 세계 도처에서 민주시민의 정치적 주체성을 되찾자는 목소리가 커지고 있다. 대의제 민주주의 방식에 더하여 시민의 정책 발의, 입법부가 만든 법률에 대한 시민의 투표, 선출직 공직자의 중도 소환제도 등이 핫 이슈로 부상 중이다. 디지털 네트워크 기술의 발달로 시민 간의 소통이 한결 원활해진 점도 시민의 정치적 역할의 확대를 촉진하는 중요한 요인이다. 그러나 시민이 정책결정에 참여하는 직접민주주의 방식이 일반 대중을 정치권력의 주인으로 만드는 최상의 그리고 유일한 방안이 아님은 분명히 할 필요가 있다. 동시에 대의제와 민주주의가 서로 반대 개념이 아니라는 점에

유의해야 한다. '대의'는 '참여'의 반대말이 아니다. 민주정치의 인프라가 갖추어져 있다면 일반 대중은 대의제에서도 여러 경로와 방식으로 정치에 참여할 수 있다. 대의제 민주정치체제라 하더라도 시민의 의사가 제대로 존중되고 정책에 반영되면 시민은 정치권력의 소유자이자 위임자로서의 위상을 지킬 수 있다. 거기에 일부 직접민주주의 제도가 보완된다면 민주시민의 정치적 지위는 더욱 확실해질 것이다. 그 편이 오히려 직접민주주의 제도보다 일반 시민들의 공적 책임과 부담을 줄이고 선출된 시민 대표들이 더 확실한 책임감과 사명감을 가지고 공적 업무에 집중하게 만들 수 있을 것으로 보인다.

04 장차 거대 권력은 쇠퇴할 것인가

최근 들어 정치, 경제, 사회, 문화, 미디어 등 사회 모든 분야에서 지배적 지위를 차지하던 거대 기관들의 권력이 쇠퇴하고 개인과 소그룹이 행사하는 미시 권력이 강화될 것으로 예견하는 전망이 제기되어 관심을 끈다. 그 같은 전망은 정치체제뿐만 아니라 사회조직과 경제체제의 지배세력이 바뀔 수 있는 가능성과 더불어 지금까지와는 다른 모습의 새로운 권력구조가 미래의 사회와 정치에 등장할 수 있음을 시사하기 때문이다.

세 가지의 혁명과 권력구조의 변화

미국 카네기 국제평화재단의 최고 연구원인 모이제스 나임(Moises Naim, 1952~)은 그의 저서 『권력의 종말』(The End of Power, 2013)에서 제도권 내 '거대 권력'의 쇠퇴와 개인과 소그룹 중심의 '미시 권력'의 부상을 예견하고 있다.[6] 그는 새로운 환경에서 권력의 보호 장벽들이 무너지면서 권력의 경쟁 양상이 바뀌고 있다고 본다. 또한, 제도권 내의 거대 기관이 쥐고 있는 권력의 범위는 줄어들고 그 권력을 행사하는 방법은 더욱 제한되는 추세임을 지적한다. 그 결과 오랫동안 권력을 유지해온 제도권 내의 기관들은 영향력을 잃고 있

6 모이제스 나임, 김병순 역, 『권력의 종말』 (서울: 책읽는 수요일, 2015), "1장 권력의 쇠퇴," pp. 21-55 참조.

고 새로이 등장하는 행위자들이 그들만의 전술을 구사하며 권력의 공백을 채워 나가고 있음을 강조한다.

이러한 상황에 대해 나임(Naim)은 단순히 권력이 거대 기관에서 개인과 소그룹 쪽으로 이동한다는 주장에 그치지 않고 인간사회의 권력구조에 근본적인 변화가 생기고 있음을 지적한다. 이전보다 권력을 얻기가 쉬워졌지만 권력을 행사하고 지키는 것은 더 어려워졌고 권력을 통해 얻는 것도 줄어들었다고 본다. 지금의 권력기관과 권력자들은 전임자들보다 훨씬 더 많은 도전자와 경쟁자를 상대하며 더 많은 제약 요소들, 예를 들어 시민운동, 언론 감시, 세계 동향의 영향을 받는 상황이다. 정치 부문의 권력자인 정부기관과 대통령, 그리고 정당과 정당 대표도 예외가 아니다. 그래서 조그마한 실수라도 범하게 되면 전임자들보다 더 가혹한 대가를 치르는 상황이 되었다. 결과적으로 지금까지 사회 각 영역에서 군림해온 거대 권력은 쇠퇴의 길을 걷고 있다고 할 수 있다.

나임(Naim)은 권력체제에서 발생하는 구조적 변화의 원인을 세 가지의 혁명적 변화에서 찾고 있다.[7] 첫째, '양적 증가 혁명'은 더 많은 사람이 더 많은 수단과 능력을 갖춘 상황을 말하며, 이제 이들을 관리하고 통제하는 일이 더욱 어려워졌음을 의미한다. 둘째, '이동 혁명'은 더 많은 사람이 더 쉽게 옮겨 다닐 수 있게 된 상황을 말하며, 그런 상황에서 사람들을 가두어 두고 통제하는 것이 어려워졌음을 뜻한다. 인구의 이동은 집단 이주의 증가를 통해서든, 사람 간

7 모이제스 나임, 김병순 역, 앞의 책, "4장 양적 증가 혁명, 이동 혁명, 의식 혁명," pp. 112-156 참조.

접촉의 증가로 인한 사상과 자본의 전파를 통해서든 정부의 대 국민 통제력을 약화시킨다. 셋째, '의식 혁명'은 사람들의 생각이 이전보다 빠르게 변하고 기대 수준이 높아진 상황을 말하며, 이로 인해 권력기관과 권력자가 사람들을 설득하고 통제하기가 어려워졌음을 시사한다. 나임(Naim)은 이 같은 혁명적 변화가 권력의 보호 장벽을 약화시키고 권력의 행사를 점점 더 어렵게 만들고 있다고 설명한다.

디지털기술과 권력구조의 변화

미래의 권력구조에 커다란 변화가 있을 것으로 보는 견해는 다른 학자들에 의해서도 제기된다. 예를 들어 미국의 IT 미래학자인 니코 멜레(Nicco Mele, 1977~)는 그의 저서 『거대 권력의 종말』(The End of Big: How the Internet Makes David the New Goliath, 2013)을 통하여 전통적인 거대 권력이 급격히 흔들리고 신흥 세력들의 힘이 빠르게 증가할 것으로 예측한다. 그 같은 변화의 원인으로 기술의 진보, 특히 디지털기술의 급진적 연결성(radical connectivity)에 주목하고 있는 점에서 그의 분석은 앞서 살펴본 나임(Naim)의 설명과 차이를 보이고 있지만, 새로운 환경이 전통적인 권력구조에 치명적인 영향을 미친다고 보는 전망은 같다.[8]

멜레(Mele)는 그 결과 중앙집권적 국가 모델이 무너지고, 전통적

8 니코 멜레, 이은경 · 유지연 역, 『거대 권력의 종말』(서울: 알에치코리아, 2013), "1장 전부 무너져 내리다," pp. 15-51 참조.

문화의 권위가 약해지고, 산업 내의 경쟁적 서열 구조가 사라질 것으로 예측한다. 그 역시 나임(Naim)과 마찬가지로 전통적 거대 권력의 쇠퇴로 발생하는 공백이 개인들의 힘으로 채워질 것으로 보고 있으나, 그로 인해 등장할 미래의 권력구조에 대해 구체적 모습을 예측하기보다 새로운 권력체제의 수립을 위한 지침을 알려 주는 것에 집중하고 있다. 이에 대해 그는 새롭게 세워질 기관들이 비계층적이고 분권화되어야 하며, 네트워크로 연결된 개인들의 힘과 방향을 설정하는 리더십의 힘을 하나로 모을 수 있는 프로세스가 개발되어야 한다고 주장한다. 특히 거대 권력이 모든 일을 처리해주는 중앙집중형 방식 대신에 개인들의 힘을 활용하는 새로운 모델이 개발되어야 함을 강조한다.[9]

그러면서도 멜레(Mele)는 정부가 없는 국가는 존재할 수 없다는 점을 분명히 하고 있다. 그에 따라 그는 정부의 존재를 인정하고 지도자들에게 책임과 권한을 적절히 부여하되 네트워크를 통해 시민들의 참여를 이끌어내는 새로운 정치체제와 행정절차를 수립할 것을 제안한다. 이와 비슷한 입장은 나임(Naim)의 예측에서도 발견되는데 나임(Naim)은 거대 권력의 쇠퇴가 거대 권력의 소멸을 뜻하는 것이 아니며 정부, 군대, 기업, 대학과 같은 제도권 내의 기관은 앞으로도 영향력을 발휘할 테지만 그들의 힘은 예전만 못할 것으로 전망한다.[10]

---

9 니코 멜레, 이은경 · 유지연 역, 앞의 책, "9장 거대 권력의 종말은 거대한 기회인가," pp. 321-341 참조.

10 모이제스 나임, 김병순 역, 앞의 책, p. 44.

두 저자의 미래 전망을 종합해 보면, 새로운 사회 환경 속에서 각 분야의 활동을 지배하는 권력이 제도권 내의 거대 기관에서 개인과 소그룹 쪽으로 이동하리라는 전망을 하게 된다. 그러나 그 같은 권력의 이동이 거대 기관의 소멸과 신흥세력의 독주를 의미하는 것은 아니므로 실제로는 전통적 거대 기관과 신흥세력 사이에 권력의 분산이 진행될 것으로 예상된다. 그렇다면 권력의 분산 과정이 진행된 후에 나타날 권력구조가 궁금해진다. 전통적 혹은 새로운 '거대 소수'가 여전히 남을지 아니면 '작은 다수'에게 권력이 고르게 분산될 지에 따라 미래 사회의 권력체제가 많이 달라질 것이기 때문이다.

이 문제는 궁극적으로 정치적 선이 가장 잘 실현될 권력체제가 무엇인가에 달려 있다고 생각한다. 권력의 존재 이유와 공동체 삶에서 권력제도가 갖는 의미, 즉 구성원 간의 조율과 협업을 가능케 하여 사회조직과 제도를 구성해가는 정치적 수단으로서 권력이 갖는 의미를 고려해 볼 때 어느 유형의 권력체제가 미래 사회에 더 적합한지 지켜봐야 할 것으로 생각된다. 앞에 언급된 두 개의 권력체제를 예로 들 때 '작은 다수'가 중심이 되는 분산형 권력체제가 미래 사회에 역동성과 창의성을 가져올 가능성이 높지만 동시에 혼선과 무책임성을 조장할 가능성도 높은 게 사실이다. 나임(Naim)과 멜레(Mele) 모두 거대 권력의 쇠퇴가 초래할 수 있는 부작용에 대해 엄중한 경고를 하고 있다. 거대 권력의 붕괴 후 사회가 혼란에 빠지면 개인은 소외되고 자유를 빼앗긴 미래가 도래할 수 있기 때문에 새로운 환경을 거대한 기회로 만들기 위한 준비와 노력이 필요하다

는 것이다.[11]

지금까지 인류사회는 삶의 모든 영역에서 가히 혁명적인 변화를 겪어왔으나 놀랍게도 권력과 통치 영역에서는 처음의 모습을 거의 그대로 유지하고 있다. 그 사이 새로운 정치이데올로기가 등장하고, 대중을 파악하고 설득하기 위한 정치적 도구가 발달하고, 정부의 정책 시행도 개선되었으나 공동체 집단의사를 결정하고 국가와 지역사회를 통치하는 방식과 구조는 거의 변한 게 없다고 봐도 과언이 아니다. 최근 제기되고 있는 '거대 권력의 쇠퇴론'은 오랜 세월 변화와는 무관했던 권력과 통치 영역에 파괴적 혁신이 다가오고 있음을 예고한다는 점에서 정치학자들의 관심을 끌기에 충분하지만 그 같은 혁신이 얼마나 지속적이고 강력할 지는 더 지켜봐야 할 것으로 보인다.

---

11 모이제스 나임, 김병순 역, 앞의 책, "10장 권력의 쇠퇴가 사회에 미치는 영향," pp. 425-449; 니코 멜레, 이은경 · 유지연 역, 앞의 책, pp. 321-341

Chapter 2 토론 사항

권력이란 무엇이며 왜 나타나는가 (의미와 발생요인)

다들 권력을 겁내고 싫어하면서도 관심을 갖는 이유는 무엇인가 (이중적 태도)

정치권력이 없어진다면 평화로운 사회가 되지 않을까 (목적과 기능)

좋은 정치권력이 있다면 어떤 것인가 (평가 기준)

국민이 정치권력의 주인이라는 것은 맞는 말인가 (주인 문제)

지구화 정보화 시대에 정치권력은 어떤 모습을 보일까 (미래 변화)

Chapter 3
정치의 수단(2) - 국가제도

"국가의 불의는 국가를 몰락으로 이끄는 가장 정확한 길이다"
– 윌리엄 글래드스턴 (William E. Gladstone, 1809~1898), 영국 제41·43·45·47대 총리

"가장 적게 정치하는 정부가 가장 좋은 정부라는 진리는 18세기에 속하며,
가장 많이 공급해주는 정부가 가장 좋은 정부라는 진리는 20세기에 속한다"
– 월터 리프만 (Walter Lippmann, 1889~1974), 미국의 작가, 기자, 정치평론가

개요

현대 정치의 중심 무대이자 주요 행위자인 국가의 의미와 특성을 살펴본다. 국가, 정부, 정권 개념의 유사점과 차이점을 알아보고, 많은 사람에게 국가가 두려운 존재로 다가오는 이유와 함께 선한 국가, 좋은 국가가 되기 위한 조건을 생각해본다. 국가의 대표적 유형들을 알아보고 각 유형에 담긴 시대적·상황적 환경과 정치적 목표에 대해 검토한다. 세계화와 4차 산업혁명의 물결 속에서 주권국가 체제에 어떤 변화가 예견되는 지에 대해 생각해본다.

주요 개념어

01. 광의와 협의의 국가 개념, 광의와 협의의 정부 개념, 정권 개념

02. 현대 국가의 역할, 선한 국가와 좋은 국가의 요건

03. 국가의 유형, 정복 국가, 발전 국가, 민주 국가, 복지 국가, 경쟁 국가, 최소 국가, 사회민주 국가, 집단 국가

04. 주권국가, 베스트팔렌 체제, 제2물결, 공장형 국가체제, 제3물결, 소수파 민주주의, 디지털 거버넌스, 디지털크라시와 헤테라키, 민주주의 플랫폼, 제2차 세계화, 신중세론

01 국가는 무엇이며 정부와 어떻게 다른가

정치는 한 번의 결정과 집행으로 끝나는 한순간의 사건이 아니다. 정치는 공동체 삶에서 집단과 구성원들에게 발생하는 각종 문제에 대해 집단적으로 대응하는 연속적 과정이다. 여러 문제에 부딪칠 때마다 매번 구성원들의 의견을 정리하고 공동 목표를 세우고 전담 대응 팀을 구성해야 한다면 집단적 역량을 제대로 발휘하기 어렵다. 이런 이유로 인간사회는 일찍부터 국가라는 통치기구를 개발하여 활용해왔다. 공동체 집단의 의사 결정과 집행을 상시적으로 주관하는 국가기구와 정부 조직은 정치 활동의 안정성과 효율성을 높여주는 중요한 수단이다. 이 같은 중요성에도 불구하고 국가와 정부의 개념 및 역할에 대해 많은 혼돈과 오해가 존재한다.

국가의 의미

국가라는 단어는 정치학에서뿐만 아니라 일상 생활 속에서도 빈번히 사용되나 정확한 의미를 구분하지 못한 채 쓰이는 경우가 의외로 많다. 정치학의 많은 용어가 그렇듯이 국가라는 용어도 오랜 역사 속에서 다양한 의미로 사용되어 왔고 그 같은 다의성은 국가의 개념과 역할에 대해 혼돈과 오해를 낳는 원인이 된다.

표준국어대사전에서는 국가를 "일정한 영토와 거기에 사는 사람들로 구성되고, 주권에 의한 하나의 통치조직을 가지고 있는 사회집단"으로 규정하고 있다. 즉, 국가는 인간 사회집단의 한 형태이지만 일반 사회집단과 달리 통치조직을 갖추고 있는 사회집단을 말한다. 국가는 단일 권위체에 의해 집단행동을 실천하는 정치공동체의 성격을 지닌다.[12] 역사적으로 국가에 해당되는 정치조직은 많았으나 현대 국가체제가 인류 역사상 가장 고도화된 통치조직을 갖춘 사회집단임에 틀림없다.

현대 국가체제의 기원에 대해서는 여러 의견이 존재하지만 근대 국민 국가(nation-state)의 등장이 결정적인 계기가 되었다고 보는 것이 일반적이다. 그 국민 국가(nation-state)의 개념에는 같은 공동체 생활을 하는 사람들로 구성된 국민(nation)이란 요소와 영토 내 사람과 자원을 통치하는 국가(state)라는 두 요소가 합쳐져 있다. 본래 국민(nation)이라는 개념은 혈통 기반의 '민족'이라는 개념에서 시작되었지만 이후 출신 지역의 공동체 문화와 정체성에 기반을 둔 국민이라는 개념으로 확대되었다. 1789년 프랑스 대혁명에서 주권의 소재가 국민에게 있다고 선언되면서 국민의 개념이 국가라는 사회공동체의 핵심적 요소로 자리 잡게 되었다. 이에 따라 국가는 같은 영토 안에 사는 국민이 한데 어울리며 통치기구를 통하여 대외적으로 자주권을 행사하고 대내적으로 합법적인 강제력을 행사하는 정치공동체로 인식되어 왔다.

---

12 이 점을 강조하고자 독일의 사회학자인 막스 베버(Max Weber)는 '정치체(polity)' 라는 용어를 사용하고 있다. Erika Cudworth, Timothy Hall, John McGovern, *The Modern State: Theories and Ideologies* (Edinburgh: Edinburgh University Press. 2007), p. 95 참조.

이 같은 특징에 따라 국가라는 용어는 통치행위가 발생하는 사회집단을 의미하는 광의의 개념뿐만 아니라 국민공동체 집단의 삶과 행동을 주관하는 통치체제를 의미하는 협의의 개념으로도 사용되고 있다. 광의의 국가 개념은 '나라'(country)와 동일시되기도 하며, "이 국가(나라)에서는 대부분의 사람들이", "개발도상 국가(나라)들의 경제는" 등의 표현에 나타나고 있다. 한편 협의의 국가 개념(state)은 "국가 대 시민사회의 관계" 라든가 "국가 행위의 정당성" 등의 표현에서 그 사용 예를 찾아볼 수 있다.

국가 vs. 정부 개념

정부라는 용어 역시 정치학에서뿐만 아니라 일상생활에서 빈번하게 사용되지만 문맥에 따라 다른 내용을 의미할 수 있기 때문에 구별이 요구된다. 표준국어대사전에서 정부는 "1. 법, 사법, 행정의 삼권을 포함하는 통치기구를 통틀어 이르는 말"이며, 동시에 "2. 삼권 분립에 의하여 행정을 맡아보는 국가기관" 즉 행정부를 가리키기도 한다. 전자를 광의의 정부(government) 개념이라고 한다면, 후자는 협의의 정부(administration) 개념이라 말할 수 있다. 이 구분을 제대로 살린다면 "대한민국 정부"와 "이승만 행정부" 등이 보다 정확한 표현이라고 할 수 있으나 우리의 언어생활에서는 정부와 행정부를 엄밀히 구분하지 않고 정부로 통용해서 쓰는 경우가 많다.

여기서 통치기구 전반을 의미하는 광의의 정부(government) 개념은 앞서 살펴본 협의의 국가(state) 개념과 외견 상 상당 부분 중첩되며 이런 이유로 국가와 정부의 두 용어가 혼용되다시피 사용되고 있다. 그러나 국가와 정부는 같은 개념이 아니다. 앞서 살펴보았듯이 국가는 통치체제 외에 국민공동체 집단이라는 광의의 개념을 가지고 있다. 또한 협의의 국가 개념과 광의의 정부 개념이 같은 통치조직을 지칭하더라도 국가(state)는 통치체제와 구조 전반을 의미하는 반면에 정부(government)는 통치기관과 운영자들에 초점을 둔다.

정권 개념과 비교

국가와 정부에 이어 정권이란 용어도 심심치 않게 등장한다. "중남미 군사 정권" "이승만 정권" 등의 표현에서 보듯이 정부(government) 또는 행정부(administration)와 같은 의미로 '정권'이라는 용어가 자주 사용된다. 정권으로 번역되는 레짐(regime)이란 영어 단어는 통치 원리라는 의미를 담고 있어서 "권위주의 정권", "전체주의 정권", "군사 정권" 등과 같이 정치체제의 성격을 표현하는 수식어가 붙는 것이 보통이다. 간혹 정권이란 단어가 "중남미 군사독재 정권" "영국의 대처(Thatcher) 보수주의 정권"과 같이 특정 지역이나 인물의 이름과 함께 쓰이는 경우도 있다. 그러다가 서로에게 익숙한 수식어가 빠지고 "중남미 정권" "대처(Thatcher) 정권"으로 축약되어 사용되다 보면 정권과 정부는 동의어로 간주되기 쉽다. 그러나 정권과 정부는 같은 말이 아니다. 다음 <표 3>은 지금까지 살펴본 국가, 정권, 정부의 세 개념을 비교한 것이다.

<표 3> 국가, 정권, 정부 개념의 비교

	국가 State	정권 Regime	정부 Government
의미와 기능	통치체제와 구조: the machinery of politics	통치원리: the program of politics	통치기구와 운영자: the operator of politics
PC 비유	하드웨어	소프트웨어	운영자
일반적 속성	영속성	안정성	가변성
변화 요인	전쟁, 내란	혁명, 국가 위기	선거, 리더십 교체

지금까지 나온 용어들을 연결시켜 생각해보면 인간이 모여 사회집단을 이루게 되면, 사회집단의 유지와 발전을 모색하는 가운데 정치가 발생하고, 정치의 원활한 작동을 위해 국가체제가 등장하고, 그 국가체제를 전문적으로 운영할 정부조직이 구성된다고 말할 수 있다. 정부의 활동이 특정 통치원리를 기반으로 이루어질 경우 특정 성격의 정권이라는 호칭을 갖게 된다.

02 국가는 선한 존재인가, 악한 존재인가

국가, 구체적으로 협의의 국가(state) 개념은 국민공동체의 집단 의사를 결정하고 집행하는 기능을 주관하기 위한 조직이며 이를 위해 국민들로부터 정치권력을 위임받아 행사하는 최고 권위의 법인체이기도 하다. 국가에 많은 역할과 기능이 부여되면서 현대 국가는 다양한 모습을 보여준다. 국가는 국제무대에서 타국과 다양한 협정과 조약을 맺는 계약 당사자이면서, 대내적으로는 법과 정책을 통해 규칙을 제정하고 집행하는 권위자이고, 세금 징수와 인력 동원 등을 통해 사회 자원을 걷어 들이는 추출자이자, 국가예산과 사회복지 제도 등을 통해 사회자원을 나누어주는 분배자이기도 하다. 또한 국가는 재정 및 금융 정책을 통해 나라 경제를 살피는 관리자이며, 개인 간 혹은 사회집단 간 이견과 분쟁을 해결하는 심판자이자 중재자이기도 하다.

현대인은 예외 없이 특정 국가에 소속되어 있다. 국가는 국민을 대표하며 국민을 보호하고 지휘한다. 외국에 나갈 때에 국가가 발행한 여권 지참은 필수이며 그 여권은 국제사회에서 나의 신분증이 된다. 평소 미국 농구협회(NBA) 프로팀의 경기를 빼놓지 않고 보는 중국 청년과 매주 중국 식당을 즐겨 찾는 미국 청년은 상대 국가의 문화와 사람들에 대해 호감을 키워 가다가도 양국 간 외교관계가 얼어붙고 갈등이 시작되면 두 청년의 개인적 감정은 순식간에 무시되고 국가가 내리는 지시를 따르게 된다. 자유민주주의 사회라 하더라도 국가의 사회관리 기능에는 변함이 없으며 국가의 선택과 결정은 구성원의 삶에 막대한 영향을 미친다.

이처럼 정치권력을 행사하는 국가가 구성원들에게는 워낙 크고 두려운 상대로 느껴지기 때문에 국민들 사이에서는 국가가 선한 존재인지 아니면 악한 존재인지를 따져 묻는 습관이 오래전부터 자리 잡았다. 실제적으로 이 질문은 국가의 통치체제에 대한 평가라기보다는 국가의 이름으로 공권력을 행사하는 정부(government)에 대한 평가라 할 수 있다. 이때 정부가 추진하는 정책의 내용과 권력의 행사 방법이 평가의 대상이 된다. 그러나 통치체제(state)와 통치원리(regime)가 근본적 문제가 되는 경우도 있다. 예를 들어 독재정치의 헌법체제를 가지고 있는 국가에서는 아무리 민주적 성향의 정부가 등장하더라도 독재 정권의 벽을 넘기 어렵고 민주주의를 갈망하는 국민들로부터 선한 국가라는 평가를 받기 어렵다.

국가가 선한 존재인지 악한 존재인지에 대한 평가는 시대에 따라 변하는 국민의 국가관에 의해서도 영향을 받는다. 여기서 주목할 점은 지금까지 여러 정치사상과 이데올로기가 그려낸 선하고 악한 국가의 모습이 정치이론으로 학습되어 국민들의 국가관에 개념적으로 커다란 영향을 미치고 있다는 점이다. 예를 들어 고전적 자유주의 이론에 의하면 국가는 개인의 자유를 억압할 수 있는 잠재적 위협요인으로 여겨진다. 그래서 개인의 삶과 시민사회의 활동에 최대한 개입하지 않고 자유를 보호해주는 국가가 선한 국가로 그려진다. 이에 반해 사회주의자들에게 자본주의 국가는 자본가 계급의 지배를 돕는 억압적 도구로 간주되기에 이러한 억압에 맞서 계급혁명으로 탄생하는 사회주의 국가야말로 노동자 계급을 보호하고 정의를 실현하는 선한 국가로 그려진다. 한편, 현대 자유주의자들은 국가의 능력을 활용하여 개인의 복지와 자유를 신장시키려 하였는데 그들에게 선한 국가란 개인의 곤경과 궁핍을 해결해주는 국가이다. 이들 국가관은 각기 다른 시대적 배경과 문제의식 속에서 탄생하였지만 그 내용은 세대를 이어가며 학습되고 후속 세대의 국가관에 영향을 미치고 있다.

선한 국가 혹은 선한 정부는 앞 장에서 살펴본 선한 권력의 요건과 마찬가지로 윤리적 정당성을 갖추어야 함에 틀림이 없다. 선한 통치체제로 인식되기 위해서는 첫 번째로, 정치권력의 획득과 통치 행위가 합법적이어야 한다. 그렇지 않을 경우 '절차적 정당성'에 시비가 발생하고 국가에 대한 시민의 충성도 약해진다. 두 번째로, 국가의 통치 행위와 방식이 구성원들의 신념 및 가치관과 부합되어 '사회적 정당성'이 확보되어야 한다. 그렇지 못한 정부와 정치 지도자는 시민들의 지지를 얻는데 한계가 있다. 세 번째로, 국가의 통치 행위와 방식이 공정하면서 구성원들의 옳고 그름에 관한 윤리적 기준에 부합되어야 한다. 세 가지 요건을 모두 갖추었을 때 선한 국가, 선한 통치라는 평가를 받게 된다.

그러나 선한 국가가 곧 좋은 국가인 것은 아니다. 좋은 국가로 인정받기 위해서는 네 번째 요건인 유용성을 갖추어야 한다. 유용한 국가가 되기 위해서는 국민공동체 집단의 당면 과제와 구성원들의 기대에 부합할 수 있는 역량을 갖추는 것이 필요하다. 공동체 집단의 필요 사항과 구성원들의 기대 내용은 시대와 지역에 따라 다르지만 선하고 좋은 국가에 대한 이미지는 크게 다르지 않다. 개인의 관점에서 선하고 좋은 국가는 투명한 절차와 공정한 기준을 적용하며 구성원들에게 안전과 자유와 복지를 제공한다. 반면에 악한 국가는 자의적 절차와 차별적 기준을 적용하며 구성원들을 억압하고 수탈하는 국가를 의미한다. 공동체 집단의 관점에서 선하고 좋은 국가는 공동체 집단과 구성원을 바로 세우고 성장시키지만, 악한 국가는 정치적 부패가 만연하여 공동체를 분열시키고 저발전의 늪으로 몰고 간다.

03 어떤 유형의 국가가 좋은 것인가

지금까지 지구 상에 존재했던 수많은 국가를 비교하고 그들의 유형을 구분해내는 것은 어쩌면 불가능한 일인지도 모른다. 그러나 현대 국가의 원형인 근대 국가체제가 발달하여 현재의 모습을 갖추기까지 지나온 과정을 주목해보면 몇 가지 유형의 국가가 등장하고 변천해 왔음을 알 수 있다. 그들 국가 유형은 다음과 같이 정리할 수 있다.

발달 단계별 목표에 따른 국가 유형

어느 사회에서든지 통치조직의 권위와 지배력이 확립되는 시기에 국가는 '정복국가'(the predatory state)의 모습을 띠게 된다.[13] 이 시기에 국가는 외부 세력의 간섭을 물리치고 내부 경쟁세력을 제거하는 일에 전념하며, 이를 위해 국가는 사회로부터 자원을 추출하여 힘을 키우는 데에 주력한다. 목표를 달성한 국가는 국내외의 도전세력을 제압하고 통일적 권력체제를 수립한다. 정복국가는 구성원들에게 질서와 평화를 제공하지만 영토와 주민을 배타적으로 지배

13 발달 단계별 국가 유형의 변천에 대해서는 Charles Tilly, *Coercion, Capital, and European States, AD 990~1990* (Cambridge, MA: Basil Blackwell, 1990); 성경륭, 『체제변동의 정치사회학』 (서울: 한울아카데미, 1995), "제1장 국가형성과 국가변동," pp. 17-38 참조.

하는 폐쇄적이고 권위주의적인 통치체제를 유지한다.

그 다음은 '발전국가'(the developmental state)의 유형이 등장했다. 정복국가의 지배체제가 안정적인 상태에 도달하면 국가는 강제력을 확보한 상태에서 사회경제적 발전에 눈을 돌리게 된다. 정복국가는 사회로부터 자원을 추출하는 데에 주력하므로 사회 정복의 기간이 길거나 그 정도가 과할 경우 구성원들의 저항과 이탈 가능성이 높아진다. 발전국가는 구성원의 복종을 전제로 그들의 생산 활동을 보호하고 경제발전을 지원하는 일에 나서게 된다. 그렇게 함으로써 구성원들의 이탈을 방지하고 재정수입의 확대를 꾀한다.

그 다음은 '민주국가'(the democratic state)의 유형이 등장했다. 발전국가의 노력으로 경제발전이 지속되고 어느 정도의 부와 교육 수준이 갖추어지면 구성원의 관심은 점차 정치참여 쪽으로 옮겨가고, 민주화가 공동체의 중요한 정치적 이슈로 등장한다. 이에 따라 점차적으로 선거권이 확대되고 행정부 권력에 대한 의회 통제가 늘어나면서 개방적인 민주주의 체제가 자리 잡게 된다. 민주국가에서는 정복국가가 구축한 폐쇄적이고 권위주의적인 통치체제보다 훨씬 더 개방적이고 수평적인 정치체제가 자리를 잡게 된다.

그 다음은 '복지국가'(the welfare state)의 유형이 등장했다. 민주국가에서 정치적 입지가 강해진 사회구성원들은 국가로부터 기본적인 생활을 보장받기 위한 사회권을 주장하기 시작한다. 자본가 계층과 노동자 계층 사이에 고조되는 긴장 속에서 민주국가의 정치가들은 근로자인 대중을 끌어안는 정책을 펴기 시작하고 그 결과로 복지국가가 등장하게 된다. 공적 복지의 제공을 통해 국민들의 안전하고 평등한 삶을 촉진하는 것이 복지국가의 중요 목표가 되고 이를 위한 보편적 복지체제가 수립된다. 발전국가가 신속한 경제발전을 목표로 하였다면 복지국가는 구성원들의 인간다운 삶과 평등 사회를 목표로 한다. 민주국가가 정치의 민주화에 집중하였다면 복지국가는 정치 민주화를 넘어 경제 민주화를 추구하는 유형이라고 할 수 있다. <표 4>는 이상의 논의를 정리한 것이다.[14]

<표 4> 국가 형성 과정과 국가 유형

구분		정치권력의 구성과 행사	
		폐쇄적/권위적	개방적/민주적
국가의 기능	기본 기능	I. 정복국가	III. 민주국가
	확대 기능	II. 발전국가	IV. 복지국가

위에서 살펴본 국가 유형은 서구 근대 국가가 걸어온 발달 경로에 기반을 두고 있지만 서구보다 늦게 국가체제가 자리 잡은 세계의 다른 지역에서도 유사한 흐름이 발견된다. 한국의 경우, 조선시대 이후 구한말 일제 치하에서 전국 단위의 정복국가가 확립되었고, 해방 후 잠시 민주국가의 외피를 입고 있다가 1960년대 초반 박정희 정부의 경제개발 5개년 계획을 시작으로 발전국가 유형이 자리 잡았다. 1980년대 후반 6·29선언을 계기로 민주국가의 유형으로 진화

14 성경륭, 앞의 책, p. 20 참조.

되었다가, 2010년대 초반 박근혜 정부의 보편적 복지정책을 계기로 복지국가의 유형으로 전환되었다고 볼 수 있다. 다른 나라에서도 국가의 유형이 비슷한 흐름을 보이는 것은 국가 공동체의 목표가 '국가형성 - 경제발전 - 민주화 - 복지화'의 순서로 변해간 것과 관련이 있다.

그러나 국가 유형의 등장 순서는 고정적인 것이 아니며 시대적 상황과 정치적 목표에 따라 바뀔 수 있다. 마찬가지로 복지국가 유형이 국가의 최종 형태인 것도 아니다. 이와 관련해서 최근 '경쟁국가' (a competition state) 모델이 복지국가의 후속 형태로서 주목을 받고 있다.[15] '경쟁국가' 모델은 1990년대~2000년대의 세계화 흐름 속에서 정부와 기업의 경쟁력 확보를 우선적 목표로 삼았던 국가체제를 염두에 둔 것으로, 보다 확실하고 우수한 공공재(public goods) 제공에 주력한다. 이상에서 살펴본 국가의 유형은 각기 안보와 질서, 경제발전, 민주주의, 국민복지, 공공 경쟁력의 확보와 같은 목표를 국가적으로 달성하는 데에 특화된 정치적 이념과 제도 장치들을 갖추고 있다. 역사가 반드시 반복된다고 믿을 근거는 없지만 어느 특정 목표가 국가적으로 요구되는 상황이 발생하면 해당 국가 유형이 다시 주목받을 가능성이 있다.

---

15 '경쟁국가' 모델에 대해서는 Philip G. Cerny, "Paradoxes of the Competition State: the Dynamics of Political Globalization," *Government and Opposition,* vol. 32 (April 1997), pp. 251-274 참조.

사회경제적 역할에 따른 국가 유형

앞서 살펴본 국가의 발달 단계별 목표와는 별도로 국가가 사회공동체 내에서 수행하고자 하는 역할의 종류와 범위에 따라 국가의 유형을 나눌 수도 있다.[16]

그 중 '최소국가'(the minimal state) 유형은 말 그대로 국가가 최소한의 사회경제적 기능을 수행하는 형태를 말하며, 국가는 안보와 질서, 재산권, 공중보건과 같은 기본 공공재를 공급하고 절대적 빈곤을 방지하는 역할에 머문다. 최소국가 유형은 고전적 자유주의 이론에 기반을 두고 있으며, 경제 · 사회 · 문화 · 종교 부문은 국가의 간섭 없이 개인과 시민사회가 자유롭게 풀어가게 된다. 현대 사회에 들어와 자본주의 시장경제체제가 커지고 복잡해지면서 최소국가의 기능이 이전보다 확대되는 추세인데, 특히 시장실패에 대한 정부의 대응과 보완 조치가 중요한 기능으로 포함되었다. 그에 따라 공공재를 공급하는 본래의 기능에 더하여 외부효과에 대응하고, 독과점을 규제하고, 불완전 정보를 보완하는 일이 현대판 최소국가의 기본 역할로 간주된다.

이에 비해 '발전국가'(the developmental state)는 경제에 적극적으로 개입하는 모습을 보인다. 이 모형은 앞서 살펴본 국가의 발전단계 과정에서 나타난 '발전국가' 유형과 유사한 면을 가지고 있으나

---

16 사회경제적 역할에 따른 국가 유형에 대해서는 앤드류 헤이우드, 조현수 역, 『정치학: 현대정치의 이론과 실천』 (서울: 성균관대학교 출판부, 2003), pp. 189-196 참조. 여기서 헤이우드는 '집단국가'와는 별도로 '전체주의국가'를 가장 극단적인 간섭주의 국가 유형으로 구분하고 있으나 이 책에서는 두 유형을 본질적으로 같은 것으로 보고 '집단국가' 유형 안에서 다루고자 한다.

여기서는 현대 국가가 수행하는 경제적 역할의 유형이란 맥락에서 사용되고 있다. 발전국가는 최소국가가 수행하는 경제적 역할을 뛰어넘어 신속한 경제발전을 위해 산업정책을 마련하고 시장의 육성과 강화를 적극 추진한다. 이를 위해 일부 생산 자산을 국가가 소유하기도 한다. 발전국가 유형에서는 정부와 주요 기업 사이에 긴밀한 협력관계가 구축되어 정부는 경제활동을 총괄적으로 지휘하는 기구를 갖추고 기업의 경제활동을 지원하는 관리자의 모습을 띤다. 역사적으로 발전국가 유형은 후발 산업 국가들에서 많이 나타났으며 한국과 일본의 경제발전을 가져온 동아시아 발전모델이 그 대표적 사례라 할 수 있다.

'사회민주국가'(the social-democratic state)도 경제에 적극적으로 개입한다. 그러나 발전국가가 신속한 경제발전을 목표로 하는 것과 달리 사회민주국가는 불평등과 빈곤 등 시장경제의 부작용을 치유하는 데에 우선적인 목표를 둔다. 이를 위해 사회정의와 평등 개념에 입각하여 소득의 재분배와 불평등의 해소를 정책적으로 추진한다. 그 결과 사회민주국가는 경제 관리자의 모습보다는 국민의 보호자로 인식된다. 제2차 세계대전 이후 서구와 많은 산업국가에 등장한 복지국가체제가 그 대표적 사례라 할 수 있다.

한편 '집단국가'(the collectivized state)는 국민경제의 지배자이자 유일의 자산 소유자로서 경제활동 전반을 국가 통제 하에 둔다. 국가경제계획위원회와 같은 정부조직이 상품의 가격과 생산량을 결정하며 국가의 계획이 시장을 대체한다. 대부분의 생산시설과 농장이 국가의 소유 내지 사회의 공동 소유가 되어 국가 독점 경제체제가 수립된다. 역사적으로 구소련과 동구권에 존재했던 공산주의체제가 대표적 예라 할 수 있다. 집단국가는 경제를 장악하고 사회를 동원하여 혁명 이념의 실현과 같은 정치적 목표를 달성하는 데에 주력한다. <표 5>는 위에서 언급한 국가의 사회경제적 역할에 따른 유형별 특징을 정리한 것이다.

<표 5> 국가의 사회경제적 역할 유형

국가 역할	경제운용체제	소유와 분배 정책	국가 유형
I. 최소 기능 (Minimalist functions)	기본 공공재 공급 (법과 질서, 국방, 재산권, 공중보건)	절대 빈곤 방지 정책 시행	최소국가 모형 I
II. 중간 기능 (Intermediate functions)	-외부효과 대응 (의무교육, 환경보호 등) -독과점 규제 -불완전정보 보완 (소비자보호, 금융시장감독 등)	사회보장제도 시행 (가족수당, 실업지원 등)	최소국가 모형 II
III. 적극 기능 (Active functions)	시장육성과 강화 vs. 경제분배와 복지	일부 자산의 국가 소유, 소득재분배 제도 시행	발전국가 모형 vs. 사회민주국가 모형
IV. 약탈 기능 (Predatory functions)	시장을 대체, 계획경제 운용 (가격, 생산량 명령)	모든 주요 자산의 국가 소유	집단국가 모형

이상에서 살펴본 국가의 유형은 한때에 존재했던 역사적 유산이 아니라 특정 부류의 정치적 목표와 사회경제적 역할에 특화된 통치체제로 보는 것이 적절하다. 각각의 국가 유형은 사회발전 단계

별 목표(국가형성, 경제발전, 민주화, 복지화)와 사회경제적 목표(자유시장경제, 고도경제성장, 분배정의, 경제통제)를 추진하는 데에 적합한 정치이념과 통치구조 그리고 사회적 관계망을 갖추고 있다. 처음 질문으로 되돌아가서 좋은 국가가 되기 위해서는 공동체 집단이 필요로 하는 성과를 내는 유용성이 필요하며, 그에 적합한 국가 유형을 갖추는 것이 중요하다.

04 미래의 국가는 쇠퇴할 것인가

21세기에 들어서 4차 산업혁명과 세계화의 흐름이 본격화되면서 국가의 미래 모습에 대한 궁금증이 높아지고 있다. 인간사회의 활동과 관계를 초대륙적으로 연결하는 세계화의 물결은 개별 국가의 주권 영역을 넘어서는 초국적 이슈와 당면 과제를 생성하였고 국가 간의 공조를 불가피한 것으로 만들었다. 환경파괴와 기후변화, 국제적 마약 유통과 테러조직의 창궐, 코로나 등 전염병의 확산과 같은 위협 앞에서 전통적인 주권국가체제로는 국가의 안전과 국민의 안정적 삶을 지키기 어려운 시대가 된 것이다. 또한, 4차 산업혁명의 흐름 속에서 등장한 초연결 지능사회는 다수결 원리와 대의제 민주주의에 기반을 둔 현대 국가체제의 효율성에 대해 의문을 제기한다. 이처럼 21세기에 정치를 둘러싼 사회적 환경이 급변하고 있는 것은 분명하며 정치세계와 국가체제에도 모종의 변화가 불가피할 것으로 보는 관측이 지배적이다. 주권국가는 계속하여 국내 및 국제 정치질서에서 중심적 지위를 유지할 것인가, 아니면 쇠퇴할 것인가?

주권국가의 특성

현대 정치질서를 특징짓는 주권국가체제는 1648년 베스트팔렌(독일어 Westfalen; 영어명 Westphalia) 조약에서 출발하였다고 볼 수 있다.

당시 중부 유럽 지역을 휩쓸었던 30년 전쟁을 종결하고 국경을 재정비하는 자리에서 유럽 내 거의 모든 왕국과 제후국 그리고 공작령의 대표들이 국가의 주권을 선언한 것이 그 시작이다. 베스트팔렌 조약은 1) 영토와 국민에 대한 국가의 배타적 지배권과 2) 국가 내정에 대한 불간섭 원칙을 선언하였고, 3) 국제법상으로 국가 간의 평등한 지위와 4) 국가의 동의 없이는 국제법상의 의무가 발생하지 않는다는 것을 천명하였다.

흔히 베스트팔렌체제라 불리는 주권국가 중심의 국제질서는 1945년 2차 세계대전 직후 전쟁범죄 재판이 열리기 전까지 300년의 기간 동안 유지되었다. 그 기간 동안 국가를 대표하는 중앙정부는 각 국가공동체의 최고 관리자였을 뿐만 아니라 국제정치의 유일한 합법적 행위자였다. 그러나 2차 세계대전 이후 전쟁범죄와 보편적 인권 개념이 강조되면서 국가 주권과 국가행위의 적정 범위에 대한 논의가 활발히 진행되었고 국가체제의 변화를 예상하는 견해들이 제시되었다. 이하에서는 세 가지 서로 다른 관점에서 국가체제의 변화를 전망한 논의들을 살펴보고자 한다.

제3물결과 국가체제

국가체제의 변화에 대한 예고는 미국의 미래학자인 앨빈 토플러(Alvin Toffler, 1928~2016)의 『제3물결』(The Third Wave, 1980)에까지 거슬러 올라갈 수 있다. 그의 견해는 특별히 문명의 변화라는 관점에서 정치변화를 다루고 있어 눈길을 끈다. 그는 근현대의 국가체제가 '제2물결'인 기계화 · 산업화 혁명으로 탄생한 산업사회의 한 요소임을 지적한다.[17] 산업사회는 산업혁명의 획기적인 발명품인 공장체제를 기본 패러다임으로 구성되었고 그 같은 패러다임 속에서 사회는 수천 개의 부품으로 이루어진 공장과 같은 존재로 인식되었다. 사회를 공장처럼 잘 관리하는 문제가 산업사회의 중차대한 과제로 부각되었고 그 결과 자본주의체제나 사회주의체제를 막론하고 모든 산업사회에 관리자 계층과 관료조직이 크게 발달하였다. 그는 공장의 관리에 필요한 원리들 즉, '표준화 - 분업화 - 동시화 - 집중화 - 극대화 - 중앙집권화'의 6대 원리가 산업사회의 지배적인 규범으로 자리를 잡았다고 설명한다. 산업사회의 정치도 사회를 통합적으로 관리하는 것에 초점을 두었고 이를 위해 공장형 국가조직과 정부기계를 구비하게 되는데, 그중 의회는 법률을 생산하는 공장과 같은 존재였다. 토플러(Toffler)의 이론에 의하면 현대 국가체제는 산업화와 산업주의의 산물로 파악된다.

토플러(Toffler)는 새로운 '제3물결' 속에서 산업사회의 공장식 국가체제가 난관에 부딪쳤음을 지적한다. 탈 대중화 사회에서 구성원 사이의 컨센서스가 붕괴되고, 민주정치체제의 문제해결 능력이 떨어지고, 경제 인플레와 환경파괴 그리고 마약유통과 테러확산 등과 같은 초국적 과제들이 등장하며, 기업과 국내 분리주의 세력의 정치적 도전이 거세지는 상황은 기존의 국가체제가 사회를 관리할

---

17 앨빈 토플러, 이규행 역, 『제3물결』 (서울: 한국경제신문, 1989), "4. 규범의 내용," pp. 68-85, "5. 권력의 전문가," pp. 86-94, "6. 숨겨진 청사진," pp. 95-105 참조.

수 있는 능력을 넘어선 것이다.[18] 그는 제3물결 속에서 새로운 사회적 규범으로 떠오르는 원리들, 즉, '탈표준화 - 탈분업화 - 탈동시화 - 탈집중화 - 탈극대화 - 탈중앙집권화'의 원리에 맞게 정치체제를 재구성하는 것이 필수적 과제임을 강조하였다. 그리고 이 같은 재구성 작업에서 고려해야 할 과제를 세 가지로 제시하였다.[19]

첫 번째로, 토플러(Toffler)는 제3물결의 사회가 기본적으로 다양성이 추구되는 탈대중화 사회이며 정치적으로 소수파가 난립하는 병렬사회이므로 구성원 간의 합의 도출이 어렵고 민주정부의 정당성도 약화될 것으로 보았다. 소수파의 행동이 증대하는 것은 이기심 때문이 아니라 새로운 생산체제가 다채로우면서도 개방적인 사회를 필요로 하기 때문이라고 설명한다. 그래서 새로운 정치체제는 다수결 원리 대신에 소수파의 역할을 강화하는 '소수파 민주주의'를 갖추는 것이 필요하다고 주장한다.

두 번째로, 시민과 시민 대표 사이의 간격이 확대되는 상황에서 유권자 시민이 스스로 대표가 되는 방향으로 정치체제를 전환하는 것이다. 유권자 사이에 합의가 쉽지 않은 상황에서 대표 개념도 약해졌을 뿐만 아니라 급변하는 시대의 흐름을 못 따라가는 시민 대표들의 한계 때문에 실질적 권한이 행정기관으로 이양되면 지금의 대의정치제도는 파괴될 것이다. 이 때문에 그는 시민의 정치참여와 자치권을 확대하여 한계에 다다른 공장형 국가체제를 더욱 개방하는

---

18 앨빈 토플러, 이규행 역, 앞의 책, "22. 국가의 붕괴," pp. 381-400, "27. 정치의 무덤," pp. 476-503 참조.

19 앨빈 토플러, 이규행 역, 앞의 책, "28. 21세기의 민주주의," pp. 504-536 참조

것이 필요하다고 주장하였다.

세 번째로, 제3물결 속에서는 사회 문제의 복합성이 증가하고 그에 대한 신속한 대응이 중요해지므로 결정권을 분산시켜야 한다고 강조하였다. 산업사회의 관리체제는 중앙집권화 원리에 의해 중앙 사령탑에 많은 결정권을 부여하였으나 이제는 사안 별로 해당 현장으로 결정권을 이관할 필요가 있다. 결정권의 분산은 자원통제권의 이양을 수반하지만 과부하 상태에 놓인 공장형 국가체제와 중앙정부로서는 피할 수 없는 과제라고 보았다. 1980년에 토플러(Toffler)가 예고했던 변화의 물결은 최근 4차 산업혁명과 세계화의 흐름에 의해 구체화되는 모습을 보여준다.

4차 산업혁명과 국가체제

4차 산업혁명의 기반이 되는 온라인 가상세계는 3차 산업혁명에서부터 시작되었다고 볼 수 있다. 1969년 미국 국방부의 아르파넷(ARPANet) 프로젝트는 세계 최초로 패킷 교환 방식의 네트워크 통신 기술을 개발하였고, 이것이 1994년 넷스케이프(Netscape) 회사에 의해 민간용 월드와이드웹(world wide web; www) 서비스로 상용화되면서 온라인 네트워크 체제가 세계적으로 구축되기 시작한 것이다. 흔히 '연결혁명'이라 불리는 3차 산업혁명은 1950년대부터 개발되어 온 문서와 음성 그리고 영상 분야의 디지털 정보를 인터넷망을 통해 세계적으로 소통시킬 수 있는 초연결사회를 열었다. 한편 '지능

혁명'이라 불리는 4차 산업혁명은 2015년 구글(Google)의 텐서플로우(Tensorflow) 인공지능(AI) 프로그램의 개발을 시작으로 본격화되었고, 1950년대부터 축적되어온 방대한 양의 디지털 정보를 가공하여 사용자 경험을 기반으로 최적화 및 맞춤형 솔루션을 찾아내는 초연결지능사회를 가능케 하였다. 3차와 4차 산업혁명은 인간사회가 소통하고 협업하는데 사용하는 재료의 가공 및 연결 방식과 활용 범위의 측면에서 일대 혁신이 일어났음을 의미한다.

현대 사회가 초연결지능사회로 이행하면서 사회구성원들이 정보를 검색하고 서로 소통하고 관계를 맺고 자기 정체성을 구축하는 방식에도 커다란 변화가 일어나고 있다. 이 같은 변화는 문화와 산업에 이어 정치 영역에도 변화를 초래할 것으로 보인다. 무엇보다도 인터넷과 스마트폰 등의 정보통신기술이 정치과정과 국정운영에 활용될 가능성이 높으며 그에 필요한 디지털 거버넌스 체제가 구축될 것으로 예견된다. 디지털 거버넌스 체제에는 시민과 정책 전문가 등의 다양한 행위자가 참여함으로써 국가와 시민사회의 관계에도 변화가 발생할 것으로 예상된다.

20세기 후반에 등장한 '전자정부'의 개념은 디지털 거버넌스와 조금 차이가 있다고 말할 수 있다. 전자정부는 디지털 기술을 이용하여 정부의 효율성을 증대시키는 데에 초점을 맞추고 있었다. 온라인 플랫폼에 행정 정보를 공개하고 온라인 민원 처리를 통하여 행정처리의 신속성과 투명성을 높이고자 하였다. 그 외에도 전자 서베이와 전자투표를 통하여 시민의 정치참여를 높이는 데에도 기여를 하였다. 그러나 전자정부의 개념은 국가체제를 바꾸기보다는 기존 행정체제에 신기술을 가미하는 형태였다고 평가할 수 있다.

최근에는 디지털 거버넌스의 주요 원리로서 디지털크라시(digitalcracy)와 헤테라키(heterarchy)의 두 개념이 주목을 받고 있다. 디지털크라시는 디지털과 모바일 기술을 활용한 직접민주주의 성격의 의사결정 체제를 의미하는데, 향후 온라인 플랫폼 상에서 개인, 시민단체, 정당, 정부 등이 참여하는 정책네트워크가 활성화되면 시민사회의 정책결정 역할이 크게 증가할 것으로 전망된다. 그에 따라 시민의 대표 역할을 수행하던 직업 정치인과 정당의 비중은 감소하고 시민의 의사가 실시간으로 반영되는 온라인 정책네트워크의 비중이 증가할 것으로 예상된다. 한편, 헤테라키는 하나의 중심축에서 파생된 계층구조를 의미하는 하이어라키(hierarchy)와 달리 여러 개의 중심축을 가진 다중 지배구조를 말한다. 4차 산업혁명 시대에는 빅데이터의 정보력을 기반으로 자기 조직화가 강화된 개인과 시민단체, 정당, 정부 사이에 많은 권력이 공유되고 수평적이면서 협업 중심의 의사결정이 활발해질 것으로 전망된다.

디지털크라시와 헤테라키의 두 개념은 지식정보사회에서 시민의 참여가 확대되는 모습을 담고 있으며 이에 따라 국가 대 시민사회의 관계도 적지 않은 변화를 겪을 것으로 전망된다. 이 같은 변화의 국면에서 시민의 의사가 모아지는 민주주의 플랫폼의 역할이 강조되는데 아르헨티나의 '데모크라시 OS', 뉴질랜드의 '루미오(Loomio)', 미국의 '브리게이드(Brigade)', 핀란드의 'Open Ministry', 스페인의 수도 마드리드의 '마드리드 디사이드(decide.madrid.es)'와 같은 여러 사례에서 그에 대한 관심과 열기를 찾아볼 수 있다.

이와 함께 사이버 보안을 강화하기 위한 도구로서 블록체인(Blockchain) 기술의 중요성이 부각되고 있다. 블록체인 기술은 개인과 개인(person to person; P2P) 네트워크에 모든 자료를 공유하고 저장하는 일종의 '분산장부' 기술로서 공공기록과 디지털 계약의 보안을 강화하고 여론조사와 투표의 투명성을 높이는 수단으로 주목을 받는다. 에스토니아의 'e-Estonia' 시스템은 블록체인 기술을 기반으로 구축한 디지털 거버넌스 체제의 대표적인 사례이며 그 외 약 50여개 국가에서 시행하고 있는 블록체인 기술 기반의 투표제도는 디지털 크라시에 대한 관심과 가능성을 보여준다.[20]

그러나 여기서 한 가지 짚고 넘어가야 할 점은 3~4차 산업혁명이 일으키고 있는 정치 변화의 방향이 국가조직의 쇠퇴보다는 민의의 반영과 확대 쪽에 맞춰져 있다는 것이다. 토플러(Toffler)가 말한 산업사회의 공장형 국가체제가 디지털 거버넌스 체제로 이행한다고 해서 국가가 쇠퇴하리라고 단정 짓기는 어렵다. 디지털 거버넌스 체제에서 국가의 정책과 행위를 결정하는 과정에 참여하는 행위자의 수가 이전보다 확대될 가능성이 높지만 사회 유지와 관리를 담당하는 국가체제는 오랫동안 존속될 것으로 전망된다. 국가조직을 대신하여 공적 권위와 책임을 갖고 공동체 전체의 의사를 수립하고 집행할 만한 다른 정치조직이 생긴다는 게 쉽지 않기 때문이다.

---

20 에스토니아가 전국적인 규모의 의회 선거에 블록체인 기술을 활용한 것에 비해 다른 나라들은 블록체인 기술을 부분적으로 도입하였다. 스페인은 2014년 당내 의사결정에, 덴마크도 2014년 당 내부 투표에 블록체인 기술을 사용하였고, 호주는 2015년 정책 이슈의 결정에, 미국은 2016년 텍사스와 유타 주의 당내 대선 후보 선출에 블록체인 기술을 사용하였다.

세계화와 국가체제

3차와 4차 산업혁명과 비슷한 시기에 진행된 '제2차 세계화'의 물결도 주권국가체제에 변화의 압력을 가중시키는 요인으로 작용한다.[21] 1980년대에 영국과 미국을 중심으로 신자유주의 정책이 복원되고, 1990년대 초반 소련과 동구권 공산주의 국가들의 체제 전환으로 동서 간의 장벽이 해소되었다. 여기에 1995년 세계무역기구(WTO)의 출범과 함께 자유시장경제가 전면적으로 추진되면서 '제2차 세계화'는 2007~2008년 글로벌 금융위기가 발생할 때까지 빠른 속도로 진행되었다. 제2부에서 보다 자세히 살펴볼 예정이지만 이 기간에 경제 · 사회 · 문화 · 기술 · 여행 · 이주 등 모든 사회 영역에서 초국적 활동이 급증하였고, 이를 다루기 위한 다국적 협정과 국제조직의 역할이 강화되는 가운데 개별 국가의 비중은 줄어드는 현상이 발생하였다.

세계화 시대에 영토 자원과 국민에 대한 주권국가의 권력은 정부 간 협정과 국제조약 그리고 국제법에 의해 제한되고 있으며, 민주주의와 자치권 원리에 의해 국내의 지방자치 조직에 분산되고 있다. 세계화 시대에 중앙 정부의 국가권력이 국내외적으로 분산 및 공유되는 상황을 두고 '신중세론'의 주장이 제기되기도 하는데, 여

21 1870년에서 1914년에 이르는 기간에도 국가 간 경제적 연결의 범위와 속도, 강도, 영향 면에서 주목할 만한 진전이 있었는데 학자들은 이 시기를 '제1차 세계화'로 부르며 '밀집형 세계화'(thick globalization)의 기본 모형으로 인용한다. 20세기 후반에 발생한 세계화도 밀집형 세계화에 속하지만 시기적으로나 특성 면에서 제1차 세계화와 다른 점이 많기 때문에 '제2차 세계화'로 부르며 구분한다.

기서 '신중세론'이란 서양 중세시대의 정치질서 즉, 중앙권력(국왕)이 국제권력(로마 교황, 신성로마제국 황제) 및 지방권력(봉건 영주)과 공존하며 정치권력을 행사하던 공치체제(共治體制)로 회귀할 수 있다고 보는 견해이다.[22]

2007~2008년 글로벌 금융위기 이후 시장확대 위주의 세계화 물결은 가라앉았고 2010년대 중반 이후 전통적인 지정학적 기류가 국제정치에 흐르면서 중앙 정부를 중심으로 한 국가체제의 권위가 회복되는 모습이 나타난다. 그러나 2차 세계화 과정에서 구축된 초국적 연결망은 거의 그대로 남은 채 정부 간 협약과 국제조직의 역할이 지속되고 있다. 더욱이 3~4차 산업혁명에 따른 초연결지능 사회가 도래하면서 디지털 기술에 의한 상품과 서비스 그리고 사람의 초국적 교류가 가속화되고, 디지털 상품과 서비스 시장이 새롭게 활성화되면서, 세계화는 '디지털 세계화'의 모습으로 전개되고 있다. 베스트팔렌 조약이 탄생시켰던 주권국가 체제로의 복귀는 더 이상 기대하기 어려운 상황이며 향후 정치권력의 분산과 다층적 공치체제(共治體制)의 등장으로 중앙 정부의 권력이 쇠퇴할 것으로 보는 전망이 심심치 않게 제기된다.

그러나 향후 세계화의 흐름이 다시 확대되더라도 국가가 여전히 중요한 존재로 남을 수밖에 없는 이유들이 존재한다.[23] 첫째로,

---

22 Hedley Bull, *The Anarchical Society* (London: Macmillan, 1977), pp. 254-255; 타나카 아키히꼬, 이웅현 역, 『새로운 중세: 21세기의 세계시스템』(서울: 지정, 2000), "7. 새로운 중세?" 참조.

23 그 이유에 대해서는 이인성, 『21세기 세계화체제의 이해』 (서울: 아카넷, 2009), pp. 86-88 참조.

세계정부 혹은 대륙 단위의 지역정부가 수립되기 전까지는 개별 국가가 각 사회공동체에 필요한 공공재를 제공할 수 있는 사실상 유일한 존재이기 때문이다. 세계화가 제공하는 열린 세상과 각종 기회를 활용하기 위해서는 개인의 안전, 재산권, 교육, 유능한 관료조직, 정교한 시장경제와 같은 제반 조건이 필요한데 이 같은 조건은 국가의 정책적 뒷받침 없이는 달성되기 어렵다. 특히 현대 시장경제는 정교하고 복합적인 장치들로 구성되어 있고 재산권의 보장, 계약의 자유, 서비스 제공 국가를 그 기본 요건으로 한다. 그러므로 경제의 세계화는 국가체제의 쇠퇴를 초래하기보다는 국가의 확실하고 적절한 역할을 필요로 한다. 실패 국가, 약체 국가, 부패 국가야말로 세계화 경제의 블랙홀이 될 것으로 예상된다. 그래서 세계화 시대에 바람직한 국가 유형으로서 '경쟁국가'(a competition state) 모델이 주목을 받고 있다. 앞 장에서 언급한 바와 같이 '경쟁국가'는 개방과 공유의 세계화 환경 속에서 공공 정책의 경쟁력을 갖추고 우수한 공공재(public goods)를 제공하는 국가를 말한다.

둘째로, 국가가 구성원들에게 제공하는 정체성과 귀속감 때문이다. 인간은 기본적으로 시공의 제한을 받는 물리적 존재이며 모든 주요 사회적 활동과 관계는 특정 공간에서 진행되는 속성을 가지고 있다. 이 때문에 충분한 활동 공간의 확보와 그에 대한 통제력은 모든 정치집단의 핵심 목표가 되었고 근대 이후에는 국가조직이 그 같은 목표의 집행자 역할을 수행하여 왔다. 사회구성원의 정체성과 귀속감도 국가를 중심으로 형성되어 왔다. 세계화 시대라 할지라도 인간과 인간 사회의 공간적 지역적 속성이 사라진 것은 아니며 거리와 공간은 인간의 삶과 활동을 구속하는 결정적인 요인으로 남아 있다. 세계화 시대에도 공동체 삶이 이루어지는 공간에 대한 정치적 관리는 지속될 것으로 보이며 이 분야에서 국가가 지금까지 해온 역할을 가까운 장래에 다른 정치조직이 대신할 것으로 보기는 어렵다. 공동체 구성원들의 정체성도 여전히 국가에 대한 귀속감 속에서 형성될 것으로 보인다.

Chapter 3 토론 사항

국가는 무엇이며 정부와 어떻게 다른가? (의미와 속성)

국가는 왜 중요하며, 정치에서 어떤 의미를 가지고 있는가? (역할)

국가는 선한 존재인가 악한 존재인가, 그 기준은 무엇인가? (평가 기준)

국가는 어떤 종류가 있으며 서로 어떻게 다른가? (유형과 변천)

미래 국가는 어떤 모습일까? (미래 변화)

Chapter 4
정치의 배경요인(1)- 정치문화

"정치문화란 특정 정치체계의 집합적인 역사의 산물이며
현재 그 체계를 구성하는 사람들의 생활 체험의 산물이다"

– 루시안 파이 (Lucian W. Pye, 1921~2008), 미국의 정치학자

"모든 정치체제는 정치행위에 대한 특정 유형의 정향으로 형성되어 있으며
이것을 정치문화라고 부르는 것이 유용하다"

-가브리엘 알몬드 (Gabriel A. Almond, 1911~2002), 미국의 정치학자

개요

정치문화의 특성을 알아보고 정치문화와 정치제도 간의 합치성이 중요하다는 점을 강조한다. 정치문화의 유형을 구분하고 유형별 특성에 근거하여 정치를 분석하는 정치학의 접근방식에 대해 살펴본다. 최근 들어 대중사회가 다중사회로 변하고 네트워크 기반의 소통 방식이 확장되는 상황에서 향후 정치문화가 어떤 특성을 띠게 될 것인지에 대해 생각해본다.

주요 개념어

01. 정치문화의 특성, 정치사회화, 정치문화와 정치제도의 합치성

02. 정치문화의 유형, 급진주의, 자유주의, 보수주의, 반동주의

03. 네트워크 소통방식, 원초적 사회관계, 이차적 사회관계, 익명적 사회관계, 준 익명적 사회관계, 대중사회와 다중사회

01 정치문화는 왜 중요한가

정치문화의 개념과 특성

정치문화(political culture)란 사회구성원들이 정치세계의 주요 활동이나 대상에 대해 갖는 정향(orientation)을 말한다. 미국의 정치학자인 가브리엘 알몬드(Gabriel A. Almond, 1911~2002) 교수가 1956년에 최초로 정치문화 개념을 소개한 이래 정치문화는 정치학에서 빼놓을 수 없는 주제가 되어 왔다.[24] 본래 문화란 자연 조건 위에 인간사회가 이룩해 놓은 생활양식과 행위 정향을 뜻하는 용어로서 같은 문화를 공유하는 사람들 사이에는 비슷한 성격의 습관화된 사고 인지 및 행동 패턴이 발생하는 것으로 파악된다. 문화는 전통으로 전수되고, 학습되고, 공유되는 특성을 가지고 있다. 정치문화도 예외가 아니다. 정치문화는 정치사회화 과정을 통해 후속세대들에게 전수되며 그 결과 구성원들 사이에 습관화된 정치적 사고와 인지 패턴을 낳는다. 그러나 정치문화의 내용이 고정되어 있는 것은 아니고 정치문화가 학습되고 공유되는 가운데 새로운 요소가 가미되는 변화의 과정을 거치는 것이 보통이다.

정치문화는 다음과 같은 유사개념과 구분된다. 첫 번째로, 정치이데올로기가 정치문화의 특징적 단면을 집약하여 표현하는 것으

---

24 Gabriel A. Almond, "Comparative Political Systems," *The Journal of Politics*, vol. 18 (1956), pp. 391-409 참조.

로 인식되는 경우가 있다. 정치이데올로기는 이상적 사회의 비전과 함께 그 실현 방법과 로드맵(road map)을 제시하여 구성원의 정치의식에 영향을 주기 때문이다. 그러나 정치이데올로기는 어느 개인이나 세력의 의도적 노력의 결과물이며 특정 주제와 목표에 집중하는 특성을 지니고 있다. 이에 비해 정치문화는 정치세계에 대한 구성원들의 반응이 축적되고 공유되면서 형성된다. 그 결과 정치문화는 정치이데올로기보다 훨씬 더 내면적이고 광범위한 특성을 지닌다.

두 번째로, 여론이 정치문화의 표출로 인식되기도 한다. 여론이 정치문화의 영향을 받을 가능성이 높은 것은 사실이나 여론은 특정 이슈나 대상에 대한 구성원의 공통적인 의견을 말하며 이슈와 상황에 좌우되는 특성을 가지고 있다. 따라서 여론은 언제라도 바뀔 수 있는 일시적인 성격을 가지고 있고 내용적으로도 특정 이슈에 국한된 부분적 성격을 지닌다. 반면, 정치문화는 여론보다 훨씬 더 일반적이며 지속적인 특성을 가진다.

세 번째로, 국민성이 정치문화와 동일시되기도 한다. 국민성은 국어사전에서 "국민에게 공통적으로 나타나는 가치관, 행동 양식, 사고방식, 기질 따위의 특징"으로 정의된다. 국민성이 정치문화와 겹치는 부분이 있기는 하지만 그 개념은 국민의 정치적 정향보다는 일반적 성향과 기질을 칭하는 용어라 할 수 있다. 그 개념의 범위가 너무 광범위하고 평가 기준이 모호하기 때문에 국민성 개념은 정치학에서는 거의 사용되지 않는다.

정치문화와 정치제도의 합치성 문제

정치문화는 공동체 구성원들이 세대 간 그리고 지역 간 차이에도 불구하고 비슷한 정치적 안목과 정서를 갖게 만든다. 정치문화가 다를 경우 같은 국가에 속한 국민이라 할지라도 정치세계와 대상을 바라보는 관점과 기대 내용이 달라진다. 또한, 정치제도가 비슷한 국가들이라도 정치문화가 다를 경우 상이한 정치 행태가 나타날 것으로 예상된다.

정치제도를 컴퓨터의 하드웨어에 비유한다면 정치문화는 컴퓨터를 움직이는 소프트웨어에 해당한다고 말할 수 있다. 컴퓨터가 잘 작동하려면 하드웨어와 소프트웨어가 잘 맞아야 하는 것처럼 정치가 원활하게 작동하기 위해서는 정치제도와 정치문화가 서로 맞아야 한다. 이 점에서 정치제도와 정치문화 사이의 합치성이 정치적 안정과 발전에 중요한 과제로 제기된다. 그렇지만 우리는 이 문제의 중요성과 필요성을 모르고 넘어가는 경우가 많다. 현실 사례들은 정치제도와 정치문화가 서로 어긋날 때 정치가 불안정해지고 파국으로 치닫는 모습을 보여준다.

예를 들어 1945년 해방 후 한국의 정치제도는 당시로서는 최첨단이라 할 수 있는 미국식 삼권 분립의 민주정치제도를 갖추었지만 정치문화는 조선시대의 왕권 정치와 일본의 식민지 통치 속에서 배양된 봉건적 특성을 지니고 있었다. 해방 후 한국 정치에 내재된 정치제도와 정치문화 사이의 불합치성은 그 이후의 한국 정치가 순조로운 경로를 밟지 못할 것을 예고하는 것이었다. 실제로 1950년대의 한국 정치는 헌법체제대로 작동하기보다는 여러 가지 파행적 운영과 혼란에 휩쓸리다가 1960년대에 5 · 16 군사쿠데타를 경험하고 1970년대에 유신체제의 등장으로 이어진다. 유신체제가 도입한 권위주의 정치체제는 정치제도의 측면에서 볼 때 미국식 민주주의 제도로부터의 후퇴를 의미하지만 정치문화의 측면에서 보면 한국 사회에 남아 있던 봉건적 정치문화에 부합하는 정치제도로 조정된 것이라고 볼 수 있다. 만약 1970년대에 한국의 지배적인 정치문화가 참여형 민주주의 문화였다면 유신체제의 도입은 처음부터 고려되지 않았거나 도입이 강행되었더라도 국민적 저항에 직면했을 것으로 생각된다.

1980년대의 소련과 동구권 공산국가의 사례는 한국과 반대의 모습을 보여준다. 이들 국가에서는 오래 전에 스탈린(Stalin)에 의해 구축된 억압적인 전체주의 정치제도가 존속되고 있었으나 지식인과 청년층 사이에는 서구화와 자유화의 열망이 높아지고 있었다. 그들은 일당 지배체제와 경찰국가 제도에 대항해서 싸우지는 못했지만 문화 예술 활동을 통해 불만과 갈증을 표출하였고 그 결과 냉소적 비판 문화가 사회에 넘쳐나게 되었다. 정치제도와 정치문화 사이에 팽팽한 긴장이 지속되는 가운데 개혁 마인드를 가진 지도자가 소련에 등장하여 '위로부터의 개혁' 운동이 시작되었으나 이전 정치문화에서 벗어날 수 없는 기득권 정치세력의 반발로 개혁 노력은 실패하게 된다. 미하일 고르바초프(Mikhail Gorbachev, 1931~2022) 소련 공산당 서기장의 페레스트로이카(Perestroika) 개혁이 바로 그 사례이다. 고르바초프(Gorbachev) 서기장은 개혁조치를 통해 시대적으로 낙후된 공산주의 정치제도를 개선하려 하였지만 동료 정치인과 국가 관료들의 정치문화는 쉽게 바뀌지 않았고, 정치리더십의 분열과 충돌 속에 소련과 동구권의 공산주의체제는 1990년대에 막을 내리게 되었다.

한국과 소련이 겪은 정치적 파국 사례는 정치제도와 정치문화 사이에 커다란 간극이 있을 때 정치가 제대로 작동하지 못하고 정치적 긴장과 사회 불안을 낳는 원인이 되는 것을 보여준다. 하지만 정치제도와 정치문화 사이의 불합치 현상은 예외적이라기보다 일반적인 현상에 가깝다. 그 이유는 정치제도와 정치문화의 생성 및 변화 주기가 다르기 때문이다. 정치제도는 정부기관과 정치가들의 결정으로 단시간에 만들어지고 교체될 수 있으나 정치문화는 구성원들의 사고 - 인지 - 행동 패턴이 광범위하게 공유되기까지 오랜 시간이 걸리고 서서히 교체되는 속성이 있다. 사회 환경도 계속 변하므로 정치제도와 정치문화가 정확하게 합치되는 것은 현실적으로 기대하기 어렵다. 그러나 많은 경우 정치제도와 정치문화 사이의 불합치 정도가 크지 않으므로 정치적 파국으로까지는 이어지지 않는다고 볼 수 있다. 정치적 안정을 위해서는 정치문화와 정치제도 사이의 간극이 커지지 않는 것이 중요하며, 이를 위해서는 정치제도를 만드는 정치인들이 정치문화에 대해 깊은 관심과 예민한 감수성을 가질 필요가 있다.

02 정치문화는 서로 어떻게 다른가

정치세계에 대한 인지적 · 감성적 정향을 뜻하는 정치문화가 존재하고 정치활동에 영향을 미치는 것이 인정되더라도 정치문화 개념이 정치연구에 어떻게 활용될 수 있는지에 대해서는 궁금증을 자아낸다. 정치문화는 관찰과 측정이 어렵기 때문에 구체적인 분석 개념으로 활용하기 어려운 면이 있다. 개인 차원을 넘어 사회집단의 정치문화를 다룰 경우 그 어려움은 더욱 커진다. 그럼에도 불구하고 정치문화 개념을 정치연구에 적용하려는 노력이 꾸준히 이어져 왔다.

예를 들어 정치학에 정치문화 개념을 처음 소개한 알몬드(Almond)는 시드니 버바(Sidney Verba, 1932~2019)와 함께 정치문화의 유형을 구분하고 각 유형별 특징과 파급 영향에 대한 이론적 분석틀을 제시하였다.[25] 그에 의하면 정치문화는 인지적(알고 모름), 감정적(좋고 싫음), 평가적(옳고 그름) 요소로 구성되며 정치문화가 근대화되고 발달할수록 감정적 요소보다는 인지적 요소와 평가적 요소의 비중이 커진다고 보았다. 그리고 정치문화를 '향리형'(parochial), '신민형'(subject), '참여형'(participant)의 세 가지 유형으로 나누었는데 사회구성원의 정치적 지식과 주체성이 분류의 기준이 된다.

아래 <표 6>에 나와 있듯이 '향리형' 정치문화가 지배하는 사회에서는 구성원의 집단의식이 자신이 속한 향리 수준에 머물러 있고,

25 Gabriel A. Almond and Sidney Verba, *The Civic Culture: Political Attitudes and Democracy in Five Nations* (Princeton: Princeton University Press, 1963) 참조.

대부분의 구성원이 정치적 투입 과정과 산출 내용에 대해 잘 알지 못할 뿐만 아니라 정치적 주체 의식도 발달하지 못한 상태에서 다분히 폐쇄적인 정치세계가 작동한다. '신민형' 정치문화에서는 구성원의 공동체 의식이 전체 국가의 수준으로 넓어졌지만, 많은 구성원이 정치적 투입 과정에 대해서 잘 모르거나 관심이 적은 반면 법률과 명령 등 정치적 산출 내용에 대해서는 민감하고, 정치적 주체성을 발휘하기보다는 충직한 국민으로 움직이는 수동적인 정치세계가 작동한다. 이에 비해 '참여형' 정치문화에서는 구성원이 전국 범위의 공동체 의식을 가지고 있을 뿐만 아니라, 정치적 투입 과정과 산출 내용에 대해서도 잘 알고 정치적 주체성도 강하여 정치과정에 적극적으로 참여하는 정치세계가 펼쳐진다.

<표 6> 정치문화 유형과 특징

	전체체계 인식	정치투입 인식	정치산출 지식	정치적 주체성	특징적 단면
I. 향리형 문화	X	X	X	X	폐쇄적 정치세계
II.신민형 문화	O	X	O	X	수동적 복종
III.참여형 문화	O	O	O	O	능동적 주체

알몬드(Almond)와 버바(Verba)는 사회가 근대화되고 정치가 발달하면 정치문화도 향리형에서 신민형을 거쳐 참여형으로 변해갈 것

으로 전망하였다. 이들이 제시한 정치문화의 유형은 1960년대~1980년대에 국가 간 정치문화의 비교와 민주화 과정을 연구하는 데에 유용한 분석틀로 활용되어 왔다. 그러나 세계적으로 참여형의 정치문화가 대세가 된 현시점에서는 그 유용성이 이전보다 줄어들었다.

정치문화 개념을 정치변동의 분석에 활용한 예도 있다. 미국의 정치학자인 사무엘 헌팅턴(Samuel P. Huntington, 1927~2008) 교수는 사회구성원들이 갖는 도덕적 신념과 사회 현실 사이의 격차에 대한 태도를 기준으로 정치문화의 유형을 '도덕주의, 냉소주의, 자기만족주의, 위선주의'로 구분하였다. 그리고 사회 내 정치문화의 기류가 변함에 따라 미국 정치의 성격이 변해가는 과정을 설명하였다.[26]

헌팅턴(Huntington)의 설명에 의하면 처음에는 구성원들이 정치적 이상에 대한 강한 신념 속에서 사회 현실의 문제점을 시정하고자 노력하는데, 아래 <표 7>이 보여주듯이 이 시기에는 '도덕주의'(moralism)의 정치문화가 지배하게 된다. 그러나 현실의 개혁이 기대처럼 진행되지 못하면 구성원들은 정치적 이상에 대한 열망과 현실에 대한 불만족 감정을 줄이면서 이상과 현실 사이의 격차를 묵인하는 쪽으로 가게 되고, '냉소주의'(cynicism)의 정치문화가 지배하게 된다. 그 상태에서 시간이 더 흐르면 구성원들은 정치적 신념과 현실 사이의 인지불협 상황을 해소하고자 정치적 이상과 현실 사이에 격차가 별로 없다는 생각으로 자기 합리화를 하게 되고, '자기만족주의'(complacency)의 정치문화가 지배하게 된다. 그런 상태가 더 지

26 Samuel P. Huntington, *American Politics: The Promise of Disharmony* (Cambridge, Mass: The Belknap Press of Harvard University Press, 1981) 참조.

속되면 구성원들은 정치적 이상에 대한 생각을 바꿔서 현재의 제도와 관행을 이상적인 것으로 바라보고 이상과 현실 사이의 격차를 부정하게 되는데, 이 시기에는 '위선주의'(hypocrisy)의 정치문화가 지배하게 된다. 헌팅턴(Huntington)은 도덕주의 - 냉소주의 - 자기만족주의 - 위선주의로 이어지는 정치문화의 흐름이 대략 60년을 주기로 반복되면서 미국 사회의 정치적 흐름을 구성해가는 것으로 분석하였다. 그의 설명은 미국 사회를 대상으로 하였지만 '개혁의 정치'를 꿈꾸는 다른 국가의 상황을 분석하는 데에도 활용될 여지가 높다.

<표 7> 정치적 이상 vs. 현실 간 격차와 인지불협에 따른 정치변동

	현실 격차의 인지 정도		
	분명(High)		불분명(Low)
이상에 대한 믿음: 높음(High)	I. 도덕주의 (격차 직시)	←	IV. 위선주의 (격차 부정)
	↓		↑
낮음(Low)	II. 냉소주의 (격차 묵인)	→	III. 자기만족주의 (격차 무시)

그 외에도 개인이나 사회집단의 정치적 성향을 분류하는 데에 정치이념과 정치문화 개념이 자주 활용된다. 주로 1) 변화의 필요성과 가능성(새로운 변화가 필요 vs. 불필요)과 2) 변화의 규모와 속도(대규모 급진적 변화 vs. 소규모 온건적 변화)에 대한 인식을 기준으로 개

인과 사회집단의 이념적 성향과 문화적 특성을 구분한다. 그중 '급진주의'(radicalism)는 현 체제의 한계를 절감하고 혁명적인 변화를 통하여 새로운 체제로 빠르게 전환할 것을 주장한다. 이와 달리 '자유주의'(liberalism)는 더 나은 사회를 위한 변화를 추구하지만 혁명적 방식이 아닌 온건한 방법으로 진행할 것을 지지한다. 반면 '보수주의'(conservatism)는 변화의 필요성과 변화의 결과에 대해 회의적 입장이며 단지 환경 변화에 적응하기 위한 소규모의 점진적 변화만을 지지한다. 그에 비해 '반동주의'(reactionism)는 새로운 변화가 불필요하다고 볼 뿐만 아니라 구체제와 이전 가치관의 회복을 주장한다. 이상의 정치문화 유형은 정치인과 정당뿐만 아니라 개인과 공동체 집단의 정치적 성향을 구분하는 데에 널리 쓰여 왔다.

여기서 한 가지 주목할 점은 <표 8>에서 보는 바와 같이 네 개의 정치문화 유형을 급진주의 - 자유주의 - 보수주의 - 반동주의의 순서로 좌우 일직선상에 놓고 비교할 때와 <표 9>에서 나타내는 바와 같이 두 개의 기준 즉, 1) 변화의 필요성과 가능성, 2) 변화의 규모와 속도를 x, y축으로 놓고 비교할 때 그 시사점이 달라진다는 것이다. 일직선 상의 비교에서는 급진주의와 반동주의가 양극단에 위치하고 모든 면에서 반대되는 것으로 보이지만, x와 y축의 2차원 비교에서는 두 그룹이 지향하는 변화가 반대 방향이긴 하지만 두 그룹 모두 대규모의 급진개혁을 선호한다는 공통점을 가지고 있음을 알 수 있다.

<표 8> 정치적 성향 분류 I

급진주의	자유주의	보수주의	반동주의
혁명적 변화 선호	온건적 변화 선호	현상 유지 선호	구체제 복귀 선호

<표 9> 정치적 성향 분류 II

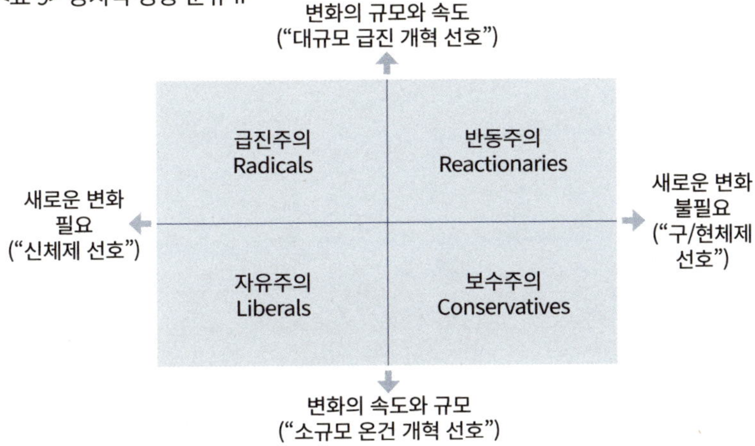

이상과 같이 볼 때 정치문화는 개인이나 사회집단의 정치적 행태를 분석하는 데에 중요한 요소인 것은 분명하나 정치문화 개념은 측정 상의 어려움으로 인하여 실증적인 분석보다는 이론적 논의에서 많이 활용되는 것으로 보인다. 그러나 개인이나 소규모 그룹의 경우 면접이나 설문조사를 통하여 정치적 성향과 행태를 분석하는 실증적 연구가 가능하고 실제로 많은 성과를 이루었다. 하지만 대규모 사회집단의 경우에는 정치문화적 특성을 측정하고 일반화하는

데에 어려움이 있으므로 이론적 성찰을 통해 정치문화의 유형을 개발하고 그에 기반을 두어 정치 행태를 분석하는 접근법이 성행하였다. 그 결과 정치문화 연구에는 많은 유형론이 존재한다.

03 새로운 다중사회의 정치문화는 어떤 모습일까

20세기 후반부터 본격적으로 시작된 인터넷 연결혁명은 사회 구성원의 소통방식에 일대 변화를 가져왔고 구성원 간에 형성되는 사회적 관계에도 커다란 영향을 주고 있다. 네트워크 소통체제의 등장과 익명성 사회관계의 출현이 그 대표적 예이다. 그 같은 변화 속에서 20세기 산업사회를 상징하던 대중사회(大衆社會)와 대중문화는 21세기 지식정보사회에 들어와 쇠퇴 일로에 있고 다중사회(多衆社會)와 세분화된 다중 집단문화가 자리를 잡아가고 있다. 지식정보사회에서도 정치문화의 중요성과 영향력은 변함이 없을 것이나 정치문화의 새로운 동향이 어떤 모습으로 나타나고 무슨 영향을 미칠지에 대해서는 궁금증을 자아낸다.

소통방식과 사회관계의 변화

지식정보사회에서는 사회구성원 간의 면대면(face - to - face) 소통방식이 줄어들고 네트워크를 매개로 한 소통방식이 전 방위적으로 확산되고 있다. 전근대 농업사회에서는 면대면 소통이 거의 유일한 방식이었으나 산업사회에 들어와 전화, 라디오, 텔레비전과 같은 텔레커뮤니케이션 매체의 등장으로 면대면 방식의 비중이 이전보다 줄어들게 되었다. 그렇지만 산업사회에서도 면대면 소통의 중심성이 유지되어 모든 주요 업무는 대면 회의를 통해서 결정하는 것이 일반적 관행이었고 가정에서도 저녁 시간과 주말에 가족들이 텔레비전 앞에 모여 이야기를 나누는 것이 일반적인 모습이었다. 그러나 지식정보사회에서는 개인화된 컴퓨터와 휴대전화가 지배적인 소통매체가 되었고 개별적 네트워크 소통방식이 대세를 이루고 있다. 결과적으로 면대면 소통은 그 중심성을 잃었고 구성원 간의 사회관계도 이전과는 다른 모습으로 변하고 있다.

전근대 농업사회에서는 '원초적 집단'(primary groups)이 중심을 이루고 개인 간에도 '원초적 관계'가 주류를 이루고 있었다.[27] 당시 공동체 구성원은 서로 근접한 공간에 살면서 친밀하고 내면적인 상호작용을 통해 사회적 관계를 형성하는 것이 일반적이었다. 원초적 사회관계에서는 개인 간의 상호작용이 평생에 걸쳐 지속되었고 전면적이었고 인격적인 유대관계를 지향하는 특성을 지니고 있었다. 이후 산업사회에서는 업무를 매개로 결성된 '2차 집단'(secondary groups)의 비중이 커지고 구성원 간에 '이차적 관계'가 활성화되었다. 그에 따라 개인 간의 상호작용도 일시적이고 부분적인 성격으로 바뀌었고 인격적 유대관계는 크게 중시되지 않는 경향을 띠게 되었다.

그러나 21세기 지식정보사회에서는 구성원 간의 '익명적 관계'가 빠른 속도로 자리를 잡고 있다. 새로운 '익명적 관계'는 네트워크 소통체계에 다수의 개인이 동시적으로 참여하고 개인의 익명성을

---

27 '원초적 집단'의 개념은 20세기 초 미국의 사회학자인 쿨리(Cooley)에게까지 거슬러 올라갈 수 있다. Charles H. Cooley, *Social Organization: A Study of the Larger Mind* (New York: Charles Scribner's Sons, 1909) 참조.

유지하면서 등장하였다. 네트워크 소통의 비용이 무시할 만한 수준이고 주로 공통적 취향을 매개로 소통집단이 구성되므로 특별히 개인의 정체를 확인해야 할 이유가 적은 것도 익명적 관계가 빠르게 퍼지는 이유가 된다. 네트워크 소통은 인터넷에 접속하는 짧은 시간 내에 진행되므로 개인 참여자의 정체를 따질 시간적 여유가 적은 편이다. 현재 SNS 상에서 본명 대신에 아이디를 사용하고 연령이나 성별을 따지지 않고 누구에게나 기본적으로 존칭어를 사용하는 관행은 익명적 관계의 모습을 보여준다. 최근에는 SNS의 접속 기록과 발자취가 쌓이면서 개인의 정체성이 부분적으로 회복되는 '준 익명적 관계'가 나타나기도 한다. 개인별 접속 정보와 기록을 종합하여 개인 정체에 대한 유추가 가능해졌기 때문이다.[28]

여기서 익명적 그리고 준 익명적 관계는 정치문화를 더욱 복잡하게 만들 가능성이 있다고 판단된다. 온라인 가상세계에서는 현실 조건과는 다른 새로운 자아 정체성을 만들고 실험할 수 있다. 이렇게 가상 주체의 정체성을 선택하고 다양한 자아를 만들어내는 것은 대중문화의 분산화와 탈중심화를 촉진함으로써 문화적 불안정성을 초래할 가능성이 높다. 그런 반면에 개인은 이전과 달리 대중문화의 영향에서 자유로워지고 자기 취향 개발의 기회를 더 많이 갖게 될 것으로 보인다.

28 이항우 · 이창호 외, 『정보사회의 이해』 (서울: 미래인, 2011), pp. 36-37.

다중사회의 출현

21세기 지식정보사회에서는 대중문화(大衆文化)가 쇠퇴하고 다중문화(多衆文化)가 등장할 것으로 전망된다. 대중문화는 산업사회의 대표적인 문화 형태로서 19세기 후반부터 형성되기 시작하여 20세기에 지배적인 현상으로 자리 잡았다. 대중문화는 산업화의 과정에서 형성된 도시 노동계층의 문화적 욕구를 충족시키기 위해 대중매체를 이용하여 저렴한 가격에 대량으로 공급된 문화 콘텐츠들로 구성되었다. 당시 도시 노동계층의 대부분은 떠나온 농촌공동체와 결연된 채 독자적으로 문화를 생산할 만한 기반이 없었고 경제력과 시간적 여유도 없는 상황이었다. 이들을 겨냥한 대중문화는 비교적 단순하고 반복적이고 획일적인 특성을 보유하였다. 대중문화의 수용자인 산업사회의 대중도 개인적 취향이 각자 크게 다르지 않는 획일적 성향의 동일 집단으로 구성되었다.

그러나 20세기 후반에 이르러 근로자인 대중의 삶이 향상되고 그들의 문화적 수용력과 구매력도 증가하게 된다. 또한 대중 교육의 확산으로 단순하고 반복적인 대중문화에 대한 만족도가 떨어지게 되었다. 그런 가운데 새로운 인터넷 매체가 등장하여 대중문화의 생산체계와 수용방식에 큰 변화가 발생하였다. 블로그, 트위터, 1인 방송 아프리카(Afreeca) TV, 유튜브 등과 같은 매체는 콘텐츠 제작비용이 저렴하고 출연자 수나 접속자의 규모에 제한이 없고 쌍방향 소통이 가능하다는 특징을 가지고 있어 활용 범위가 확대되고 있다. 이로 인해 이전과 같이 주요 방송과 신문 등 소수의 대중매체가 다수의 수용자를 장악하는 일은 점점 어려워지고 있다. 지식정보사회의 다양한 매체들은 대중문화의 획일성과 수직성을 바꿀 뿐만 아니라 문화 수용자에게 세분화된 취향을 발전시킬 기회를 제공하고 있다.

이렇듯 지식정보사회의 특성을 고려할 때 앞으로 대중보다는 다중 개념이 유효하다는 생각을 하게 된다. 과거의 대중은 획일적 대중매체 하에서 동질적 취향을 가지고 있었으나 미래의 다중은 분화된 매체를 통해 집단별로 취향을 유지하고 발전시켜 나갈 것으로 전망된다. 다중은 대중과 달리 개인의 정체성을 유지하고 개별적 행동을 하지만 특정 사안과 상황에 대해서는 공동으로 행동에 나설 수 있는 집단이다.[29]

다양한 취향 집단으로 세분화된 다중사회(多衆社會)에서 정치문화는 어떤 모습을 띠게 될 것인가? 지식정보사회의 개인과 사회집단은 산업사회보다 훨씬 더 개인화될 것이 분명하다. 문화적 획일화와 동질화의 압력이 약해진 상태에서 개인과 사회집단의 개별적 취향이 자라날 기회가 커졌고 정치문화의 세분화와 다양화가 촉진될 것으로 전망되기 때문이다. 다중은 대중보다 훨씬 작은 규모의 집단이므로 이전과 같이 국가 단위나 사회 전체 차원에서 정치문화의 특징을 논하는 것은 점점 어려워질 것으로 보인다.

29 '다중(多衆)'의 개념적 특징과 작동방식에 대해서는 이항우 · 이창호 외, 앞의 책, pp. 30-32; 이항우, 『클릭의 사회학』 (서울: 이매진, 2013), pp. 160-161; 하워드 라인골드, 이운경 역, 『참여군중』 (서울: 황금가지, 2003) 참조.

Chapter 4 토론 사항

정치문화란 무엇이며 어떤 속성을 가지고 있는가? (의미와 속성)

정치문화에 관심을 가져야 하는 이유가 있는가? (중요성)

정치문화는 어떻게 생기는 것이고, 서로 어떻게 다른 것인가? (구성요소와 유형)

정치문화를 어떻게 알 수 있나, 제대로 측정할 수 있는가? (측정 문제)

네트워크 소통방식과 다중사회의 시대에 정치문화는 어떻게 바뀔까? (미래 변화)

Chapter 5
정치의 배경요인(2)- 정치이데올로기

"군대의 침입은 저지할 수 있다. 그러나 제 때에 도래하는 사상은 막을 수 없다"

– 빅토르 위고(Victor Hugo, 1802~1885), 프랑스의 시인, 소설가, 극작가

"경제학자들의 사상은 옳든 틀리든 일반인들의 상상보다 훨씬 더 막강하다.
세상은 이들에 의해 지배된다"

– 존 케인즈(John M. Keynes, 1883~1946), 영국의 경제학자

개요

정치이데올로기의 의미와 특성을 살펴보고, 현대 사회에 영향을 미치고 있는 자유주의, 민주주의, 평등주의, 공동체주의의 4대 정치이데올로기를 소개한다. 자유주의 이론의 사상적 의의를 살펴보고, 왜 자유주의자들은 개인의 자유를 우선시했는지, 그들이 그린 자유 사회는 어떤 모습인지 알아본다. 자유주의에 맞서 평등을 강조한 사회주의, 현대 평등적 자유주의, 20세기 복지국가 정책에 대해 알아본다. 자유사회의 개인 중시 성향을 비판하는 공동체주의 이론의 등장 배경과 주요 명제에 대해 살펴본 후 정치이데올로기 현상이 앞으로도 계속될 것인지에 대해 생각해본다.

주요 개념어

01. 정치이데올로기의 특징, 현대 정치의 4대 거대 담론

02. 고전적 자유주의, 자연권 사상, 사회계약론, 시장경제론, 하이에크 지식론, 자유사회의 지식 실험, 소극적 자유와 적극적 자유

03. 사회주의, 계급구조와 착취관계, 계급투쟁, 프롤레타리아 독재, 스탈린체제

04. 현대 평등적 자유주의, 미국 뉴딜정책, 케인즈 거시경제학, 복지국가 체제의 유형, 자유주의 복지국가, 보수적 조합주의 복지국가, 사민주의 복지국가

05. 신자유주의, 대처리즘 정책, 레이거노믹스 정책, 시장사회, 공동체주의 인간관, 연고적 자아, 공공선의 정치, 참여민주주의, 도덕교육, 공동체 자유주의

06. 이데올로기의 종언, 지식사회학의 상대주의 관점

01 정치 이데올로기란 무엇이며 왜 발생하는가

정치이데올로기의 개념과 의의

정치문화와 마찬가지로 정치이데올로기도 개인과 사회집단의 정치적 행위에 커다란 영향을 미친다. 정치문화가 공동체 구성원 사이에 습관화된 사고 - 인지 - 행동 패턴을 통하여 부지불식간에 구성원들의 정치적 행보에 영향을 미친다면, 정치이데올로기는 구성원들의 가치관과 신념체계를 통해 보다 의도적인 방식으로 그들의 정치 행위에 영향을 미친다.

정치이데올로기는 이상적 사회와 바람직한 정치에 대한 비전과 신념을 기반으로 구성된다. 그 같은 비전을 강조하기 위해 정치이데올로기는 현재의 문제점에 대한 분석과 함께 미래의 발전 목표와 그 당위성, 실천 방안을 제시한다. 그렇기 때문에 정치이데올로기는 현재의 상황을 분석하는 정치이론과 미래의 방향을 설득하는 정치사상의 두 요소를 모두 가지고 있으나, 객관적 이해와 증명보다는 설득과 동참을 목표로 한다는 점에서 일반 정치이론이나 정치사상과는 다른 성격을 가지고 있다. 정치이데올로기는 사회구성원들의 행동을 유발하고 지도하는 행동강령의 성격을 지닌다.

정치이데올로기는 왜 나타나며 누가 만드는가? 그 질문에 대한 답은 인간이 사회 속에 태어나 복잡한 세상을 상대하면서 필요로 하는 것 즉, 광대한 세상을 바라보는 분석틀과 관련이 있다. 누구나 직접 경험을 통하여 세상을 이해하는 부분이 있기는 하지만 세상의 많은 부분은 지식과 관념체계를 통하여 이해되고 해석된다. 그래서 사람은 누구나 자연, 세계, 인간, 사회 등 세상을 바라보고 해석하는 상상 속의 표상들을 가지고 있다. 공동체 구성원 중에는 정치세계와 미래 사회에 대해 남다른 의식과 열망을 가진 자들이 있고 이들은 그 열망을 실현하기 위한 행동 프로젝트로서 정치이데올로기를 만들고 전파하는 데에 앞장을 서게 된다.

현대의 거대 열린사회에서는 쉽지 않은 일이지만 만약 특정 정치이데올로기가 구성원 다수의 마음을 얻어 지배적인 이데올로기가 되는 경우 그에 담긴 비전과 신념은 국가 정책의 방향을 설정할 뿐만 아니라 정책의 평가 기준이 되어 사회 전반에 걸쳐 지대한 영향을 미치게 된다. 정치이데올로기는 신봉자들에게는 타협할 수 없는 진리이자 반드시 실천해야 할 시대적 사명으로 다가온다. 지지자들은 정치이데올로기가 제시하는 해석과 목표에 몰두하게 되고 그들 사이에 굳어진 신념과 사명감은 정치적 변화를 일으키는 집단행동의 동력이 된다.

현대 정치의 4대 거대 담론

지금까지 수많은 정치이데올로기가 등장하고 사라졌지만 시대를 초월하여 현대 사회에까지 영향을 미치는 정치이데올로기도 존재한다. 그 중 몇몇은 현대 정치의 거대 담론으로 남아서 공공정책의 목표를 설정하는 데에 중요한 요소가 되고 있다. 바로 '자유주의, 민주주의, 평등주의, 공동체주의' 이론이다. 이들 이론은 각기 다른 시대적 배경과 문제의식 속에서 등장하였으나 이들이 제시한 자유, 민주, 평등, 공동체의 이념은 현시대의 정치에서 빼놓을 수 없는 가치이자 정책목표가 되고 있다.

역사적으로 정치이데올로기는 근대 세속 국가의 발달과 함께 등장하였는데 중세 시대의 종교 교리를 대신하여 세속 사회의 발전을 안내하는 지침서 역할을 하였다. 17세기의 영국에서 절대 왕정에 맞서 '자유주의'(liberalism) 이론이 등장하였는데 이는 이후에 영국인들의 지지와 수용 속에 자유사회의 건설을 향한 정치이데올로기로 발전하였다. 18~19세기에 자유주의 사상은 민주주의 이론과 결합하여 자유민주주의 이론으로 확대되었는데 이 같은 자유주의 전통은 20세기 전반에 등장한 '현대 평등적 자유주의' 노선이나 20세기 후반에 등장한 '신자유주의' 노선과 구분하기 위하여 '고전적 자유주의'라는 이름으로 불린다.

19세기에 들어와 자유사회의 문제점, 특히 경제적 불평등과 인간 소외의 문제가 불거지면서 자유주의 이데올로기에 맞서 '사회주의'(socialism) 이론이 등장하였다. 사회주의 이론은 평등사회를 향한 정치이데올로기로 발전하였고 20세기 내내 자유주의 이론과 경쟁하면서 대안적 정치경제 질서를 제시하였다. 사회주의 이론은 1917년 러시아 혁명을 계기로 현실적 정치제도로 구체화되었고 이후 소련과 동유럽 국가들의 평등주의 이데올로기로 자리를 잡았다. 비슷한 시기에 서구 자유주의 진영 내에 등장한 현대 '평등적 자유주의'(egalitarian liberalism) 이론은 20세기 중반에 복지국가(the welfare state) 모델로 이어졌다. 서구 산업국가에 확산된 복지국가체제는 자유사회의 기틀 위에 평등의 가치를 실현하고자 했던 것으로 서구 자유사회의 평등주의 이데올로기를 대표한다고 볼 수 있다.

1970년대 후반에 이르러 복지국가체제의 한계와 문제점이 드러나면서 영국과 미국을 중심으로 다시 자유주의 노선으로 복귀하는 움직임이 일어났고 이는 1980년대에 '신자유주의'(neo-liberalism) 노선의 개혁 정책으로 구체화되었다. 1990년대에 들어와 공산주의체제가 해체되고 세계무역기구(WTO)가 출범하면서 신자유주의 이론은 세계 정치경제질서를 주도하는 이데올로기가 되었다. 그러나 신자유주의 정책은 여러 부작용을 낳았고, 그중 시장의 무차별적 확장과 지역 공동체의 와해 현상은 신자유주의 이론에 비판적인 '공동체주의'(communitarianism) 이론을 등장시키는 원인이 되었다. 개인의 선택과 시장체제의 강화를 앞세우는 신자유주의 노선에 맞서 공동체주의 이론은 시민의 덕성과 공공철학의 회복 그리고 공동체의 활성화를 강조한다. 19세기 중반에 자유주의 이론의 시장경제 교리에 맞서 사회주의 이론이 등장한 것처럼 20세기 후반에는 자유주의 이론의 개인주의 교리에 맞서 공동체주의 이론이 등장하였다고 볼 수 있다.

이상에서 소개된 자유주의, 민주주의, 평등주의, 공동체주의 이론은 정치사상의 차원을 넘어 좋은 세상을 구현하기 위한 사회변화 프로젝트로서 작용해왔다. 이들 이론은 각기 개인의 자유를 우선시하는 '자유사회'와, 개인의 정치적 주체성을 우선시하는 '민주사회',

구성원 간의 평등을 우선시하는 '평등사회', 구성원 간의 유대와 결속을 우선시하는 '공동체사회'를 좋은 세상으로 제시하면서 현대 사회의 정치경제 질서를 구성하는 거대 담론으로 작용하고 있다. 그중 민주주의 이론에 대해서는 본서 제2부에서 집중적으로 다룰 예정이므로 이하에서는 자유주의, 평등주의, 공동체주의 이론의 주요 특징에 대해 살펴보고자 한다.

02 고전적 자유주의가 그린 좋은 세상, '자유사회'란 무엇인가

자유의 개념과 사상적 의의

자유주의가 말하는 '자유'란 개인의 자유를 말한다. 즉, 외부의 강제 없이 각 개인이 자신의 의사대로 선택하고 행동할 수 있는 자유를 의미한다. 과거 노예제도 하에서 주인의 의사에 따라야 했던 노예들과는 달리 자신이 선택한 대로 행동했던 자유인의 모습에서 그 전형적인 예를 찾아볼 수 있다. 자유주의자들은 개인의 자기 의사 결정권이 최대한 보장된 '자유사회'를 가장 이상적인 사회로 보았다.

자유주의 이론과 제도의 등장은 인류 정치사에 한 획을 긋는 사건이라고 말할 수 있다. 그 전까지는 동서양을 막론하고 자신의 의사대로 선택하고 행동할 수 있는 사람이 극소수에 불과한 실정이었다. 노예 신분이 아니더라도 일반 양민은 왕이나 귀족 혹은 관리와 같은 권력자의 뜻에 따라야 했다. 왕과 귀족도 사회 전통이나 가문의 규례로부터 자유롭지 못했고 양민도 부락이나 마을 단위의 집단 규범에서 자유롭지 못했다. 자유주의 이론은 이 모든 외부의 구속 요인으로부터 개인의 해방을 선언한 것이었고 개인을 사회적 행위의 기본 주체로 인정한 혁명적인 사상이었다.

자유주의 사상과 이론이 왜 영국에서 등장하였는가라는 질문은 근대 영국의 정치적 상황과 사회적 특성에 대해 많은 궁금증을 자아낸다. 존 로크(John Locke, 1632~1704)라는 자유주의 사상가와 절대왕정이라는 당시 영국의 정치 상황뿐만 아니라 마그나 카르타(Magna Carta, 1215) 대헌장 사건에서부터 권리청원(1628)과 명예혁명(1688)에까지 이어지는 영국 특유의 자유주의 전통이 주목을 끈다. 여기서는 자유주의 이론이 명예혁명 당시 로크(Locke)에 의해 집대성되었고 이후 자유사회를 향한 정치이데올로기로 발전했다는 사실에 주목하고자 한다. 당시 영국 정치에서 반왕권적 성격이 강했던 휘그당(the Whigs)은 1832년에 자유당(the Liberal Party)으로 발전하였고 1830년대 이후 영국의 의회는 정계 재편과 사회 개혁의 장이 되었다. 1868~1894년의 기간 동안 네 차례에 걸쳐 글래드스턴(William E. Gladstone, 1809~1898)이 이끄는 자유당 내각이 집권하였고 그들이 주도한 자유주의 개혁은 영국 사회를 유럽 대륙의 국가들과는 다른 자유사회의 길로 인도하였다.

17세기만 해도 세계적으로 왕과 군주를 정점으로 한 수직적 정치질서와 집단주의 정치문화가 지배적이었던 점을 고려할 때 로크(Locke)의 자유주의 이론과 영국의 정치개혁 행보는 매우 이례적인 것으로 평가된다. 당시 유럽 대륙이나 동양의 정치사회에서 개인의 자유를 주장하는 것은 용납되기 어려운 금기 사항이었다. 한자 문명권에서 널리 유행하던 "하늘 아래 임금의 땅이 아닌 곳이 없다"는 말이나 "온 땅에 임금의 신하가 아닌 사람이 없다"는 말은 자유주의 사상이 동양 국가들에서 용납될 수 없는 것이었음을 시사한다. 만약 조선 중기 숙종(1661~1720) 때에 누군가가 영국에서 로크(Locke)가 했던 것처럼 자기 의사결정의 자유와 권리를 외쳤다면 어떤 일이 벌어졌을지 상상하는 것은 그리 어렵지 않다.

개인의 자유를 주장하는 이유

그런데 자유주의 이론가들은 왜 개인의 자유를 그렇게 중시하고 최우선적 가치로 보았을까? 절대왕정이라는 억압적인 정치체제가 자유주의 이론의 등장을 촉진한 것은 맞지만 자유주의 이론가마다 조금씩 다른 이유를 제시하고 있다. 1688년 영국의 명예혁명을 정당화하면서 자유주의 이론을 집대성한 로크(Locke)의 경우에는 자연권 사상이 중요한 기반이 되었다. 그는 사회가 조직되기 이전의 자연 상태에서부터 인간은 생명, 자유, 재산에 관한 권리를 지니고 있다고 보았다. 따라서 보다 안전하고 편리한 공동체 생활을 위해 개인은 자연권의 일부를 국가에 위임하기는 하지만 국가가 개인의 생명과 자유와 재산을 보호해야 하는 사회계약을 어길 경우 시민은 국가에 저항할 수 있다고 주장하였다.[30] 18세기에 자유주의 이론을 계승 발전시킨 스코틀랜드 계몽주의 학파의 아담 스미스(Adam Smith, 1723~1790)는 시장경제이론을 통해 개인의 자유를 옹호하였다. 그는 개인이 자유롭게 자신의 이익을 추구할 때 개인뿐만 아니라 사회 전

30 존 로크, 강정인·문지영 역, 『통치론』(서울: 까치, 1996), p. 119 참조.

체의 부가 증가한다는 점을 역설함으로써 경제 영역에 남아 있던 집단주의 전통과 규범으로부터 개인의 물질적 욕구와 이익 추구 행위를 해방시켰다.

한편, 20세기 최고의 자유주의자로 꼽히는 프리드리히 하이에크(Friedrich A. Hayek, 1899~1992)의 경우에는 지식의 문제가 개인의 자유를 옹호하는 중요한 이유가 된다.[31] 그는 개인이 발견하거나 인용하여 사용하는 '개인적 지식'은 사회 전체적으로 개발되고 축적되는 '사회적 지식'이나 문명제도 속에 녹아 있어서 누구나 습관처럼 사용하는 '암묵적 지식'에 비하면 사실상 무지에 가깝다는 점을 지적한다. 그렇게 무지한 사람들이 서로 간섭하고 남에게 지시를 내리기보다는 개인 각자가 자신의 기준대로 선택하고 행동하는 것이 개인적으로나 사회적으로 훨씬 더 합리적이고 적절하다고 보았다. 각자의 필요와 선호는 본인 자신이 가장 잘 알기 때문이다. 더욱이 인간에게는 제한적이긴 하지만 혁신가의 본능이 있기 때문에 개인에게 주어진 자유는 그의 삶 속에서 각종 혁신과 개선의 기회를 제공한다는 것이다.

하이에크(Hayek)는 구성원에게 최대한의 자유가 주어진 자유사회야말로 사회 각 방면에서 다양한 지식이 발굴되고 검증되는 거대한 지식 실험장이 될 것이라고 예측하였다. 그 결과 자유사회는 지식의 양적 그리고 질적 발전에 매우 유리한 조건을 갖춘 강한 국가

---

31 Friedrich A. Hayek, *The Constitution of Liberty* (Chicago: University of Chicago Press, 1960) 참조. 자유주의 이론의 사상적 특징과 의미에 관한 대표적인 국내 문헌으로는 민경국, 『자유주의의 지혜』 (서울: 아카넷, 2007) 참조.

가 될 것으로 기대하였다. 역사적으로 서유럽 국가 중 후발 주자였던 영국이 자유주의 노선을 택하면서 19세기에 들어와 그보다 오래되고 영토가 큰 국가들을 제치고 팍스 브리타니카(Pax Britannica)의 주인공으로 등장한 사실과, 영국의 자유주의 전통을 계승한 미국이 20세기에 들어와 팍스 아메리카나(Pax Americana)의 주인공으로 등장한 사실은 자유사회에 대한 하이에크(Hayek)의 기대가 과히 틀리지 않았음을 시사한다.

자유사회의 모습

그러면 자유주의의 원리가 지배하는 자유사회는 어떤 모습을 가지는가? 자유사회는 개인의 자유로운 의사결정을 중시하므로 이를 위협하는 요인을 최소화하는 데에 주력한다. 그래서 정치 부문에서는 국가의 개입 범위를 최소화하고 공권력의 집행 절차를 엄격히 한다. 고전적 자유주의자들은 국가의 주요 업무로서 국방, 질서 유지, 그리고 개인 간 계약 이행의 감독 등의 세 가지 역할을 생각하였고, 나머지 부문은 국가가 아닌 개인과 시민사회가 자율적으로 이루어 가야한다고 보았다. 그리고 경제 부문에서는 개인의 재산권과 경제 활동의 자유를 자유사회의 필수 요건으로 강조하였고, 개인 간의 자유로운 거래가 허용되는 시장체제를 주장하였다. 결국 자유사회의 정치경제 질서는 '최소국가론'과 '시장경제론'으로 요약된다.

그러나 고전적 자유주의 이론이 그렸던 개인의 자유는 무제한적인 것이 아니었다. 외부로부터 강제가 없는 상태에서 개인이 자기 의사에 따라 선택할 수 있으면 이를 자유로운 상태에 있다고 보았다. 고전적 자유주의가 말하는 자유는 외부의 강제가 없는 상태를 말하며 이 점에서 '소극적 자유' 혹은 '제한적 자유'의 성격을 지닌다. 그러나 현대에 들어와 등장한 평등적 자유주의 이론은 자유인이라면 자신이 원하는 바를 자유롭게 할 수 있어야 한다고 주장한다. 이 주장은 자유의 범위를 자기 의사에 반해 어떤 일을 하도록 강요받지 않는 '소극적 자유' (강제의 부재)를 넘어 자신이 원하는 바를 가로막는 억제 요인을 뛰어 넘는 '적극적 자유' (억제의 제거)로까지 확장시킨다.

하지만 자유주의 이론의 원형이라 할 수 있는 영국 경험주의 전통의 고전적 자유주의는 자신이 원하는 것을 할 수 있는 '적극적 자유'보다 원치 않는 것을 강제로 하지 않을 수 있는 방어적 성격의 '소극적 자유'를 자유사회의 정답으로 보았다. 적극적 자유는 자신이 선택한 일을 할 수 있는 권능의 의미를 담고 있기에 타인의 자유를 침해하고 자유사회를 파괴할 수 있기 때문이다. 또한 그들은 자유에는 책임이 따른다고 보았다. 외부 간섭이나 강제가 없는 상황에서 자신이 선택한 결정이므로 선택의 결과는 본인의 책임으로 간주된다. 그렇기 때문에 자유사회에서 개인의 자유와 책임은 동전의 양면처럼 서로 연결되어 있다. 자유의 소극성과 책임성의 두 원칙은 자유사회가 지속가능하기 위해 지켜야 할 기본 조건이 된다.

고전적 자유주의 이론은 17세기에 로크(Locke)에 의해 집대성되고 20세기에 하이에크(Hayek)에 의해 복원되기까지 부침을 거듭하면서 세상에 자유사회의 비전을 제시하는 정치이데올로기의 역할을 해왔다. 그 결과 여러 나라의 공동체 삶에서 개인의 정치적, 경제적 자유가 확대되고 개개인의 관심과 열정이 존중받는 열린사회가 형성되었다. 자유주의 이론은 17세기 후반에 절대 왕정에 맞서 개인의 정치적 주체성을 선언한 혁명적인 정치사상이었으나 19세기에 들어와 비판과 수정의 압력을 받게 된다. 다음에서 살펴볼 평등주의 이론이 그의 주된 경쟁자였다. 역사적으로 19~20세기는 '이데올로기의 시대'라 불릴 만큼 다양한 정치사상이 서로 경쟁하던 시기인데 자유주의 이론이 근현대 이데올로기 논쟁의 출발점인 것은 분명하다.

03 사회주의가 그린 좋은 세상, '평등사회'는 어떤 모습인가

사회주의 이론의 등장 배경

근대 영국 사회는 일찍이 자유주의 이데올로기를 수용함으로써 유럽 대륙의 국가들과는 정치적으로 다른 길을 걸었지만 경제적으로는 새로운 문제에 당면하게 되었다. 자유주의의 시장경제론은 영국에 자본주의 경제를 활성화시키면서 자본가 그룹과 근로 대중 사이의 경제적 불평등을 확대시켰고 도시 빈민층을 양산하는 결과를 초래하였다. 19세기 중반 독일의 사상가인 칼 마르크스(Karl Marx, 1818~1883)가 그의 생애 후반 34년을 런던에 살면서 지켜본 자유사회는 불평등과 빈곤이 양산되는 사회였다. 그는 개인의 자유를 주장하던 자유주의의 약속이 경제적 · 사회적 불평등 속에서 완전히 실패하였다고 보았다. 그는 자유사회의 대안으로 평등사회 즉, 구성원 사이에 평등한 분배가 실현되는 사회를 좋은 세상으로 보고 이를 건설하기 위한 사회주의 이론을 제시하였다.

사회주의 이론의 주요 명제

마르크스(Marx)는 평등사회의 실현을 위해 자본주의 생산양식에 내재되어 있는 계급구조와 착취관계를 청산해야 한다고 주장하였다. 자본주의 경제는 생산수단의 지배자를 경제적 · 정치적 지배계급으로 만들고 자본주의 국가는 생산수단의 개인 소유를 보호하기 때문에 그 같은 계급구조를 강화시킨다고 보았다. 마르크스(Marx)는 자유주의 이데올로기 덕분에 서구 사회에서 선거권이 확대되고 정치적 평등이 진전된 사실을 인정하였으나 그 같은 정치적 진보가 경제적 불평등이 낳은 각종 제약으로 심각하게 훼손된다고 지적하였다. 그는 자본주의 계급구조가 착취관계를 낳기 때문에 갈등과 투쟁을 촉발할 수밖에 없고 자유주의 이론이 꿈꾸던 개인의 자유는 소수 구성원에게만 해당될 뿐 많은 사람에게 자유는 실현 불가능하다고 생각하였다. 그는 결론적으로 대다수 개인의 안전과 자유를 실현하기 위해서는 자유사회의 경제적 기반인 자본주의 생산양식이 폐지되어야 한다고 보았다.[32]

마르크스(Marx)의 경제이론은 계급투쟁에 관한 정치이론으로 이어진다. 그는 자본주의 경제의 계급구조와 그로 인한 착취관계 때문에 계급투쟁과 혁명이 발생할 것으로 보았다. 또한 계급혁명이 발발하면 자본가 계급의 지배는 붕괴하고 인민 대중이 통치하는 프롤레타리아(proletariat) 계급의 독재 정치가 진행될 것으로 예측하였다.

---

32 데이비드 헬드, 박찬표 역, 『민주주의의 모델들』 (서울: 후마니타스, 2010), pp. 203-205; 칼 마르크스, 김수행 역, 『자본론 1』 상하 (서울: 비봉출판사, 2015) 참조.

이 시기는 생산수단을 소유하지 않은 인민 대중이 국가기구와 사회를 민주적으로 통제하는 단계로 자본주의 체제는 폐지되고 사회주의 체제가 수립된다. 마르크스(Marx)는 자본주의의 청산이 완성되면 사회주의 체제는 궁극적으로 공산주의 체제로 바뀌게 된다고 보았다. 공산주의 체제에서는 모든 사회구성원이 생산수단을 공유함으로써 사회 내 계급구조가 없어지고 계급지배의 도구였던 국가는 소멸한다는 것이다.[33]

마르크스 이후 사회주의 이론의 전개

자유사회의 경제적 특성과 문제점에 대한 마르크스(Marx)의 분석은 고전적 자유주의 이론에 대한 강력한 비판이자 도전이었고 그의 사회주의 이론은 문명사회에 평등 개념의 중요성을 각인시키는 계기가 되었다. 그러나 마르크스(Marx) 이후 레닌(Vladimir Lenin, 1870~1924)과 스탈린(Joseph Stalin, 1878~1953) 등과 같은 혁명가에 의해 러시아 땅에 사회주의 이데올로기가 실천되는 과정에서 사회주의 이론은 소수 엘리트가 주도하는 국가 독점 사회주의의 옷을 입게 된다. 레닌(Lenin)은 그의 전위당(the Vanguard Party) 이론을 통하여 전문적인 혁명가 그룹이 인민 대중을 선도하여 계급혁명을 완성해야 한다

---

33 칼 마르크스, 김문수 역, 『경제학 철학 초고, 자본론, 공산당 선언, 철학의 빈곤』(서울: 동서문화사, 2016); 칼 마르크스 · 프리드리히 엥겔스, 최인호 역, 『칼맑스 프리드리히 엥겔스 저작 선집 2권』(서울: 박종철출판사, 1997) 참조.

고 주장하였다. 그의 전위당 이론은 사회주의 실천을 위한 교본으로 자리 잡았고 그 영향으로 훗날 소련과 동구권 그리고 중국과 북한 등 모든 사회주의 국가에 등장한 공산당은 예외 없이 엘리트 정당의 모습을 갖추게 되었다.

레닌(Lenin) 이후 소련을 통치한 스탈린(Stalin)은 일당 독재체제뿐만 아니라 국영기업과 집단농장을 근간으로 하는 계획경제체제를 수립함으로써 국가가 정치와 경제 생활을 완전히 장악하는 사회주의 모델을 구축하였다. 흔히 스탈린체제로 알려진 소련식 사회주의 체제는 제2부에서 살펴볼 예정인 전체주의(totalitarianism) 독재정치 모델의 대표적 사례로서 사상, 정치, 경제 영역을 국가가 독점적으로 관리하는 방식으로 사회주의 이론이 꿈꾸던 평등사회를 실천하고자 한 것이다. 그러나 이 같은 방식은 자유주의 전통의 서구 사회가 수용하기 어려운 것이었기에 서구 사회는 다른 방법으로 평등의 가치를 실현하고자 하였는데 현대 평등적 자유주의 이론과 복지국가 정책이 바로 그것이다.

04 현대 자유주의가 그린 좋은 세상, '복지사회'는 어떤 모습인가

고전적 자유주의 경제이론의 수정

19세기에 사회주의 이론이 제기한 자유사회의 경제적 불평등 문제는 자유주의 진영 내에서도 커다란 반향을 불러 일으켰고 자유주의 경제이론이 수정되는 계기가 되었다. 그 선구적 예는 영국의 사상가인 토머스 그린(Thomas H. Green, 1836~1882)에게서 찾아볼 수 있다.[34] 그는 형식적인 자유와 권리는 자유를 실천할 자원이 없는 개인에게는 아무런 의미가 없다고 보았다. 그는 자유의 개념을 타인의 강제로부터의 자유가 아닌 실제로 행동할 수 있는 자유로 재해석하였고 실질적 자유가 가능하도록 정부의 역할을 주문하였다. 초기의 고전적 자유주의자들은 정부의 과도한 권력과 자유의 침해를 경계하였으나 19세기의 평등적 자유주의자들은 영국 정부의 권력이 상당부분 다듬어졌다고 보고 정부의 힘을 개인의 자유를 방해하는 장애물(가난, 질병, 차별, 무시)들의 문제를 제거하는 데에 활용하고자 하였다.

34 Ben Wempe, *T. H. Green's theory of positive freedom: from metaphysics to political theory* (Exeter: Imprint Academic, 2004); Ian Adams, *Ideology and politics in Britain today* (Manchester: Manchester University Press, 1998) 참조.

이렇게 등장한 현대 평등적 자유주의 이론에서 자본주의 시장 경제는 '보이지 않는 손'에 의해 움직이는 완전한 존재가 아니라 관리가 필요한 대상으로 간주되어 정부의 경제적 역할이 인정되었다. 공동체 구성원 사이에 부와 소득의 평등을 촉진하기 위한 조치들도 강구되었는데, 그 결과 노조의 결성이 촉진되어 노동자의 협상력이 강화되고 경제적 약자를 위한 정부의 다양한 사회서비스가 지원되기 시작하였다. 20세기 전반에 발생한 주요 사건들도 자유주의 노선이 변하는 데에 일조를 하였다. 1차 세계대전의 발발은 자유주의 이론이 갖고 있던 낙관적 진보관에 대한 회의를 낳았고 1929년의 대공황은 자본주의 경제에 대한 비관론을 불러 일으켰다. 이런 분위기 속에서 서구의 정부들은 합리적 경제계획과 시장 관리의 필요성을 확신하였고 이는 미국의 뉴딜정책(New Deal, 1933~1939)과 케인즈(John M. Keynes, 1883~1946)의 거시경제학을 낳는 배경이 되었다.

복지국가의 등장과 쇠퇴

현대 평등적 자유주의 노선은 2차 세계대전 이후 복지국가의 등장으로 절정기를 맞이한다. 복지국가 체제는 국가의 권위에 대한 신뢰를 기반으로 정부가 공공 이익과 개인 이익 모두를 증진시키기 위한 사회경제 개혁을 추진할 수 있다는 믿음 속에 추진되었다. 그 결과 개혁적인 복지국가 체제가 등장하였으나 복지국가 모델은 서구 사회가 지켜온 자유주의 이념이나 자유사회의 비전을 포기한 것이 아니었다. 복지국가는 사회주의 국가와 달리 사유재산제도와 시장경제체제를 유지하면서 시장 실패를 보완하고 소득 재분배 정책을 통하여 경제적 불평등을 줄이고 사회보장정책을 통해 빈곤 문제를 해소하는 데에 주력하였다.

전후 시대에 서구 국가들이 채택한 복지정책은 국가마다 조금씩 차이를 보이고 있는데 일반적으로 다음 세 가지 유형으로 구분된다.[35] 첫 번째로, 자유주의 복지국가(the liberal welfare state) 유형은 자유주의 전통에 따라 노동윤리를 강조하고 선별적 복지정책을 주장한다. 그 결과 다른 유형에 비하여 낮은 수준의 사회보험과 소득 이전이 발생한다. 미국, 캐나다, 호주 등이 그 대표적 사례이다. 두 번째로, 보수적 조합주의 복지국가(the conservative co-operatist welfare state) 유형에서는 사회보험에 대한 국가의 역할이 확대되지만 직업 및 산업 간의 차이를 인정하고 상이한 복지체계를 제공함으로써 소득의 재분배 효과는 크지 않다. 오스트리아, 독일, 프랑스 등의 유럽대륙의 국가들이 그 대표적 예이다. 세 번째로, 사민주의 복지국가(the social-democratic welfare state) 유형은 사회복지를 개인의 보편적인 사회적 권리로 인정하고 보편적 복지체계를 통하여 최고 수준의 평등을 추구한다. 결과적으로 높은 수준의 사회보험과 소득의 이전이 발생하였는데 주로 스웨덴, 핀란드, 덴마크와 같은 스칸디나비아 국가들이

---

35 복지국가의 유형 분류에 대해서는 Gosta Esping-Andersen, *Changing Classes Stratification and Mobility in Post-Industrial Societies* (London Newbury Park, California: Sage Publications, 1993); Esping-Andersen, *Social Foundations of Postindustrial Economies* (Oxford: Oxford University Press, 1999) 참조.

이에 해당된다.

서구 사회에 복지국가 체제가 등장하면서 고전적 자유주의 이론이 설파하였던 개인의 경제적 자유와 시장경제 원리는 일부 제한되었으나 개인의 자유에 대한 사회적 신념은 그대로 지속되었다. 복지국가 체제는 경제적 불평등과 빈곤의 문제를 완화시킴으로써 궁극적으로는 자유사회를 유지하려는 목적을 가지고 있으며, 이 점에서 현대 평등적 자유주의 이론은 자유와 평등이라는 두 가치를 제도적으로 융합하려 했다고 볼 수 있다. 복지국가론은 소련식 사회주의 체제와 달리 자유사회의 틀 속에서 평등을 구현하고자 했기 때문에 서구 사회의 평등주의 이데올로기로 자리 잡을 수 있었다.

재정적으로 서구의 복지사회는 1950년대~1960년대 자본주의 경제의 급속한 성장으로 인해 대규모의 사회복지 재원의 조달이 가능했기 때문에 유지될 수 있었다. 그러나 1970년대에 들어와 전후 자본주의 경제의 황금기가 끝나고 복지국가의 재정적 기반이 흔들리면서 복지국가체제에 대한 회의가 고조되었다. 결국 1980년대에 들어와 영국의 대처리즘(Thatcherism)과 미국의 레이거노믹스(Reaganomics) 정책을 신호로 신자유주의 노선이 등장하게 된다. 다음에 살펴볼 공동체주의 이론은 신자유주의 정책에 대한 비판에서 시작된 것으로 신자유주의 vs. 공동체주의 논쟁은 21세기판 이데올로기 경쟁의 사례라고 할 수 있다.

05 공동체주의가 그린 좋은 세상, '공동체사회'란 무엇인가

공동체주의 이론의 등장 배경, 신자유주의가 만든 사회

현대 공동체주의 이론은 학문적으로 1982년 미국의 정치철학자인 마이클 샌델(Michael Sandel, 1953~) 교수가 동료 교수인 존 롤즈(John Rawls, 1921~2002)의 『정의론』에 전개된 자유주의 분배정의론에 대해 비판을 제기하면서 부상하였다.[36] 공동체주의 이론은 다른 정치이데올로기에 비해 역사가 짧을 뿐만 아니라 자유주의 이론과의 논쟁 속에서 발달하다 보니 공동체주의 이론가 사이에서도 미묘한 입장 차이가 존재한다.[37] 그러나 개인의 자유와 권리를 전면에 내세우는 자유주의 이론을 비판하고 개인의 공동체성과 사회적 책임을 강조한다는 점에서는 큰 차이가 없다.

---

36 Michael Sandel, *Liberalism and the Limits of Justice* (Cambridge: Cambridge University Press, 1982) 참조.

37 1980년대 초반 공동체주의 이론을 이끌었던 주요 저작으로서 Alasdair MacIntyre, *After Virtue* (Notre Dame, IN: University of Notre Dame Press, 1981); Michael Sandel, *Liberalism and the Limits of Justice* (Cambridge: Cambridge University Press, 1982); Michael Walzer, *Spheres of Justice* (New York: Basic Books, 1983); Charles Taylor, *Sources of the Self* (Cambridge, MA: Harvard University Press, 1984) 참조. 이들 저자 가운데 샌델과 매킨타이어는 개인주의와 다원주의에 대해 강한 비판을 제기하지만 왈쩌나 테일러는 개인주의와 다원주의의 긍정적 측면을 어느 정도 수용하는 입장을 보이고 있다.

현대 공동체주의 이론은 1980년대 이후 신자유주의 정책노선이 세계적으로 영향을 미치면서 그에 대한 우려와 거부감 속에서 등장하였다고 볼 수 있다. 복지국가체제에 대한 회의 속에서 등장한 신자유주의 노선은 범세계적으로 시장화, 민영화, 개방화를 추진하였다. 먼저 시장화의 논리 속에 정부의 규제가 대폭 완화되고 경쟁력이 낮은 산업에 대한 보조금을 줄이는 방향으로 산업정책이 수정되었다. 재정정책도 사회복지 예산을 감축하고 긴축 재정을 유지하는 방향으로 바뀌었고, 기존의 소득 재분배 정책도 기업의 세금을 감면하고 투자를 확대하는 쪽으로 전환되었다. 민간의 자율적인 경제활동을 촉진하기 위하여 국영 기업과 공공 기업의 민영화가 적극적으로 추진되었고, 개방화 원칙에 따라 국경의 문턱이 낮아지면서 무역이 확대되었다.[38]

신자유주의 정책과 글로벌 경제체제는 세계경제의 폭발적 성장을 가져왔고 일부 국가에서 빈곤의 퇴치에 커다란 기여를 하였지만 내부적으로는 문제점을 안고 있었다. 1990년대와 2000년대의 신자유주의 정책은 시장의 확대에 주력했을 뿐 시장을 관리할 거버넌스의 구축에 대해서는 큰 관심을 두지 않음으로써 글로벌 경제가 제공하는 각종 기회와 보상이 불균등하게 배분되고 부와 권력이 특정 국가와 글로벌 기업에 집중되는 결과를 낳았다. 그 결과 국가 간에

---

38 영국의 대처 내각과 미국의 레이건 행정부는 국가 주도의 복지정책을 포기하고 민간의 자율적인 경제활동을 중시하는 사회경제정책을 추진하였는데 대략 다섯 방면에서 신자유주의 성격의 개혁 조치들이 취해졌다. 즉 노동시장의 유연화, 공기업의 민영화, 긴축통화정책, 금융시장의 규제 철폐, 기업 활동의 규제 완화 등이 새로운 경제정책의 핵심 내용이었다.

그리고 국민 사이에 경제적 불평등이 크게 확대되었다.

신자유주의 정책의 영향은 경제 영역에만 국한되지 않고 정치와 사회 영역에도 파급되었다. 신자유주의 이론은 복지정책 대신에 시장주의 이념을 적극 전파하였고 그 결과 범세계적으로 '시장사회'(a market society)가 등장하였다. 시장사회는 시장 원리가 사회 전반에 걸쳐 기본적 행동 규범으로 자리 잡은 사회를 말하며 그 안의 개인은 자신의 효용과 이익을 우선적으로 따지는 시장 행위자의 모습을 갖게 된다.[39] 신자유주의의 시장주의 이념과 가치관이 현대 자유사회를 지배하게 되면서 개인의 사적 이윤 동기는 더욱 강화되고 그에 비해 공적 이성과 공동체 의식은 점점 더 약해지는 모습이 나타난다. 이 같은 상황에서 공동체주의자는 현대 자유사회의 시장화 및 개인화 추세에 대한 깊은 우려와 함께 개인의 공동체성과 시민 덕성의 회복을 강력히 주장한다.

공동체주의의 인간관과 사회관

공동체주의자는 자유주의 이론이 자아 중심적인 사고와 가치관을 통하여 개인주의를 낳고 구성원들의 유대감과 시민 덕성을 저해하여 공동체의 발전에 타격을 입혔다고 본다. 또한, 그들은 전통

---

39 시장사회의 개념과 사례에 대해서는 마이클 샌델, 안기순 역, 『돈으로 살 수 없는 것들』(서울: 와이즈베리, 2012), pp. 19-34; 마이클 샌델, 안진환 · 이수경 역, 『왜 도덕인가』(서울: 한국경제신문, 2010), pp. 25-42 참조.

과 문화가 훼손되면 개인의 정체성도 불안해지고 사회구성원의 원자화가 진행될 것으로 우려한다. 공동체주의가 말하는 공동체란 개인의 사회적 삶이 진행되는 지역적 공간과 관계의 연계망을 의미하는데, 공동체주의 이론은 모든 사람이 마을, 지역, 국가와 같은 공동체를 기반으로 성장하고 활동한다고 본다.

자유주의 이론은 개인이 자신의 선호대로 선택할 수 있다는 믿음 아래 개인의 선택의 자유를 최우선적 가치로 강조했지만 공동체주의 이론은 개인이 자라난 공동체의 전통과 특성이 그의 선호를 안내하고 형성한다고 본다. 개인의 자아 정체성은 고립적으로 형성되는 것이 아니라 공동체의 삶 속에서 형성된다고 본다. 즉, 공동체의 역사와 전통, 동료 구성원과의 상호관계, 공동체 구성원으로서 느끼는 기대와 책무 등이 개인적 특성과 어우러지면서 자아 정체성이 형성된다는 것이다. 이런 견지에서 공동체주의 이론은 자유주의 이론과 달리 개인이 사회와 분리된 무연고적이며 독립적인 존재가 아니라는 점을 강조한다.[40]

자유주의 이론은 인간이 본래 개별적이고 이기적이며 자율적인 존재이므로 자신의 자유의지에 의해 자기 삶을 조직하고 책임질 수 있다고 보았으나, 공동체주의 이론은 인간이 생존과 안정 등과 같은 생물학적 욕구만으로는 행복해질 수 없으며 공동체의 삶 속에서 타인의 인정과 자아 실현이 필요하다는 점을 강조한다. 많은 사람이 자기 혼자만의 내적 성찰이나 가족 정도의 협소한 사회관계만

---

40 마이클 샌델, 김은희 역, "자유주의와 무연고적 자아," 『동서사상』 제1집(2006), pp. 164-165 참조.

으로는 행복을 느끼지 못하기 때문에 보다 넓은 사회관계 속에서 타인과의 상호 작용을 통해 자신의 계획과 정체성을 구성해간다고 보는 것이다.[41] 공동체주의자에게 사회공동체는 고립된 자아들이 병렬적으로 존재하면서 각자의 필요를 채우기 위해 서로 찾는 계약적 관계망이 아니라 구성원들이 보다 나은 삶을 위해 공통의 가치를 생산하고 공유하기 위한 사회적 관계를 형성해가는 조직망으로 이해된다.

공공선의 정치와 국가의 역할

공동체주의 이론은 공공선(public goods) 개념을 중요시하는데, 이는 모든 구성원을 결합시키는 구심점이며 공동체를 활성화시키는 요소이기 때문이다. 공동체가 유지되고 활성화되기 위해서는 개인의 개별적 의지와 이기심에 앞서 모든 구성원이 공동체 안에서 결합되어야 하는데 공공선 개념이 이러한 결합의 구심점이 된다. 공공선의 내용과 관련하여 공동체주의 이론은 공동체의 목표를 함께 설정하는 정신, 공동체적 유대, 이웃 시민들에 대한 의무와 돌봄 등을 그 대표적 예로 꼽지만 공공선의 구체적인 내용에 대해서는 확정적인 입장을 취하지 않는다. 많은 공동체주의자들은 공공선이 고정불변의 개념이 아니라 구성원의 비판적 성찰을 통하여 다양하게 변화

41 알래스데어 매킨타이어, 이진우 역, 『덕의 상실』 (서울: 문예출판사, 1997), pp. 324-325 참조.

할 수 있는 구성적 개념임을 강조한다.[42]

그럼에도 불구하고 공동체주의자는 공공선을 좋은 사회를 지향하기 위한 실질적 관념으로 여기며 공공선의 정치를 위한 국가의 역할을 주문한다. 자유주의 이론이 공공선에 대해 국가에 중립적 자세와 불편부당한 절차를 요구한 것과 달리 공동체주의 이론은 방관적 자세를 비판하며 공공선을 위한 국가의 적극적인 노력을 요구한다. 국가는 시민에게 가치 있는 삶에 대해 가르칠 책임이 있고 공공선의 정치를 통하여 시민의 도덕적 탁월성을 길러내야 한다는 것이다. 다만 국가를 공공선의 전담자로 여기지는 않는다. 국가가 공공선의 주관자가 되거나 사회공동체에 허용된 유일한 활동 공간이 될 경우 전체주의에 빠질 위험성을 우려하기 때문이다. 따라서 국가와 별도로 사회구성원이 참여할 수 있는 종교적, 문화적, 지역적 공동체의 활성화를 강조한다.[43] 이렇듯 공동체주의자들은 사회 내에 다양하고 다원적인 공동체를 활성화시키는 것을 국가의 중요 임무로 보고 있다.

---

42 마이클 왈쩌, 정원섭 외 역, 『정의와 다원적 평등』 (서울: 철학과현실사, 1999), pp. 478-481 참조.

43 마이클 왈쩌, 김용환 역, 『자유주의를 넘어서』 (서울: 철학과현실사, 2001), pp. 241-242 참조.

참여민주주의와 도덕교육의 강조

자유주의 이론에서는 국가 업무를 시민이 선출한 대표자에게 맡기고 시민은 각자 개별적 삶의 영역에서 자신의 행복을 추구하는 것이 효율적이라고 보는 반면에 공동체주의 이론은 공공선의 개념을 구성하고 수용하는 일에 구성원들이 참여할 것을 기대한다. 공동체주의 이론은 각종 공동체 활동을 통하여 훈련을 받은 시민들이 정치에 참여해서 공공선 개념을 구성함으로써 개인적 삶과 공동체 삶을 조화시켜 나갈 것을 제안한다. 그 결과 공동체사회는 자유사회보다 직접민주주의를 선호하는 경향이 있다.

이와 더불어 공동체주의는 도덕교육의 중요성을 강조한다. 자유주의는 도덕적 가치와 양심에 관련된 선에 대해서는 개인의 선택이 중요하며 공권력이 간섭할 여지가 없고 국가는 중립적 자세를 지켜야 한다고 주장한다. 그렇기 때문에 자유사회에서 구성원 사이에 공공선 개념이 공유되는 것은 우연에 가까운 일이 된다. 그러나 공동체주의 관점에서 볼 때 공통의 도덕적 가치를 구성하는 일은 공동체의 결합과 활성화에 긴요한 사안이므로 자유사회에서처럼 공공선의 우연한 공유를 기다릴 여유가 없다. 공동체주의는 구성원이 공통의 도덕 가치를 구성하고 수용할 수 있도록 도덕교육을 강조한다.

때로는 도덕교육만으로 부족하므로 공동체사회는 구성원에게 공통의 도덕가치가 잘 수용되도록 법적 · 제도적 장치를 마련할 수도 있다. 이 경우 공동체사회의 법과 제도는 개인의 자유를 더 제한할 가능성이 있다. 예를 들어 개인적 이기심 때문에 누군가가 공통의 도덕 가치에 반하는 행위를 할 경우 공동체사회는 그가 사회와 동료 구성원에게 해를 끼친 것으로 보고 법적 제재를 가할 수 있다. 이 같은 가능성에 대해 공동체주의자들은 공동체에 해를 입히는 파괴적인 자유는 좋은 자유가 아니며 성숙하고 도덕적인 자유를 지향해야 한다고 생각한다. 여기서 중요한 점은 공동체주의 관점을 가질 경우 도덕적 가치에 대해 국가의 중립적 자세를 요구하는 자유주의와는 사뭇 다른 정책이 실현될 가능성이 높다는 것이다.

공동체 자유주의 이론의 등장- 개인과 공동체의 결합

최근 들어 공동체주의와 자유주의 두 이론을 융합하려는 시도가 진행되고 있어 관심을 끈다. 공동체 자유주의(communitarian liberalism) 이론은 개인의 자유를 완성하고 지속가능한 것으로 만들기 위해 공동체성을 회복하고 강화해야 한다는 주장을 편다. 이는 개인과 공동체를 상호 대립적인 것이 아닌 상호 보완적인 것으로 본다는 점에서 일반 공동체주의 이론과 차이가 있다.[44]

공동체 자유주의 이론도 개인의 자유가 갖는 목적과 요건에 관심을 갖는다. 많은 사회적 가치 중에서 자유가 특별히 중요한 이유는 개개의 구성원에게 보다 성숙하고 좋은 삶을 줄 수 있기 때문이다. 여기서 성숙하고 좋은 삶이란 자기 선호에 무작정 이끌리는 삶

44 한국판 공동체 자유주의 이론의 예는 박세일 · 나성린 · 신도철 공편, 『공동체 자유주의』(파주: 나남, 2008) 참조.

이 아니라 물질적 풍요를 넘어 인격을 완성하고 자아를 실현하는 삶을 뜻한다. 그리고 그 같은 성숙한 삶을 이루기 위해서는 파괴적이고 악한 자유가 아니라 양질의 선한 자유가 수반되어야 한다는 점을 강조한다.

그런데 양질의 선한 자유는 어떻게 확보되는 것인가? 이에 대해 공동체 자유주의는 두 가지의 조건을 제시한다. 첫 번째로, 자유 행위에 대한 공정한 준칙이 필요하다. 공정성을 상실할 경우 불법과 편법 행위가 판을 치고 저질의 파괴적 자유가 양질의 자유를 밀어낼 수 있다. 이 점에서 양질의 자유를 확보하기 위한 첫 번째 조건으로 법치가 요구된다. 두 번째로, 자유 행위에 대한 자발적인 선한 준칙이 필요하다. 모든 행위를 법으로 규율할 수 없으므로 내적 동기를 규율하는 선한 도덕이 양질의 자유를 확보하는 두 번째 조건이 된다. 그런데 법치와 도덕은 공동체의 삶 속에서 만들어지기 때문에 선한 공동체의 발달은 양질의 자유를 확보하기 위한 조건이 된다.[45] 이처럼 공동체 자유주의에서는 개인의 자유와 공동체의 발달이 상호 보완적 요소로 인식되고 있다.

공동체 자유주의 이론은 공동체의 목적과 가치에 집착하지 않고 개인의 자유와 자기 실현이라는 자유주의의 가치를 우선적으로 인정한다는 점에서 주목을 끈다. 그러면서도 자유라는 가치가 공동체의 법치와 도덕질서를 통해서만 제대로 완성될 수 있음을 강조하고 공동체의 발전을 개인의 자유를 위한 불가결한 요소로 내세우고

45 박세일, "제6장 공동체자유주의: 이념과 정책", 앞의 책, pp. 244-246 참조.

있다는 점에서 공동체주의의 입장을 견지하고 있다. 그렇기 때문에 공동체 자유주의의 관점을 가질 경우 개인과 공동체를 아우르는 보다 균형 잡힌 공공정책을 펼칠 가능성이 높다고 생각된다.

06 앞으로도 정치이데올로기가 계속 나타날까

미국의 정치학자인 프란시스 후쿠야마(Francis Fukuyama, 1952~) 교수는 1989년에 『역사의 종언?』이란 논문을 통해 마르크스주의 이데올로기가 끝났을 뿐만 아니라 인류 역사에서 이데올로기의 진화도 마지막 종착점에 도달했음을 선언한 바 있다.[46] 그는 서구 사회에 자리 잡은 자유민주주의와 자본주의 경제체제가 최종적 결론이라고 보았다. 그보다 약 30년 전에 미국의 사회학자 다니엘 벨(Daniel Bell, 1919~2011)이 당시를 풍미하던 신좌파 열풍을 겨냥하여 이데올로기의 종언을 선언한 바가 있지만,[47] 후쿠야마(Fukuyama) 교수는 마르크스주의의 종식에서 한 걸음 더 나아가 이데올로기의 실험 자체가 끝났음을 선언한 것이었다. 21세기 문명사회에서도 정치이데올로기는 계속 만들어지고 사람들의 정치적 관점과 행보에 영향을 줄 수 있을까?

만약 정치이데올로기가 국가의 사회경제 정책에 관한 것이라면 후쿠야마(Fukuyama)의 선언대로 마르크스주의는 20세기 후반 공산주의 체제의 붕괴와 함께 사라진 것으로 볼 수 있다. 그러나 정치이데올로기가 세상을 바라보는 인식체계와 관련된 것이라면 마르

---

46 Francis Fukuyama, "The End of History?" *The National Interest,* vol. 16 (1989), pp. 3-18 참조

47 Daniel Bell, *The End of Ideology: On the Exhaustion of Political Ideas in the Fifties* (New York: Free Press, 1960) 참조.

크스주의의 관점이 정치세계에서 사라졌다고 단언하기 어렵다. 더 나아가서 정치이데올로기가 가치관에 대한 신념체계라면 이데올로기 간의 선택과 배제는 더욱 어려워진다. 현대 민주사회에서도 개인의 자유, 구성원 사이의 평등, 공동체의 결속은 모두 다 필요한 가치이기 때문이다.

프랑스의 계몽주의 철학자인 드 트라시(Destutt de Tracy, 1754~1836)가 1796년에 이데올로기라는 용어를 처음 사용한 이래 그 의미에 대해 다양한 해석이 있었지만, 이데올로기는 객관적 진리가 아니라 사회 현상을 설명하고 사회 문제를 해결하기 위한 모든 대안을 의미하는 것으로 사용되어 왔다.[48] 그 같은 의미의 이데올로기는 사회질서와 공동체 삶에 변화를 가져오려는 인간의 의지와 관련되어 있다. 이데올로기는 삶의 방식을 변화시키려는 열정과 신념 체계를 상징하기 때문에 이데올로기의 종언은 곧 삶에 대한 인간의 힘과 의지의 종말을 의미한다. 이 점에서 이데올로기는 인간의 사회적 삶이 계속되는 한 만들어지고 이데올로기 간의 경쟁도 지속될 것으로 보인다.

앞에서 보았듯이 17세기에 로크(Locke)에 의해 집대성된 자유주의 이론이 영국 사회에서 실현되는 동안 많은 비판과 도전이 제기되었고, 그 결과 여러 버전의 자유주의와 사회주의 그리고 공동체

48 이데올로기의 의미에 대해서는 칼 만하임, 임석진 역, 『이데올로기와 유토피아』 (파주: 김영사, 2012) 참조. 드 트라시(de Tracy)는 관념론을 통칭하는 용어로 이데올로기를 사용하였으나 마르크스(Marx)는 이데올로기를 역사와 사회적 현실에 기초를 두지 않은 허구의식으로 간주함으로써 부정적인 견해를 표명하였다. 이에 대해 지식사회학자인 칼 만하임(Karl Mannheim)은 이데올로기를 객관적 진리가 아닌 사회문제의 해결을 위한 모든 대안으로 규정함으로써 이데올로기에 대한 상대주의적 관점을 제시하고 있다.

주의 이론이 등장하여 현대 정치의 거대 담론으로 작용하고 있다. <표 10>은 이들 거대 담론의 주요 특징을 요약 정리한 것이다.

<표 10> 사회주의, 자유주의, 공동체주의 이론의 특징 비교

	Left: 사회주의 이론	Center: 자유주의 이론	Right: 공동체주의 이론
핵심 가치와 목표	개인 간 평등	개인의 자유/권리	개인 간 결속/유대
정치체제: (개인 대 사회)	사회적 목표와 수단 중심	개인적 목표와 수단 중심	공동체 목표와 기반 중심
	인민의사 중심 및 개인 통제	개인의사 중심 및 개인 자율	공동체 목적 중심 및 개인 교육
경제체제: (시장 대 국가)	국가/집단 소유제	개인 소유제	개인 소유제
	국가의 시장운영	시장경제 운영	시장경제 운영

	Center - Left: 복지국가 체제	Center - Right: 공동체 자유주의 이론
핵심 가치와 목표	자유 속의 평등 실현	공동체 속의 개인 실현
정치체제: (개인 대 사회)	개인적 목표와 수단 중심	사회 + 개인 목표 간 균형
	개인의사 중심 및 개인 자율	개인 권리 + 의무 간 균형
경제체제: (시장 대 국가)	개인 소유 + 공공 소유 혼합	개인 소유제
	시장경제 + 국가개입 혼합경제	시장경제 운영

21세기 사회에서도 자유주의와 사회주의 그리고 이들의 결합체인 복지국가 담론이 각국의 경제체제와 경제정책에 영향을 미칠

것으로 보인다. 한편 자유주의와 공동체주의 그리고 이들의 결합체인 공동체 자유주의 담론은 각국의 정치체제와 사회정책에 영향을 줄 것이다. 이들 거대 담론이 제시하는 이념적 가치를 조합하는 방식에 따라 국가 간에 또는 정권 별로 차이가 발생할 것으로 전망된다.

국가와 정권이 택할 수 있는 담론의 선택지는 네 개 정도로 그리 많아 보이지 않으나 한 가지의 담론에만 의존하기는 어려우므로 시대적 상황에 맞게 선택지를 적절히 조합하는 것이 필요하다. 그렇기에 정치사상과 이데올로기에 무지한 정치인과 정권에는 어려운 과제가 될 가능성이 높다. 따라서 먼저 정치이데올로기에 대한 이해가 필요하다. 여러 종류의 가치관이 충돌하고 경쟁하는 정치세계의 특성을 고려할 때 앞으로도 좋은 세상의 비전을 제시하고 사람들의 열정을 모으려 하는 정치이데올로기 현상은 계속될 것으로 보인다.

Chapter 5 토론 사항

정치이데올로기란 무엇인가, 정치사상과 다른 것인가? (의미와 특성)

많은 정치이데올로기 중에 어떤 것이 중요한가? (대표 사례)

주요 정치이데올로기가 그리는 이상 사회는 서로 어떻게 다른가? (주요 명제)
: 자유주의, 사회주의, 복지정책, 공동체주의

공동체 자유주의 이론은 현대 사회의 문제점을 치유할 수 있는가? (효과)

인공지능(AI) 시대에도 정치이데올로기가 필요한가? (미래 모습)

PART Ⅱ

정치의 과정과 제도

Chapter 6

정치체계의 구조와 기능

"민주주의는 정지된 것이 아니라 영원히 계속되는 행진이다"
– 프랭클린 루스벨트 (Franklin D. Roosevelt, 1882~1945), 미국 제32대 대통령

"민주주의는 공동생활의 한 양식이며 주고받을 수 있는 경험의 한 태도이다"
– 존 듀이 (John Dewey, 1859~1952), 미국의 철학자 심리학자 교육학자

개요

복잡다단한 현대 정치의 과정을 잘 파악하기 위한 방법으로 정치체계이론의 분석틀을 소개한다. 이익표출 기능에 앞장서고 있는 이익집단의 특성과 기능에 대해 살펴보고, 사회여론의 의견표출 기능에 대해 알아본다. 이익결집 기능에서 주도적 역할을 하고 있는 정당조직의 특성, 정당체계의 유형 및 선거제도에 대해 살펴본다. 정책결정 과정에 영향을 미치는 요인으로서 정부 형태와 정책결정 모델에 대해 알아보고, 정책집행 기능을 전담하는 관료조직의 특성과 쟁점에 대해 살펴본다.

주요 개념어

01. 정치체계이론, 투입, 이익표출, 이익결집, 정책결정, 정책집행, 산출과 결과, 환류, 순환적 모델, 생태론적 접근법

02. 이익집단의 특성과 기능, 이익집단체계의 유형, 선진형 vs. 후진형 이익표출 행태, 로비스트의 합법화 쟁점

03. 사회여론의 성격, 여론 형성단계, 여론의 기능과 효과

04. 정당의 특성과 변천 과정, 기능, 정당체계의 유형, 선거제도, 게리맨더링, 강제투표제도

05. 의회제 정부, 대통령제 정부, 이원 집정부제 정부, 정책결정 모델, 합리적 행위자 모델, 점증주의 모델, 관료조직 모델

06. 관료조직의 특성, 합리적 행정 모델, 권력블록 모델, 과잉공급모델, 관료조직의 기능과 구성 원리, 관료적 지배와 민주적 통제 방안, 옴부즈맨 제도, 대항관료조직

01 정치과정을 어떻게 잘 파악할 수 있을까

정치체계이론의 정치과정 분석

정치가 본질적으로 공동체의 집단의사를 결정하고 집행하는 일이라는 점을 고려할 때 정치과정은 공동체 차원의 대응이 필요한 과제를 선정하고 대응방안에 대해 구성원들의 의견을 모아 정책을 시행하는 일련의 과정으로 이해할 수 있다. 모든 구성원의 참여가 열려 있는 현대 민주정치는 점점 더 복잡한 과정을 거치고 있다. 민주주의 제도의 확대로 나라마다 정치참여자가 급증했을 뿐만 아니라 자유주의 규범과 개인주의 문화의 확산으로 자기 취향이 강한 시민들이 대거 등장하였다. 그 결과 현대 민주정치는 각양각색의 구성원이 표출하는 다양한 의사가 한데 섞이고 조정되는 복잡한 과정을 거치고 있고 점점 파악하기 어려운 대상이 되고 있다.

정치과정을 하나의 연속적인 흐름으로 바라보는 것은 복잡한 정치과정을 체계적으로 이해하는 데에 도움이 된다. 이와 관련하여 정치체계이론(political system theory)의 분석 틀이 관심을 끄는데 이에 따르면 정치과정은 다음과 같은 단계를 거쳐서 진행된다. 먼저 사회적 현안과 구성원들의 기대 사항이 정치적 사안으로 주목을 받아 정치권에 투입(input)이 되면, 그 사안에 대해 구성원들의 다양한 입장과 의견이 표명되는 이익표출(interest articulation)의 단계를 거쳐 구성원들의 다양한 의견이 정리되는 이익결집(interest aggregation)

의 단계에 도달하게 된다. 이후 정책 담당자들에 의해 관련 공공정책이 결정되고(policy making) 그 정책이 행정기관에 의해 집행되는(policy implementation) 단계를 거친다. 그 과정에서 공공정책의 내용이나 집행 절차에 불만이 제기될 경우 사법기관에 의한 정책조정(policy adjudication)의 단계를 거치지만 그렇지 않을 경우 해당 정책은 정치체계가 만들어낸 산출물(outputs)로서 사회 현장에 적용되고 모종의 결과(outcomes)를 낳게 된다. 그 결과는 환류(feedback) 과정을 거쳐 정치체계에 전달되고 해당 정책이 미흡한 것으로 판명되면 정치적 사안으로 정치체계에 재투입된다. <표 11>은 체계론적 관점에서 바라본 정치과정의 흐름을 표로 정리한 것이다. 이와 같이 정치체계 분석은 정치과정을 공공정책의 결정과 집행을 둘러싼 일련의 흐름으로 파악하며 그 진행 과정을 단계별로 구분함으로써 복잡한 정치과정을 하나의 연속적인 흐름으로 바라보게 하는 장점을 지니고 있다.

<표 11> 정치과정의 흐름

I. 투입 (input)	II. 전환 (conversion)	III. 산출 (output)	정치 환경	IV. 결과 (outcome)
요구 지지	이익-- 이익-- 정책-- 정책 표출 결집 결정 집행 + 조정	추출 활동 분배 활동 규제 활동 상징 활동	상황 여건 + 정치 문화	공공재 제공: 안보와 질서 성장과 복지 자유 보호 + 현안 해결
⇑⇑	⇑⇑ ⇐⇐	V. 환류(feedback)	⇐⇐	⇓⇓⇓⇓

정치체계 분석은 미국의 정치학자인 데이비드 이스턴(David Easton, 1917~2014) 교수가 그의 저서 『정치시스템』(The Political System, 1953)을 통해 정치체계 개념을 정치학에 최초로 도입한 이래 비교정치 연구의 패러다임으로 정착되었다. 이후 1960년대에 들어 알몬드(Almond)와 같은 비교정치학자들에 의해 현대국가의 정치구조와 과정을 분석하는 정치이론으로 발달하였다. 정치체계이론을 지지하는 학자들마다 강조점이 다를 수는 있지만 정치체계의 속성과 특징에 대해서는 모두가 같은 생각을 공유하고 있다. 이들은 정치 현상이 사회 속에서 발생하지만 정치체계는 다른 사회체계들과 구분된 독립적인 세계를 이루고 있고 그 세계는 다양한 정치기능을 수행하는 구조들과 그들 사이의 관계에 의해 형성된다고 본다. 예를 들어 현대 정치체계 안에는 입법부, 행정부, 사법부, 정당, 관료, 이익집단, 시민단체, 방송언론기관 등과 같은 여러 기관과 선거, 여론, 청원, 로비 등과 같은 여러 제도가 존재하며, 이들 사이의 긴밀한 상호작용을 통하여 정치체계가 기능을 수행한다는 것이다.

그러면서도 정치체계 이론은 정치체계가 폐쇄적이지 않고 개방적인 체계임을 강조한다. 정치체계는 경제, 문화, 교육, 국방 등 다른 기능을 수행하는 여러 체계들에 의해 둘러싸여 있으며 그들과 서로 영향을 주고받는다. 정치체계는 다른 체계들로부터 투입되는 각종 문제와 요구를 접수하고 그에 대한 공동체의 집단의사와 공공정책을 결정하고 집행한다. 그 같은 정치적 산출물이 사회 현장에서 결과를 낳으면 환류 과정을 통해 정치체계에 투영되고 필요시 다시 정치적 과제로 재투입된다. 이 같은 특징 때문에 정치체계 분석은

'순환적 모델' 혹은 '생태론적 접근법'으로 불리기도 하였다.[49] 정치체계 분석은 정치학에 오래전에 도입되어 정치과정을 일련의 연속적 흐름으로 파악함으로써 복잡다단한 현대 사회의 정치과정을 조명하는 데에 유용한 분석 틀을 제공한다. 이하에서는 정치과정의 각 단계가 갖는 의미와 특성에 대해 살펴보고자 한다.

정치과정의 단계별 특징

1. 정치적 사안의 등장과 투입

여러 사람이 한데 어울려 사는 사회에는 매순간 수많은 문제와 과제가 등장한다. 구성원 사이에 필요 자원을 놓고 다툼이 벌어지기도 하고 집단목표와 실천 방법을 놓고 의견이 엇갈리는 경우도 많다. 또한, 국경 밖으로부터 예상치 못한 도전과 위협이 발생하기도 한다. 그러나 모든 문제가 정치적 사안으로 부각되어 정치체계에 투입(input)되는 것은 아니다. 정치는 공동체 집단 차원의 협력과 행동을 수반하기 때문에 문제의 내용이 개인적이거나 심각성이 떨어지는 경우에는 정치체계에 투입될 가능성이 낮다. 반면 문제의 내용이

49 이스턴은 자신의 모델을 순환적 모델(Flow Model)이라 불렀고, 알몬드는 생태론적 접근(Ecological Approach)으로 불렀다. David Easton, *The Political System: An Inquiry into the State of Political Science* (New York: Knopf,1953); Gabriel A. Almond, ed., *Comparative Politics Today: A World View* (Boston: Little, Brown and Company, 1974) 참조.

공동체의 안녕과 질서 또는 구성원 다수의 행복과 관련된 경우에는 정치적 사안으로 등장할 가능성이 높다.

정치적 사안으로 정치체계에 투입된 문제는 정치권의 결정과 행동을 요구한다. 그것은 정치권이 분배하는 물질 자원과 인력 투입에 대한 요구일 수 있고, 동료 시민들의 행위에 관한 요구일 수도 있고, 소통과 참여에 대한 요구일 수도 있다. 또한, 기존 관행의 안정적인 유지를 요구하는 것일 수도 있고 정반대로 적극적인 변화를 요구하는 것일 수도 있다. 그러나 요구만 정치체계에 투입되는 것은 아니며 지지와 충성도 투입된다.[50] 집권 여당을 지지하기 위한 대중활동이나 정부가 추진하는 정책에 적극적으로 순응하는 행위는 정치체계에 지지와 충성을 투입하는 것으로 볼 수 있다. 이와 같이 투입은 요구와 지지의 두 가지 요소로 구성된다.

누가 정치체계에 요구와 지지를 투입하는가? 민주정치에서는 일반 구성원들의 기대와 요구사항이 중요한 투입 재료가 되며 다수 시민의 의견은 정치 아젠다(agenda)를 형성한다. 그런 반면 정치인들과 공직자가 자신의 정치적 목적 때문에 새로운 안건을 제기하는 경우도 있다. 외국 정부나 국제조직이 국제문제에 대한 국내 정치체계의 대응을 요구할 수도 있다. 시시각각으로 변하는 사회 환경과 사람들의 인식의 변화는 정치체계에 투입되는 소재를 다양하게 생성한다. 여기서 한 가지 주목할 점은 정치체계에 요구가 투입되는 시

---

50 David Easton, "An Approach to the Analysis of Political System," *World Politics,* vol. 9 (April, 1957), p. 390; Gabriel Almond and G. Bingham Powell, Jr., *Comparative Politics: System, Process, Policy* (Boston: Little, Brown and Company, 1978), p. 11.

점과 정치체계의 대응 시점 사이에 시간적 격차가 발생하기 쉽다는 것이다. 투입 시점에 비해 정치체계의 대응이 너무 늦거나 대응 정도가 부족할 경우 정치체계의 대응력은 떨어질 수밖에 없고, 반대로 정치체계의 대응이 섣부르거나 과도할 경우에는 정치체계의 오남용 사례가 발생하는 원인이 된다.

2. 의견과 이익의 표출 과정

투입과정을 거쳐 정치적 사안으로 부각된 문제에 대해 개인이나 사회단체가 의견과 요구를 제기하면 이익표출(interest articulation)의 단계가 시작된다. 이익표출 과정은 민주정치체제가 누릴 수 있는 특별한 과정이다. 과거 봉건시대의 정치에서는 이익표출 행위가 제도화되지 못하였다. 동료 구성원에게 자신의 문제를 개인적으로 알리고 동조자를 모아 책임자에게 접근하여 호소하는 정도가 대부분이었고, 그나마 그런 일을 할 수 있는 사람도 일부 구성원에 한정되었다. 현대 사회에도 독재정치체제에서는 이익표출 과정이 충분히 제도화되지 못하고 소수의 권력자를 향한 개별적 청원 활동에 그치는 경우가 많다.

반면에 민주정치체제는 개인이나 단체가 자신의 의견과 이익을 표출할 수 있는 다양한 경로를 갖추고 있을 뿐만 아니라 그 같은 표출행위를 적극적으로 추진할 조직을 결성하는 것도 허용하고 있다. 바로 이익집단(interest groups)이 그것이다. 이익표출 행위가 제도적으로 허용되고 조직적으로 추진됨에 따라 민주정치에서는 누군가의 이익이 다른 누군가의 이익과 부딪치고 경쟁하는 일이 많아졌다. 그 경우 누가 이익표출 경쟁에서 승리하였는가는 누구의 의견이 공공정책에 반영되었는가에 의해 좌우된다. 이에 따라 이익표출 과정이 사실상 정책결정 단계까지 길게 연장되면서 이익표출 행위는 개인 차원을 넘어 이익집단 간의 경쟁으로 변모하여 현대 민주정치에서는 이익집단이 이익표출 과정을 주도하고 있다.

여론(public opinion)도 사회구성원의 의견이 정책결정기구에 전달되는 중요한 경로가 된다. 최근 들어 사회네트워크 시스템(social network system; SNS)의 발달로 특정 문제에 대한 여론의 형성과 관찰이 쉬워지면서 여론은 그때그때 일반 시민의 의견을 표출하는 통로로서의 중요성을 더해가고 있다. 이익집단은 주로 집단 구성원들의 특수 이익과 의견을 대변하는 반면에 여론은 다수 시민의 의견을 정책결정자들에게 전달한다. 이들 모두는 정치적 사안에 관한 사회 현장의 목소리를 정책결정자들에게 전달한다는 점에서는 동일하다.

3. 의견과 이익의 결집 과정

이익표출 과정을 통해 분출된 사회구성원들의 의견은 정책결정의 기초 자료가 되지만 그 자체로서는 서로 상반된 의견과 일방적인 주장 그리고 불확실한 근거 등의 문제로 수용하기 어려운 경우가 많다. 따라서 구성원들의 다양한 목소리를 공공성의 관점에서 거르고 정책 대안으로 다듬는 이익결집(interest aggregation) 과정이 필요하다. 이익결집 과정에서 정책 대안에 포함되지 못한 의견은 이익표출

직후에 정치과정에서 사라진 것과 다름없다. 이처럼 이익결집 과정은 이익표출 행위자들 사이의 승패를 일차적으로 결정한다.

누가 이익결집 과정을 주도하는가? 이익표출 당사자가 이익결집 과정에도 참여할 수 있다. 대규모의 전국적 조직망을 가진 이익집단이 자체적으로 이익표출 내용들을 정리하고 실천 가능한 정책 대안을 만들어서 정부와 정당에 제시하는 경우가 이에 해당한다. 그러나 표출된 의견이 정책 대안으로 고려되기 위해서는 정치기구 내의 호응과 지원이 필요하다. 구체적으로 정치인, 정당, 행정부와 입법부 기관 등의 호응이 필요한데 이들은 관련자 회의를 소집하거나 공청회 또는 설명회를 통하여 자신들이 지지하는 정책 대안에 우호적인 여론을 조성하는 방식으로 이익결집 과정에 개입할 수 있다.

그러나 현대 정치에서는 정당이 이익결집 과정을 주도하는 위치에 서 있다고 봐야 한다. 이는 정당이 이익결집 기능에 최적화된 구조를 가지고 있기 때문이다. 정당은 선거를 통해 의석을 확보하고 정권을 획득해야 하는 목표를 가지고 있으므로 유권자인 시민들에게 가까이 다가갈 수밖에 없는 기관이다. 개인이든 이익집단이든 여론이든 간에 사회 현장의 목소리에 귀를 기울이고 최대한 정책에 반영하는 것은 정당의 성패에 상당한 영향을 미치므로 정당은 이익결집 과정에서 정부기관이나 기업조직 혹은 언론기관보다 훨씬 주도적으로 움직이지 않을 수 없다.

정당과 기타 정치기구들에 의해 정리되고 다듬어진 구성원들의 의견과 요구는 그 다음의 정책결정 단계에서 주요 정책 대안으로 제시된다. 그러나 여기서 주목할 점은 이익결집 과정을 거쳤다고 해서 이익표출 과정에서 분출된 다양한 의견과 요구가 반드시 좁혀지는 것은 아니라는 것이다. 정당체제와 정치문화의 특성에 따라서는 사회 내 의견과 요구가 양극단적 정책 대안으로 압축되는 결과도 발생한다. 이처럼 양자택일적 정책 대안을 낳는 경우 공공정책의 결정과 집행을 맡은 의회와 행정부는 모두 커다란 어려움에 처하게 된다.

4. 정책의 결정과 집행 과정

정책결정(policy making)은 정치체계에 투입된 정치적 사안에 대해 정책결정 권한을 가진 대표자들이 구속력 있는 공공정책을 결정하는 과정을 말한다. 예나 지금이나 국가를 대표하는 정부가 이 기능을 담당해왔다. 정책결정의 단계는 이익표출 행위자 가운데 최종 승자가 결정되는 때이며, 이익결집 과정에서 해당 정책 대안을 지원한 정치인, 공직자, 정부기관의 승리가 확정되는 때이기도 하다. 정책결정 과정은 참여자들의 동기와 상호관계뿐만 아니라 정책결정의 규칙과 관행 등에 의해서도 영향을 받는 것으로 관측된다. 그중 참여자들의 동기와 상호관계에 대해서는 일일이 추적하기가 어렵지만 정치기구 사이에 누가 결정적인 권한을 가지고 있는지, 그리고 그의 권한은 무제한적인 것인지 아니면 다른 제한 요건에 따라야 하는 것인지 정도는 확인이 가능하다. 이 점에서 국가권력의 분배방식이 서로 다른 의회제 vs. 대통령제 vs. 이원집정부제의 정부 형태가 유의미한 요인으로 다가온다. 정책결정의 실제 관행에 대해서 세밀한 관측이 어려운 것은 마찬가지이지만 참여 기관의 조직적 특성과 상호관계에서 발생하는 특징적 모습을 찾아보는 것은 어느 정도 가능하다. 이 점에서 정치학의 정책결정이론이 제시하는 몇 가지 유형이 정책결정 과정을 분석하는 데에 자주 활용된다. 이러한 정책결정 모델은 뒤에서 살펴볼 예정이다.

정책집행(policy implementation)은 정책결정에 이어서 연속적으로 진행되는 과정이다. 그래서 현실적으로 정책결정과 정책집행의 경계 지점을 정확하게 구분하기가 어렵다. 그렇지만 이들 두 과정은 각기 담당자가 다르고 진행 형태도 다르기 때문에 별도의 과정으로 바라볼 필요가 있다. 근대 이후 국가체제에서 정책집행은 공공업무를 담당한 정부의 관료조직이 주도해왔다. 대부분의 경우 정책결정 사항은 결정자들의 손을 떠나서 정책집행 업무를 맡고 있는 관료조직에 이관되며, 담당 관리들은 재량권을 가지고 세부 내용을 결정하고 법안 규정을 만든다. 그래서 정책결정 과정에 참여한 정치인과 고위 공직자는 정책결정 사항이 언제부터 어떤 방식으로 진행될지 알지 못하는 경우가 많다. 공공정책의 결정 사항에는 결정자의 의도와 목표 달성을 위한 자원과 책임의 분배 방안이 담겨 있을 뿐 정책의 구체적인 실천 방안은 관료조직의 일이다. 많은 공공정책이 관료집단 내부의 이견과 충돌에 의해서 마비되기도 하고 관료조직의 잘못된 판단과 반대에 의해 왜곡되기도 한다. 정책집행이 정치결정의 실질적 결과임을 고려할 때 정책집행의 열쇠를 쥐고 있는 관료조직의 중요성이 강조되지 않을 수 없다.

5. 산출과 결과

정치과정을 통해 생성된 공공정책은 정치체계가 만들어낸 산출물(output)로서 공권력이 뒷받침된 강제적 법령으로 전환되어 사회 현장에 적용된다. 정치체계가 산출한 공공정책은 일반적으로 다음 네 가지의 기능을 수행한다. 추출 기능, 분배 기능, 규제 기능, 상징 기능이 바로 그것이다.[51]

추출 기능(extractive function)은 정치기구가 사회로부터 물자와 자금 그리고 인력 등의 자원을 취하는 것을 말한다. 본래 물자의 생산이나 인력 채용을 본업으로 삼지 않는 정치기구로서는 세금이나 징발 제도를 통하여 공무 수행에 필요한 자원을 조달하게 된다. 그러나 특별히 어떤 종류의 자원을 중점적으로 추출하는지 그리고 얼마나 많은 양의 자원을 사회로부터 추출하는지는 국가마다 다르다. 분배 기능(distributive function)은 정치기구가 확보한 물자와 자금 그리고 공공 서비스와 직위 등의 자원을 사회에 나누는 것을 말한다. 정치기구는 이들 자원의 소유와 축적을 목표로 하지 않고 공공정책의 수단으로 활용하는 것이 원칙이다. 그러나 어떤 유형의 자원을, 어느 정도로, 누구에게 분배하는지는 정부마다 다를 수 있다. 규제 기능(regulative function)은 정치기구가 사회구성원의 행위를 지시하고 통제하는 것을 말한다. 공동체의 안녕과 질서, 구성원들의 발전을 위해 각종 규칙과 의무가 부과되고 불이행시 처벌하는 조치가 발동된

---

51 Almond and Powell, Jr., *Comparative Politics: System, Process, Policy*, pp. 286-289.

다. 그러나 규제의 대상 범위와 절차적 요건 및 처벌 수위는 정부별로 차이가 난다. 상징 기능(symbolic function)은 정치기구가 여러 종류의 상징적 의식이나 언행을 통하여 구성원들에게 공동체 의식과 사명감을 고취시키는 것을 말한다. 정치인의 연설, 정치 행사, 정치적 상징물 등을 통하여 구성원들에게 공동체의 역사와 전통, 이념과 미래 전망 등을 고취시키는 모습은 어느 국가에서든지 쉽게 발견된다. 그러나 구성원들에게 특별히 호소력을 발휘하는 상징적 요소는 국가마다 다르고 상징 기능을 활용하는 정도도 정부마다 다르다.

여기서 주목할 점은 위에서 언급한 네 가지의 기능 중 한 가지의 기능하고만 관련되는 공공정책은 드물고 대부분은 네 가지 기능과 복합적으로 연결되어 있다는 것이다. 예를 들어 과세 정책은 추출 기능과 관련되어 있지만 효과적인 조세정책은 정부의 추출 능력뿐만 아니라 규제 능력과 상징 능력에 의해서도 좌우된다. 정부의 규제 기능과 상징 기능이 효과적으로 작동할 때 시민들은 자발적으로 성실 납세자가 되기 때문이다.

다른 한편 정책의 결과(outcome)는 정책의 집행이나 산출과는 다른 개념이다. 정책의 결과는 정책이 사회 현장에 시행되어 발생한 변화 내용을 말한다. 정책의 의도와 결과 사이에는 항상 무시할 수 없는 간격이 발생한다. 이 같은 차이가 발생하는 첫 번째 이유는 정책결정자의 의도나 기대와 다르게 정책이 집행되는 경우가 많기 때문이다. 새로운 정책의 혁신성이 기존의 행정 관행에 의해 무시될 수 있고, 진행 중인 정책에 밀려 새로 투입되어야 할 자원이 부족할 수도 있고, 담당 관리자의 거부감 때문에 정책의 집행이 정책결정자의 의도를 못 따라가기도 한다. 많은 사람과 자원이 관련된 정책집행 과정은 그 자체가 예기치 못한 복잡성을 지니고 있다고 봐야 한다. 두 번째 이유는 공공정책이 전제로 했던 사회 현장의 상황이 실제로는 훨씬 더 복잡할 뿐만 아니라 돌발적인 요인에 의해 좌우되기 때문이다. 정책결정자들의 부족한 정보와 그릇된 지식이 문제가 되기도 하고, 제대로 상황을 파악했더라도 정책결정자와 정책집행자의 통제 밖에 있는 돌발적 요인이 작용하기도 한다. 그래서 처음부터 예기치 못한 결과가 발생하거나 중도에 예상 못한 결과가 나타나기도 한다.

이처럼 정책집행의 결과에 존재하는 불확실성은 정치체계의 환류(feedback) 과정을 통해 다시 점검된다. 공공정책의 결과가 미흡할 경우 보완 조치에 대한 요구가 다음 라운드의 정치과정에 투입된다. 재투입된 요구는 다시 이익표출 - 이익결집 - 정책결정 - 정책집행의 순서를 밟는 것이 아니라 추가적 조치가 필요한 단계로 바로 향할 수 있다. 재투입된 요구에 대해 정치권이 보이는 반응은 구성원들의 충성과 지지에 영향을 미치게 되므로 정책결정자들은 처음보다 더 신중하게 접근할 것으로 기대되며 그만큼 성취의 가능성도 높다고 본다. 이렇게 하여 투입에서 환류에 이르는 정치과정의 한 사이클이 완성이 된다.

이하에서는 정치과정의 각 단계에서 중요한 역할을 수행하는 기구와 제도에 대해 살펴보고자 한다. 정치과정의 진행 흐름에 따라 먼저 이익표출 기능을 주도적으로 수행하고 있는 이익집단과 여론의 특징을 살펴보고, 이어서 이익결집 기능을 주도적으로 실현하고 있는 정당의 특성과 선거제도, 정책결정에 영향을 주는 정부 형태와 정책결정과정에 대해 알아본 뒤에, 정책집행을 전담하는 관료조직의 특성에 대해 살펴보고자 한다.

02 이익집단은 정치에서 어떤 일을 하는가

이익집단의 의미와 특성

이익집단(interest group)은 특정의 목적을 공유하는 사람들이 공통의 목적을 추진하기 위해 설립한 사회결사체이다. 특수 목적의 달성을 위해 결성되었다는 점에서 이익집단은 '2차 집단' 혹은 '이익사회'의 성격을 지닌다. 이익집단이 목표로 하는 대상은 경제적 물질적 이익에 한정되지 않으며 정치적 신념이나 사회적 가치 혹은 문화 예술적 기호에 이르기까지 광범위하다. 그에 비해 '1차 집단'이나 '공동사회'는 혈연 및 지연과 같은 자연적이고 원초적인 인연을 계기로 형성된다. 이 경우에는 모임 자체가 목적이 되지만 사안에 따라서는 1차 집단과 공동사회도 이익표출 활동에 나서게 된다. 예를 들어 호적법 개정에 대해 문중 모임과 종친회 조직이 성명서를 발표하고 지역 현안에 대해 지방 향우회가 지역구 의원과 정당을 상대로 청원 활동을 하는 것은 그 같은 사례에 해당한다. 이처럼 이익집단의 대부분은 2차 집단과 이익사회의 성격을 지니지만 이익표출 행위는 1차 집단과 공동사회 조직에 의해서도 나타날 수 있다. 따라서 민주정치체제에서 이익표출 행위는 모든 구성원과 사회단체에 열려 있다고 봐야 한다.

사회가 발달할수록 그리고 민주화될수록 다양한 이익집단이 존재하며 이익표출 활동도 증가하는 모습을 보인다. 이익집단의 다양성과 분출 현상은 현대 민주정치체제의 중요한 특징이다. 현대 민주정치체제에서 이익집단이 발달하게 되는 데에는 몇 가지 배경적 이유가 있다. 첫째로, 대중사회가 확장되면서 구성원 간의 유대감과 공동체 삶의 공유 부분이 줄어들고 사회 부문별, 계층별 요구가 분출하고 있다. 둘째로, 대중사회의 요구가 점점 세분화되고 다양해지는 것에 비하여 분절화된 대중의 요구를 수용할 정치체계의 능력은 약해지고 있다. 이 때문에 대의제 민주주의제도의 한계점과 의회와 정당의 관료주의 경향에 대한 비판의 목소리가 커지고 있다. 셋째로, 구성원의 성향이 바뀐 점도 중요한 이유가 된다. 구성원 대다수의 정치문화가 향리형과 신민형에서 참여형 문화로 바뀌었고 시민 개개인의 정치적 자아와 주체의식도 크게 발달하였다. 이상에서 살펴본 바와 같이 현대 민주사회에서 이익집단의 발달 현상은 사회구성원의 다양한 의견과 높은 기대를 정치세계가 충분히 수용하지 못함에 따라 시민들이 스스로 결사체를 결성하고 자신들의 이익을 보호하고 나선 결과였다고 볼 수 있다.

이익집단체계의 유형

현대 사회에서 이익집단이 발달하고 있는 것은 사실이지만 이익집단이 서로 관계를 맺고 활동하는 방식 즉, 이익집단체계는 사회마다 차이가 있다. 정치학자들은 이익집단체계를 크게 세 가지의 모델로 구분한다. 첫 번째의 '다원주의 모델'은 사회 전체적으로 다수의 이익집단이 존재하며 서로 경쟁하고 있는 상황을 보여준다. 여기서 정부는 이익집단 간의 경쟁이 진행되는 무대이자 이익집단 간의 경쟁을 감독하는 중립적인 심판관으로 파악된다. 이익집단들은 다원적인 경쟁 구도에 의해 자연스럽게 형성된 게임 규칙에 따르게 되고, 그 결과 이익집단 간의 관계는 복합적이고 자발적이며 경쟁적이고 비위계적인 질서의 모습을 띤다. 다원주의 질서 속에서는 패권적인 이익집단이 등장하기 어렵고 이익집단 간의 경쟁은 조화와 균형을 이룰 것으로 전망된다. 다원주의 모델은 일찍부터 시민사회가 발달한 영국과 미국 등의 서구 사회의 경험에 기반을 두고 있으며, 이익집단 간에 존재하는 불평등과 약육강식의 현실을 경시한다는 지적을 받아왔다.

'조합주의 모델'은 이익집단 간의 조화와 균형에 대해 다원주의 모델이 가지고 있는 낙관론적 가정을 받아들이지 않는다. 따라서 이익집단 간의 경쟁과 갈등은 당사자 간에 조정되기 어려우며 누군가 외부의 개입이 필요하다고 본다. 그 외부 조정자가 누구인가에 따라 조합주의 모델은 다시 두 가지로 세분되는데, 두 번째의 사회조합주의 모델은 사회가 나서서 이익집단 간의 균형과 협동 방안을 모색하고 유도해야 한다고 본다. 이 모델은 이익 관련 당사자 모두를 포괄하는 이익대표체계의 구축을 그 해결책으로 중시하는 경향이 있다. 오스트리아나 스웨덴의 경우가 그 대표적인 예로 이들 국가에서는 사회적 개입과 유도를 통해 노사 간에 자율적 합의가 성취되었다.

이에 비해 세 번째의 국가조합주의 모델은 국가가 직접 나서서 이익집단 간의 관계를 조정하는 이익집단체계를 말한다. 국가는 제도적·법적·행정적 장치를 동원하여 이익집단 간의 경쟁체제를 구축하고 이익집단 간의 갈등을 강권적으로 조정한다. 그 결과 이익집단체계는 사실상 국가의 지도와 관리 밑에 놓이게 되는데 1970년대~1980년대 중남미 국가들이 그 대표적 사례라고 할 수 있다. 국가조합주의 모델에서 이익집단 간의 관계는 다원주의 모델과는 정반대로 단일적이고 강제적이며 비경쟁적이고 위계적인 질서의 모습을 띤다. <표 12>는 이상의 논의를 정리한 것이다.

<표 12> 이익집단체계의 유형

유형	주요 특징	사례
다원주의 모델	정치관: 이익집단 간 경쟁의 균형과 조화에 낙관적 국가관: 이익집단 간 경쟁의 무대이자 중립 심판관 이익집단 관계: 복합적, 자발적, 경쟁적, 비위계적 질서	영국, 미국
사회조합주의 모델	정치관: 이익집단 간 경쟁의 균형과 조화에 비판적 국가관: 사회적 협의와 합의 중재자; 이익대표체계 중시 이익집단 관계: 다원주의와 국가조합주의 중간	오스트리아, 스웨덴
국가조합주의 모델	정치관: 이익집단 간 경쟁의 균형과 조화에 비관적 국가관: 적극 개입과 강제적 조정자 이익집단 관계: 단일적, 강제적, 비경쟁적, 위계적 질서	중남미 국가

이익집단체계에 대한 이상의 논의를 한국에 적용해보면 한국의 이익집단체계는 초기 국가조합주의 모델에서 사회조합주의 모델을 거쳐 다원주의 모델로 변모하는 중이라 볼 수 있다. 1960년대~1970년대에 한국은 정부의 주도로 경제발전 정책이 본격화되던 시기라 이익집단은 수도 적었고 활동력도 미약했다. 이 시기에는 이익

집단이 정부 방침에 따라 하향식으로 설립되고 정부로부터 지원을 받는 상황이 이어졌다. 그러나 1990년대와 2000년대에 들어와 한국 사회는 시민운동이 활발해지고 노동운동이 강해지면서 노사 간 협력이 중요한 과제로 등장하였고, 주요 쟁점이 발생할 때마다 사회의 입장을 대변하는 정부가 노사 측과 함께 노사정 협의체를 통하여 조정하는 모습을 보여주고 있다.[52] 향후 이익집단과 이익표출 행위에 대한 법체계가 보다 완벽하게 구비되고 시민의 관심과 참여가 증가하여 이익집단의 조직 규모와 재정 능력이 커지게 되면 다원주의 모델의 모습이 더욱 두드러지게 나타날 것으로 전망된다.

이익집단의 기능

이익집단은 민주정치에 필요한 것인가? 정치과정에서 이익집단은 어떤 기능과 역할을 수행하는가? 이익집단은 소속 구성원이 공유하는 의견이나 이익을 지키기 위한 조직이지만 이익집단의 이익표출 행위는 당사자들의 입장과 사회 현장에 대한 정보를 정치세계에 알리는 역할을 한다. 또한 이익표출 행위를 통하여 소속 구성원들은 정치과정에 참여하고 민주정치를 배우는 경험을 쌓게 된다.

---

52 1980년대말까지 한국 이익집단의 국가조합주의적 성격에 관한 연구사례로는 최장집, 『한국의 노동운동과 국가』 (서울: 열음사, 1988) 참조. 1990년대 이후 한국 이익집단의 변화 방향에 대한 연구로는 윤형섭 · 김영래 · 이완범, 『한국정치 어떻게 볼 것인가』 (서울: 박영사, 2003), pp. 293-318; 정상호, "한국 이익집단 연구의 분석적 개괄," 『한국정치학회보』, vol. 40 (2006), pp. 102-104 참조.

반면에 이익집단이 추구하는 이익은 대부분 사회 전체의 공익보다 소속 구성원의 특수 이익에 가깝기 때문에 과도한 이익표출 행위는 공공이익을 해칠 가능성이 있다. 특히 자원의 분배를 둘러싸고 경쟁이 벌어질 경우 이익집단의 과도한 이익표출 행위는 자원의 분배 구조를 왜곡시킬 가능성이 높고 정치권과 결탁하여 정치 부패를 조장할 가능성도 있다. 이와 같이 이익집단은 민주정치과정에서 순기능과 역기능의 양면성을 모두 가지고 있다. 그런 만큼 이익집단의 특성과 이익표출 행위의 양면성에 대한 사회적인 관심이 필요하며 이익집단에 대한 정부의 균형 잡힌 감독과 조정의 역할이 중요하다.

민주정치과정에서 이익집단의 순기능이 증가하기 위해서는 이익집단의 이익표출 방식이 변해야 한다. 이와 관련하여 정치학자들은 <표 13>에서 보는 바와 같이 이익표출의 선진형 vs. 후진형 행태에 대해 논하고 있다.[53] 첫째로, 이익표출의 방법과 관련하여 선진형 이익집단은 공개적인 방식으로 이익표출 행위를 진행하는 반면 후진형 이익집단은 음성적인 방법에 의존하는 경향이 있다. 둘째로, 목표의 내용과 관련해서 선진형 이익집단은 구체적인 목표를 정하고 그에 집중하는 반면 후진형 이익집단은 목표가 불명확하거나 분산적일 때가 많다. 셋째로, 목표의 성격과 관련해서 선진형 이익집단이 자신의 특수 이익과 함께 사회 전체의 공익도 고려하는 것에 비하여 후진형 이익집단은 자신들만의 특수 이익에 집착하는 경

53 Robert T. Holt and John E. Turner, *The Political Basis of Economic Development: An Exploration in Comparative Political Analysis* (Princeton, NJ: D. Van Nostrand & Company, 1966), p. 60 참조.

향이 두드러진다. 넷째로, 접근 자세에서 선진형 이익집단은 개개의 이익표출 행위를 하나의 도구이자 수단으로 인식하는 반면 후진형 이익집단은 이익표출 행위에 감정을 실음으로써 실패 시에 원한의 감정까지 갖는다.

<표 13> 이익집단의 선진형 vs. 후진형 이익표출 행태

	선진형 이익집단	후진형 이익집단
표출 방법	공개적, 현재적 (manifest)	음성적, 잠재적 (latent)
목표 내용	구체적 (specific)	분산적 (diffuse)
목표 성격	전체적, 일반적 (general)	부분적, 특수적 (particular)
접근 자세	도구적 (instrumental)	감정적 (affective)

근래에 들어와 이익집단을 활성화하고 이익표출 행위를 제도화하기 위한 방안의 하나로 로비스트(lobbyist) 활동의 합법화 이슈가 자주 제기된다. 로비스트의 합법화를 지지하는 쪽은 정치과정에서 이익집단이 수행하는 순기능 측면을 주목하고 로비활동을 법제화하여 투명성을 높일 것을 주장한다. 로비스트 활동이 법제화되어 이익표출 행위가 보다 공개적이고 투명하게 진행되면 이익표출 과정은 자금력과 인맥의 경쟁에서 정보와 설득력의 경쟁으로 변모하고 정책결정자는 경쟁그룹들로부터 보다 풍부한 정보를 얻게 될 것으로 기대할 수 있다. 반면에 로비스트의 합법화를 반대하는 쪽은 이익집단의 역기능 측면을 주목한다. 로비스트의 합법화는 이익집단

의 이익표출 행위를 더욱 부추기고 공공정책의 결정과정을 집단 이기주의의 각축장으로 타락시키지 않을까 우려한다. 미국, 캐나다, 유럽연합에서는 로비활동이 법제화되어 있고, 한국에서도 로비활동을 법제화하자는 주장이 심심치 않게 제기되고 있으나 반대 의견도 만만치 않은 상태이다.

03 사회여론은 언제 힘을 발휘하는가

여론의 의미와 특성

이익집단의 이익표출 행위와 별도로 여론(public opinion)도 정치 과정에서 사회구성원의 의견을 표출하는 중요한 역할을 한다. 이익집단은 집단 구성원의 특수 이익에 집중하는 경향이 있으나 여론은 특정 사안에 대한 다수 시민의 의견을 나타내므로 여론의 형성과 등장은 이익표출 과정에서 중요한 의미를 갖는다.

여론은 근대 자유민주주의의 발달 과정에서부터 주목을 받아 왔다. 왕이나 귀족과 같은 특권계층이 아닌 일반 시민 사이에도 공통된 의견이 가능하다는 신념이 초기 민주주의 사상가들 사이에 존재하였다. 루소(Jean-Jacques Rousseau, 1712~1778)의 '일반의지' 개념이나 몽테스키외(Montesquieu, 1689~1755)의 '일반정신' 개념이 그 예이다. 그러나 그들이 주목했던 사회구성원은 전체 국민이 아니라 일정한 자격요건을 갖춘 구성원들 즉, 당시 왕과 귀족층에 맞서 정치적 목소리를 내던 시민그룹이었고, 이들은 당시의 기준으로 볼 때 일종의 선별된 공중(公衆)의 성격을 지닌 구성원이었다. 그렇기 때문에 그들 사이에 공통적인 의견 수렴이 용이했다고 볼 수 있다. 한편, 자유민주주의 전통이 없었던 동양 사회에서도 여론을 중시했던 모습이 발견된다. "민심(民心)은 천심(天心)"이라는 말이 사람들 사이에 회자되었고, 공자는 그의 책 『서경』에서 "민지소욕(民之所欲), 천필종지(天

必從之)" (인민이 하고자 하는 것은 하늘이 반드시 따른다)라고 기록하기도 하였다.

그러나 현대에 들어와 공중(公衆)이 아닌 대중(大衆) 중심의 사회가 등장하면서 다수의 시민이 공감하는 여론은 드문 현상이 되었다. 일반 대중의 의견은 세대별, 지역별, 직능별, 산업별로 갈리는 경우가 많아졌다. 그럼에도 불구하고 특정 사안에 대해 여론이 형성되면 이는 정치적으로 영향력을 발휘하게 된다. 특히 민주정치체제에서는 정책결정자들이 다수 시민의 공통된 의견에 귀를 기울일 수밖에 없다. 하지만 민주정치에서 여론이 미치는 영향력은 여론이 지닌 본질적 특성 때문에 제한적일 경우가 많다. 여론은 특정 사안에 대한 사회대중의 공통된 의견이므로 사안의 내용과 정치적 상황에 따라 여론의 방향이 바뀔 수 있다. 여론은 고정적인 것이 아니며 상황에 따라 바뀌는 잠정성과 변덕성을 지니고 있다. 또한 여론은 사회대중의 의견이므로 정부나 공직자의 발표와 달리 책임이 따르지 않는다. 여론은 불특정 다수의 의견 형태로 등장하기 때문에 누구에게 책임을 묻기가 어렵다. 그러므로 여론에 과도하게 집착할 경우 "~카더라"의 정치에 빠지게 된다.

여론의 형성 단계와 효과

<표 14>에 나와 있듯이 여론이 형성되는 과정을 단계별로 나누어보면 초기 단계에서는 쟁점 이슈에 대해 사회적 관심이 쏠리고

개인과 사회단체의 의견이 표출되기 시작한다. 그러나 각자의 의견은 아직 체계화되지 않은 채 막연한 확신과 감정이 혼재된 경우가 많다. 이 단계에서는 여론 지도자들(opinion leaders)의 역할이 중요하다. 대중매체에 등장하는 논설위원과 시사평론가의 논평과 SNS 인플루언서들의 의견이 초기 단계의 여론을 주도하는 경우가 많다. 그러다가 초기 의견에 대한 동조자가 늘어나면 중간 단계로 이행하게 되는데 이 단계에서는 지지자와 반대자 그룹이 형성되는 대열화(partisanization) 과정이 진행되고, 각 그룹은 여러 채널과 방식으로 대중을 설득하는 선전(propagandization) 활동에 나서게 된다. 이 단계에서는 여론 그룹(opinion groups)의 활동이 중요한데 최근에는 인터넷 카페나 동호인 채팅방과 같이 온라인 매체를 활용하는 경우가 많다. 최종 단계에 이르면 많은 사람이 쟁점 이슈에 대해 공통된 의견을 가지며 이는 관련 사회단체들의 홍보 활동과 언론방송기관의 보도를 통해 더 큰 전파력을 갖게 된다. 민주정치체제에서 다수 시민의 의견은 정당과 정치인의 눈길을 끌 수밖에 없고 정치권과 복잡한 관계로 얽혀 있는 정부기관의 선택에도 영향을 준다.

<표 14> 여론의 형성단계

	주요 과정	주요 행위자
초기 단계	문제와 의견 제기 막연한 확신과 감정이 내재 동조자 증가 시 다음 단계로 이행	opinion leaders (논설위원, 평론가, 인플루언서, 핵인싸 등)
중간 단계	지지자와 반대자 그룹의 형성 열성 요원들의 대중 설득 노력 양측의 토론과 대중 설득 노력	opinion groups (인터넷카페, 동호인 그룹, 독서토론모임 등)
최종 단계	대중 설득과 동조자의 증가 내용이 체계적으로 정리 많은 사람의 공통적 견해로 자리 잡음	제도권 기관 (언론방송, 이익집단, 시민단체 등)

여론이 충분한 효과를 내기 위해서는 어떤 조건이 필요할까. 먼저 많은 대중의 폭넓은 지지가 있어야 한다. 그러나 지지자의 수만으로는 부족하며 지지의 강도가 중요하다. 지지의 강도가 높을 때 지지자들의 관철 의지가 정치권에 잘 전달되기 때문이다. 그러나 여론의 강도는 시간에 반비례하는 경향이 있다. 그 외에도 여론의 내용이 정책적으로 실현 가능해야 한다. 너무 이상적이거나 과도한 요구가 담긴 여론은 정책 대안에 반영되기 어렵기 때문에 실효성이 떨어진다.

이상의 요건을 갖춘 여론은 정치과정에서 여러 가지 기능을 수행한다. 그 첫 번째는 감독 기능이다. 여론은 정부가 특정 정책을 추진하게 하거나 단념하게 할 수 있다. 여론의 지지자들이 바로 다수의 유권자이기 때문에 정당이나 선출직 공직자는 여론을 무시하기 어렵다. 사회경제적으로 여론은 기업이나 노동조합에 대해 지지와 억제의 역할을 수행하기도 한다. 여론의 지지자들이 바로 다수의 구매자이자 평가자이기 때문에 기업과 노조는 여론을 무시하기 어렵다. 한국 사회의 경우 노사정 협의체에서는 결렬되었지만 여론의 압박과 민심의 이탈에 못 이겨 노사가 합의에 이르는 일이 심심치 않게 발생한다. 두 번째는 시민의 정치적 관심과 참여를 높이는 기능이다. 반면에 여론이 갖는 한계와 역기능도 존재한다. 여론의 역기능은 여론이 갖는 내재적인 취약성에 기인한다. 앞서 언급한 바와 같이 여론은 상황 의존적인 특성과 무책임성을 가지고 있으므로 공공정책의 준거 틀로 삼기에는 한계가 있다. 이에 더하여 여론이라는 불특정 다수의 의견 속에 전문적 의견이 묻혀 버리고 집단 감정이나 이기심이 여론을 주도하는 경우에 여론의 부작용은 더욱 커질 수 있다.

그럼에도 불구하고 여론은 민주정치의 자연스러운 현상이며 필요조건이라고 말할 수 있다. 독재 정권의 경우에는 자발적인 여론 대신에 국가 주도의 관제 여론이 성행한다. 여론의 형성 과정에 국가가 개입하기 때문이다. 그래서 독재 정권에서는 정치권에 대해 요구보다 지지를 나타내는 여론이 많다. 최근 들어 여론조사방법론이 크게 발달함에 따라 여론의 형성과정과 변화 동향을 사실 그대로 관찰할 수 있는 가능성이 커졌고, 여론조사는 이제 정치 분석에서 없어서는 안 될 중요한 수단이 되고 있다. 그만큼 여론의 자연스러운 형성과 올바른 활용에 대한 많은 관심과 주의가 요청된다.

04 정당은 왜 필요한가

정당의 의미와 특성

정당(political party)은 정치적 신념을 공유하는 사람들이 자신들의 정치적 비전을 실현하기 위해 조직한 단체이다. 정당은 이익집단과 마찬가지로 2차 집단의 성격을 가진 결사체이나 정치권력의 획득을 목표로 삼기 때문에 특수 이익을 추구하는 이익집단과 달리 처음부터 높은 공공성을 표방한다. 그래서 정당은 정부기관이 아님에도 불구하고 사회대중의 평가에 민감하며 공익의 수호자로서의 면모를 갖추게 된다. 단순히 명목 상의 정당이 아닌 실질적인 정당으로 인정받기 위해서는 1) 정권의 획득이라는 목표를 가지고 있어야 하고, 2) 그 목표를 실현하기 위한 수단을 보유해야 한다. 이 점에서 전국적인 조직체계를 갖추고 있는지가 정당의 자격을 판단하는 중요한 조건이 된다.

이 같은 정당의 자격 요건에 비추어 볼 때 유사 정당의 모형들이 발견되는데 예를 들어 '포교 정당'은 자유사회의 공산당과 같이 정권 획득의 가능성은 매우 낮지만 정치적 신념을 전파할 목적으로 존재하는 정당을 말한다. 그에 비해 '소파 정당'은 정당조직의 규모가 한두 개의 소파에 다 앉을 정도로 작아서 정권 획득의 가능성이 없는 이름뿐인 정당을 일컫는다. 이와 별도로 전국 차원의 정치보다는 지역문제의 해결과 지방자치의 실현을 목표로 활동하는 '지역 정당'도 존재한다. 지역 정당은 정권의 획득과는 거리가 있지만 지역과 관련된 정치적 목표를 위해 활발한 활동을 벌이는 경우가 많다. 외국의 대표적인 지역주의 정당의 사례로 스코틀랜드 국민당(Scottish National Party), 웨일스의 민족주의 정당인 플라이드 컴리(Plaid Cymru), 캐나다의 퀘벡 블록(Bloc Quebecois) 등을 들 수 있다. 한국에서도 지역 정당의 설립을 위한 시도가 여러 차례 있었으나 현행 정당법이 정한 정당의 설립 요건 때문에 지역 정당은 활성화되지 못한 상태이다.[54]

오늘날 정당은 민주정치의 필수적 요소로 인정받고 있으나 정당이 정치세계에 정착하기까지는 역사적으로 험난한 과정을 거쳐왔다. <표 15>에 나와 있듯이 처음 '적대시 단계'에서 정당은 도당 내지 파벌로 간주되었다. 그 결과 정당은 권력층으로부터 방해와 탄압을 받았고 민중에게도 의심과 경계의 대상이 되었다. 그러다가 '무시 단계'에 오면 정당에 대한 적극적인 탄압은 줄어들었지만 정당은 여전히 경계의 대상으로 남아 있었다. 이후 '승인 및 합법화 단계'에 이르러서는 정당의 존재가 사회적으로 인정받게 되고 정당조직의 법제화가 시행된다. 마지막으로 '헌법적 융합 단계'에 도달하면 정당은 필수적인 정치조직으로 인정을 받게 되고 헌법 규정을 통해 보호를 받게 된다. 현재 한국의 정당은 헌법 조문에 의해 보호를 받을 뿐만 아니라 정당법에 의해 국고 자금의 지원을 받는 준국가기

54 한국의 정당법은 수도에 중앙당을 두고 5개 이상의 시·도당을 두며, 시·도당에는 1천명 이상의 당원을 가져야 정당으로 등록할 수 있게 규정하고 있다. 『정당법』 제3조·제17조·제18조 참조.

관으로서의 지위를 누리고 있다.[55]

<표 15> 정당의 역사적 변천과정

단계 구분	주요 특징
Ⅰ. 적대시 단계	도당 혹은 파벌과 동일시, 권력층의 탄압과 민중의 의심 대상
Ⅱ. 무시 단계	적극적 탄압 면제
Ⅲ. 합법화 단계	법적 승인, 정당조직의 법제화
Ⅳ. 헌법적 융합 단계	헌법 조문으로 보호 육성

정당의 기능

정당은 어떤 일을 하는가? 뉴스 보도에 비춰지는 정당의 모습은 국민들에게 신뢰와 기대감보다는 걱정과 실망을 불러 일으킬 때가 많다. 그러나 현대 정치에서 정당은 다음 몇 가지의 중요한 기능을 수행한다. 첫째로, 이익표출 과정에서 제기된 사회 각계각층의 의견을 조정하고 취합하는 이익결집 기능을 수행한다. 이를 통하여

55 최근에는 정당의 발달 단계를 '엘리트 정당- 대중 정당- 포괄 정당- 카르텔 정당'의 순서로 바라보는 견해가 제기되고 있다. 이에 대해서는 Richard S. Katz and Peter Mair, "Changing Models of Party Organization and Party Democracy: the Emergence of the Cartel Party," *Party Politics*, vol. 1 (1995), pp. 5-28 참조.

정당은 사회구성원과 정치기구를 잇는 중간 연결고리의 역할을 한다. 정당은 이 같은 중간자 역할을 하기에 적합한 위치에 놓여 있는데 유권자의 호응과 지지가 절실한 정당으로서는 시민의 소리를 들을 준비가 되어 있다. 정당 소속 의원들은 자신의 지역구와 상임위원회의 활동을 통하여 시민의 의견을 반영하는데, 정당은 민심을 파악하고 반영하기 위하여 정책연구소와 전문가 자문회의 그리고 당정협의회와 공청회 등의 여러 장치를 가동한다. 둘째로, 정당은 인재를 발굴하고 양성하여 공직자 후보로 세움으로써 정치충원의 기능을 수행한다. 정당에서는 국회의원이나 지자체 의원 선거에 나갈 후보자들을 영입하고 교육하고 공천한다. 대통령제 정부 형태에서는 정당이 대통령 후보를 추천하고 지원하는 일에 앞장을 선다. 셋째로, 정당은 자신의 강령과 이념을 유포하고 정책안을 발표함으로써 사회 대중에게 정치를 교육하는 역할을 수행한다. 이는 곧 정치사회화 기능 및 정치커뮤니케이션 기능과도 연결되어 정치체계의 유지와 발전에 기여한다. 넷째로, 야당은 집권 정부의 정책을 감독하고 제어하는 역할을 하며 여당은 정부의 정책을 지지하고 유권자의 입장에서 정책을 조율하는 역할을 수행한다.

이상과 같은 정당의 기능은 정치과정의 원활한 흐름과 정치체제의 건강한 발전에 꼭 필요한 요소로서 현대 정치체제에서 정당이 맡은 역할이 얼마나 많고 중요한지를 시사한다. 사회 내에 여러 기관과 단체가 존재하지만 정부기관, 언론방송사, 교육기관, 시민단체, 기업조직이나 노조단체 등이 정당의 역할을 대신하는 것은 현실적으로 불가능하고 바람직하지도 않다. 현실 정치 속의 정당들이 유권자의 기대에 못 미치고 실망을 자아내는 경우가 있더라도 정당제도의 중요성 자체가 부정되어서는 정치 발전을 기대하기 어렵다.

정당체계의 유형

정당은 무엇을 기준으로 그리고 어떤 계산으로 움직이는가. 정당의 선거 전략과 행동은 여러 요인에 의해 영향을 받게 되는데 그 중에서도 정당체계로부터 지대한 영향을 받는다. 민주정치체제에서 정당은 유권자의 지지를 얻기 위해 다른 정당들과 경쟁을 벌이며 정당 간의 경쟁 구도는 개별 정당의 선거 전략과 정책구상에 커다란 영향을 미친다. 정당체계가 기본적으로 일당체제인지 양당체제인지 혹은 다당체제인지에 따라 정당의 전략과 정치 행보는 크게 달라질 수밖에 없다. 이 점에서 정당체계의 유형별 특징에 대한 분명한 이해가 필요하다.

일당체제(one-party system)는 하나의 정당이 정권을 장악하고 정국을 지배하는 체제이다. 일당체제도 몇 개의 유형으로 구분이 되는데 문자 그대로 하나의 정당만이 존재하는 단일 정당체제, 하나의 지배 정당과 허수아비 정당들이 존재하는 패권적 정당체제, 그리고 하나의 지배 정당과 약세 야당들이 공존하지만 정권 교체가 일어나지 않는 우세 정당체제 등이 있다. 패권적 정당체제의 허수아비 정당은 우세 정당체제의 야당과 달리 경쟁자의 역할을 전혀 하지 못하며 오로지 대외 홍보 목적으로 만들어진 명목상의 정당인 경우가 많다. 공산주의 국가가 초기에 공산당을 유일 정당으로 세웠다가 후에 정권 선전 차원에서 허수아비 정당들을 세운 것이 그 대표적인 예이다. 우세 정당체제에는 실제적인 야당이 존재하나 지배 정당에 유리한 선거 절차와 제도적 장치 때문에 정권 교체는 일어나지 않는다. 1950년대~1970년대에 제3세계의 개발도상국에 등장했던 여러 형태의 독재 정권들이 이에 해당한다.

양당체제(two-party system)는 유사한 세력을 가진 두 개의 정당이 공존하며 이들 간에 정권 교체가 반복적으로 이루어지는 정당체계이다. 양당체제는 과반수의 의석을 확보하는 정당이 나타나기 때문에 단독 내각의 구성이 가능하고 정국 운영의 책임 소재가 분명해지는 장점이 있다. 유권자의 입장에서도 선택이 용이하다는 이점이 있다. 반면에 두 개의 정당이 이익결집 기능을 수행하게 되므로 광범위한 사회여론을 정부의 정책에 반영하는 데에 한계가 있고 소수 의견이 무시될 가능성이 높다. 선거에 참여하는 유권자의 선택의 폭도 제한된다. 그럼에도 불구하고 세계적으로 양당제에 대한 관심이 높은 것은 양당체제가 갖는 장점과 함께 영국과 미국 등 모범적인 선진국이 양당체제를 유지하고 있기 때문인 것으로 보인다. 그러나 양당체제는 의도적으로 노력해서 만들어지는 것이 아니고 사회의 계층구조, 정치문화적 특성, 이념적 스펙트럼의 범위와 같은 사회정치적 요인들의 영향을 받는다. 한국을 포함하여 여러 나라가 양당제를 지향하였지만 영국과 미국처럼 안정적인 양당체제가 구축되지 못한 것은 그 방법이 틀려서라기보다는 이들 나라의 사회정치적 요인들이 양당제에 적합하지 않기 때문이라고 말할 수 있다.

다당체제(multi-party system)는 세 개 이상의 정당이 공존하면서 정권 교체의 경쟁을 벌이는 정당체제이다. 다당체제는 다시 온건적 다당제와 극단적 다당제로 구분되는데 온건적 다당제는 보통 3~5개의 정당이 서로 경쟁하는 체제이고 극단적 다당제는 그보다 많은 수의 정당이 병존하며 경쟁하는 체제이다. 극단적 다당제의 경우 유권자의 선택 폭이 넓어지고 사회대중의 다양한 입장이 다수의 정당을 통하여 정치에 반영될 가능성이 있다. 그러나 선거에서 승리한 제1당이 의회 내 과반수 이상의 의석을 확보하기 어렵고 단독 내각보다는 연립 내각에 의해 정부가 운영되므로 정국이 불안정할 가능성이 높다. 그 때문에 많은 국가가 극단적 다당체제를 꺼려하나 이 역시 의도적인 노력과 인위적인 조정으로 만들어지지 않으며 사회의 계층구조, 정치문화적 특성, 이념적 스펙트럼 등과 같은 요인으로부터 영향을 받는다. 앞에서 언급한 정당체제의 유형에 따른 특징과 사례를 정리하면 <표 16>과 같다.

<표 16> 정당체계의 유형

유형	구분	주요 특징	사례
일당 체제	단일 정당체제	1개의 유일 정당이 존재	초기 공산주의 국가
	패권적 정당체제	1개의 지배 정당과 허수아비 정당들이 존재	후기 공산주의 국가, 정권홍보 목적
	우세 정당체제	1개의 지배 정당과 약세 야당들이 존재, 정권교체 불발	한국 제4공화국 유신정권, 필리핀 제4공화국 마르코스 정권
양당 체제	양당 체제	비등한 세력의 2개 정당이 존재, 반복적 정권교체 발생	영국, 미국
다당 체제	온건적 다당체제	3-5개의 정당이 공존, 정권교체 경쟁	네덜란드, 스위스
	극단적 다당체제	6개 이상의 정당이 공존하며 경합	프랑스 제4공화국, 이탈리아

선거제도와 정당

앞서 지적한 바와 같이 정당체계의 변화는 사회정치적 요인들의 영향을 받지만 정당법과 선거제도와 같은 인위적 장치에 의해서도 영향을 받는다. 민주정치에서 선거는 정당이 정치권력을 획득하는 관문이며 선거 결과에 따라 정당 간의 우열이 결정된다. 선거 경쟁에서 지속적으로 저조한 성과를 내는 정당은 얼마 가지 못해 존폐의 기로에 설 수밖에 없다. 보통선거, 평등선거, 직접선거, 비밀선거의 4대 원칙에 의해 치러지는 민주선거에서는 국민 누구에게나 동등한 투표권이 주어지며 유권자가 직접 그리고 비공개적으로 투표를 하게 되어 있다. 그러나 민주선거의 4대 원칙 하에서도 여러 형태의 선거제도가 가능한데 두 가지의 핵심 사항 즉, 선거구의 책정 방식과 승자의 결정 방식을 어떻게 정하는가에 따라 선거제도가 달라진다.

첫 번째 요인인 선거구는 당선자를 선출하는 지역적 단위를 말하며, 선거구별로 한 명의 당선자만 선발하는 소선거구 제도와 2~3명의 당선자를 선출하는 중선거구 제도, 그보다 많은 수의 당선자를 뽑는 대선거구 제도로 나뉜다. 이들 세 유형의 선거구 제도는 각기 장단점을 가지고 있는데 소선거구 제도는 유권자의 선택이 비교적 간단하고 승부가 확실하다는 특징이 있다. 소선거구 제도는 대중에게 잘 알려진 거대 정당에 유리하기 때문에 군소 정당을 정리하는 데에 유용한 방법으로 알려져 있다. 반면에 소선거구 제도에서는 승자독식 현상이 발생하기 때문에 선거가 과열되고 사표가 많이 발생하는 문제점이 있다. 또한 유권자에게 친근한 지역 인사가 유리하므로 후보자의 역량보다는 개인적 관계가 당선에 영향을 미치는 것으로 알려져 있다. 대선거구 제도는 소선거구 제도와 반대의 모습을 보인다. 선거 경쟁에서는 선거구를 어떻게 설정하고 어떤 후보를 어느 선거구에 내보내는가가 개인 후보자나 정당의 입장에서 승패의 결정적인 관건이 된다. 그 때문에 선거구 획정과 후보자 공천을 둘러싸고 정당 간에 그리고 정당 내부에서 치열한 다툼이 발생한다. 선거구별로 "친정, 험지, 적지" 등의 꼬리표가 붙어 다닌다. 그래서 정치인 자신과 소속 정당에 유리하게 선거구를 변경하려는 게리맨더링(Gerrymandering)의 유혹이 항상 존재한다.[56]

두 번째 요인인 승자 결정 방식은 후보자 중에 최종 당선자를 결정하는 방법을 말한다. 그중 단순다수제도는 한 표라도 많이 획득한 후보를 최종 승자로 결정하는 방식이다. 단순다수제도에서는 유권자의 선거 참여율과 후보자의 득표율이 모두 낮을 경우 전체 유권자 가운데 소수 인원의 지지로 당선이 확정되므로 당선자의 대표성이 문제가 된다. 이에 비해 절대다수제도는 후보자 간의 득표 차이만을 가지고 당선자를 결정하지 않고 선거절차에 부과된 요건도 충족해야 선거의 승리를 인정하는 방식이다. 보통 일정 비율 이상의 투표율이나 과반수 이상의 득표율을 승리의 요건으로 부과한다. 그

---

56 게리맨더링은 특정 후보나 특정 정당이 더 많은 의석을 얻도록 선거구를 지리적 구역과 다르게 기형적인 모양으로 분할하는 것을 말한다. 1812년 미국 매사추세츠 주의 주지사였던 엘브리지 게리(Elbridge T. Gerry, 1744~1814)가 자기 정당에 유리하게 선거구를 획정한 데에서 유래되었다.

래서 유권자의 투표율이 기준보다 낮을 경우에는 투표지를 개봉하지 않고 재선거를 치르기도 하고, 1차 투표에서 과반수 득표자가 없을 경우에는 1, 2위 후보가 2차 결선투표로 승자를 정하게 된다. 절대다수제도는 단순다수제도가 갖는 문제점을 보완하는 장점이 있으나 선거 절차가 복잡하고 시간과 비용이 더 많이 소요되는 약점이 있다. 다른 한편 비례대표제도는 후보자 개인이 아닌 정당을 대상으로 투표를 하고 정당 득표수에 비례하여 정당이 추천한 비례대표 당선자를 뽑는 선거제도이다. 한국의 경우에는 한때 지역구 의원 후보자들의 득표수를 정당의 득표수로 이양하여 계산하는 방식을 택하기도 하였으나 현재는 정당에 대한 투표를 기반으로 비례대표제도를 시행하고 있다.

이상과 같이 살펴볼 때 선거구 별로 한 사람을 선출하는 소선거구 제도와 한 표라도 많이 받은 후보를 승자로 결정하는 단순다수제도의 조합이 후보자들에게 가장 살벌한 선거제도라고 말할 수 있다. 이 경우 선거는 단판 승부의 게임이 되며 승자 독식(the-winner-takes-it-all)의 결과를 낳는다. 한국의 선거제도는 오랫동안 이 유형을 유지하고 있는데 그 주된 이유는 군소정당의 난립을 막고 선거의 비용과 시간을 절약하기 위해서인 것으로 알려져 있다.

현대 정치에서 선거는 공직자를 선출하는 정치 충원의 기능을 수행한다. 또한 선거는 민의의 반영을 통해 공직자의 지위와 정부의 공권력을 정당화하는 기능을 수행한다. 유권자의 입장에서 선거는 시민의 정치적인 의사를 표현하는 기회이자 집권 여당을 평가하고 감독하는 방법이다. 선거를 통한 시민의 정치참여는 정치사회화의 기능과도 연결된다. 많은 시민은 선거에 참여하면서 정치에 관심을 갖고 정치를 배우게 되기 때문이다.

이렇듯 민주정치에 중요한 선거제도이지만 전체적으로 낮은 투표율은 문제가 된다. 낮은 투표율이 시민의 정치적 무관심과 나태함의 결과라면 이는 민주시민의 의무를 저버린 행위로서 정치발전에 걸림돌이 된다. 그러나 낮은 투표율이 시민의 침묵적 항의를 표현하는 것이라면 투표율을 높일 방안을 마련하는 데에 고심을 해야 한다. 그래서인지 선거제도에 투표 참여율 요건을 강화하는 나라가 늘고 있다. 이보다 한 걸음 더 나아가서 오스트리아와 벨기에 등 27개 국가는 강제투표제도 혹은 의무투표제도를 도입하였다.[57] 이는 합당한 이유 없이 선거에 불참하면 과태료 등의 불이익을 주는 제도이다. 강제투표제도는 선거가 시민의 권리일 뿐만 아니라 의무라는 점을 근거로 한다. 한편, 근래에는 전자투표가 보편화되는 추세이고 이와 관련하여 전자투표의 신뢰성 확보 문제가 뜨거운 쟁점이 되고 있다. 이와 관련하여서는 본서의 앞부분에서 논의한 바와 같이 공개장부형의 블록체인(Blockchain) 기술이 디지털 정보의 신뢰성 문제를 해결할 수 있을지 그 귀추가 주목된다.

57 International IDEA (Institute for Democratic and Electoral Assistance), https://www.idea.int/data-tools/data/voter-turnout/compulsory-voting, 2022.08.15 참조.

05 정부 형태는 어떤 영향을 미치는가

이익집단과 여론에 의해 표출된 사회구성원들의 의견이 정당에 의해 정책대안으로 결집이 되면 전체 공동체를 대표하는 집단의사가 결정될 단계에 도달한다. 이 단계에서는 정부가 국가의 권위와 공권력을 바탕으로 공공정책을 수립한다. 그 역할을 위해 행정부와 입법부가 전면에 나선다. 그러나 같은 민주주의 국가라 하더라도 정부의 형태에 따라 정부기관 사이에, 특히 입법부와 행정부 사이에, 정책결정에 관한 권한체계가 다르게 구성된다. 국가 정책을 결정하기 위해서는 정부기구 가운데 누가 정책결정과정을 주도하며 어떤 절차와 요건에 따라야 하는지가 정해져야 하는데 그에 대한 답은 정부 형태에 따라 달라진다. 이 점에서 정부 형태는 국가 정책의 결정체계를 정하는 중요한 요인이 된다.

의회제 정부

의회제 정부(the parliamentary government)에서는 행정부 내각이 입법부 의회로부터 구성되며 의회의 신임을 전제로 활동하기 때문에 입법부가 정치의 중심이 된다. 의회제 정부에서는 총선 결과 과반수 의석을 확보한 다수당이 집권당이 되거나 과반수 의석을 차지한 정당이 없을 경우 복수의 정당이 연립 여당을 결성하여 행정권을 담당할 내각을 구성한다. 대개의 경우 제1당의 대표가 수상 혹은 총리를 맡고 다수당 의원 중에 일부가 내각 각료로 선발되어 장관과 의원직을 겸한다. 의회를 통해서 행정부 수반과 각료가 선출되므로 내각은 의회 내의 국가행정 집행위원회와 같은 성격을 갖게 된다. 이처럼 의회제 정부에서는 입법부와 행정부가 인적 구성이나 업무 관계 면에서 긴밀한 연결 구조를 가지고 있으며, 이 점에서 의회제 정부는 입법부와 행정부 사이에 '권력의 융합'을 기본 원리로 하는 정부 형태라고 말할 수 있다.

의회제 정부 형태도 어느 기관이 정국을 주도하는가에 따라 세분되기도 한다. 예를 들어 내각에 권한이 집중된 내각책임제(the cabinet government) 유형과 의회의 권한이 우월한 의회중심제(the assembly government) 유형 그리고 수상의 권한이 강한 수상중심제(the chancellor government) 유형의 의회제 정부가 존재한다.[58] 그럼에도 불구하고 의회제 정부는 다음과 같은 공통점을 가지고 있다. 첫째로, 입법부와 행정부 사이의 긴밀한 협조 및 융합관계이다. 앞서 언급된 바와 같이 행정부 각료는 대부분 의회 내 다수당의 의원들과 같은 정당 소속이며, 내각이 의회에서 선출되므로 의회와 내각은 같은 뿌리를 가지고 있다. 내각 각료들은 의원직을 겸하므로 법률안 제출권과 의회 출석 및 발언권을 가지고 있다. 둘째로, 행정권이 수상과 국가원수에게 이원화되어 있다. 수상은 행정부 수반으로서 국정에 관

---

58 19세기 영국과 프랑스 제3, 4 공화국이 의회중심제 유형에 속하며, 20세기 영국은 내각책임제 유형에 가깝고, 독일은 수상중심제 유형에 속한다고 볼 수 있다. 이범준 · 신승권 공저, 『정치학』(서울: 박영사, 1996), pp. 129-142.

한 실질적인 업무를 관장하지만 국가를 대표하는 국가원수의 지위는 국왕이나 민선 대통령에게 부여된다. 셋째로, 입법부와 행정부 사이에 상호 견제와 힘의 균형을 위한 장치를 갖추고 있다. 내각은 의회에서 선출되고 의회의 신임 속에서 존속하므로 의회에 내각 불신임의 권한이 주어지나 동시에 내각에도 의회 해산권을 부여하여 양대 기관 사이에 힘의 균형을 맞추고 있다.

의회제 정부가 갖는 장단점을 생각해 볼 때 의회제의 본래 취지대로 의회와 내각이 '권력의 융합' 원리를 발휘하여 긴밀하게 협력할 경우 국정 수행의 능력이 크게 향상될 것으로 기대된다. 그러나 군소 정당이 난립하는 극단적 다당체제에서는 단독 내각보다는 연립 내각이 등장하므로 의회제 정부는 불안정한 정국을 맞이할 가능성이 높다. 극단적 다당체제가 아니더라도 내각과 의회 내 다수당 의원들이 야합할 경우 다수당에 의한 독주가 가능해진다. 의회제 정부에서는 행정부와 입법부 사이의 권력 분배가 엄격하지 않기 때문에 다수당의 횡포를 제도적으로 막을 수 있는 방법이 적다.

대통령제 정부

대통령제 정부(the presidential government)는 의회제 정부와 달리 '권력의 분립'을 기본 원칙으로 하며 입법부, 행정부, 사법부 간에 상호 견제와 균형을 중시하는 정부 형태이다. 그래서 입법부와 행정부 사이에는 구성과 설립 그리고 업무와 기능 등 다방면에서 엄격한 경계선이 그어져 있다. 오늘날 대통령제 정부 형태를 가지고 있는 국가가 많지만 그 제도적 원형은 18세기말 미국에서 창안된 대통령제 정부라고 말할 수 있다. 미국이란 국가의 기초를 놓은 건국의 아버지들은 로크(Locke)와 몽테스키외(Montesquieu)가 주장한 권력 분립의 원칙을 토대로 미국의 정부 형태를 구상하였다.

대통령제 정부의 첫 번째 특징은 입법부와 행정부 간에 인적, 기능적 분리와 독립이다. 대통령은 의회 선거가 아닌 별도의 선거를 통해 국민이 직접 선출하고 특별한 결격 사유가 없는 한 그의 임기가 보장된다. 행정부 각료들은 대통령이 선발하며 각료의 임기는 대통령의 결정에 좌우된다. 의회제 정부의 내각불신임 제도는 대통령제 정부에 존재하지 않는다. 또한 미국 대통령제에서는 대통령과 각료의 의원 겸직이 금지되어 있고, 법률안 제출권과 의회 출석 및 발언 권한도 부여되지 않는다. 그만큼 행정부와 입법부가 업무적으로 분리되어 있다고 볼 수 있는데 대통령제 정부는 본래 행정부가 의회로부터 독립하여 행정권을 행사하게 하는 데에 초점을 둔다. 이렇게 볼 때 한국은 대통령제의 정부 형태에 의회제의 요소를 가미한 정부 구조를 가지고 있다고 말할 수 있다. 전반적으로는 대통령제에 가까우나 행정부 각료인 국무위원이 국회의원직을 겸할 수 있게 허용한 것이나 국무위원이 국회에 출석하고 발언할 수 있는 것 그리고 국회가 국무위원의 해임을 건의할 수 있는 것 등은 미국식 대통령제도에는 없는 한국 정부만의 특징이라고 볼 수 있다.

두 번째 특징은 행정권이 일원화되어 있는 것이다. 대통령제 정부에서 대통령은 행정부 수반으로서 실질적인 행정권을 행사할 뿐만 아니라 국가를 대표하는 국가원수이기도 하다. 행정부 각료는 대통령을 보좌하는 사람들이며 각료들로 구성된 내각이나 국무회의는 실질적인 의사결정 기구라기보다는 대통령의 업무 수행을 돕는 관례적 기구로서의 성격을 지닌다.

세 번째 특징은 입법부 - 행정부 - 사법부 간에 상호 견제와 균형 장치를 갖추고 있다는 것이다. 예를 들어 의회의 입법권은 대통령의 법률안 거부권과 법원의 사법심사권에 의해 견제되며, 대통령의 행정권은 의회의 조약비준권과 고위공무원에 대한 임명동의권 및 탄핵권에 의해 그리고 법원의 사법심사권에 의해 견제를 받는다. 법원의 사법권도 예외가 아니어서 대통령의 대법관 지명권과 의회의 임명동의권이 법원에 대한 견제 수단으로 작용한다.

대통령제 정부 형태가 갖는 최대의 장점은 대통령이 임기 동안 의회보다 국민에게 책임을 지고 독자적으로 행정권을 수행하기 때문에 정책의 일관성과 정국의 안정을 이루기 쉽다는 것이다. 그러나 의회와 행정부가 정면으로 충돌할 경우 대통령제에서는 이를 해결할 제도적 장치가 없으므로 정책의 마비와 정국의 경색이 오랫동안 이어질 수 있다. 또한 대통령이 여당의 맹목적인 지지를 업고 자신에게 주어진 방대한 행정권을 휘두를 경우 비상대권이나 각종 행정조치를 통하여 자신을 다른 정부기관보다 우월한 지위에 놓는 것이 가능하다. 과거 중남미 지역이나 기타 개발도상국가에 대통령제 정부가 도입되었지만 얼마 되지 않아 독재정치와 장기집권 사태가 이어졌던 사실이 그 증거이다. 의회제 정부와 마찬가지로 대통령제 정부도 장단점을 가지고 있기 때문에 그 성과는 제도 자체보다는 제도를 운용하는 정치인과 그들을 선출하는 유권자 시민에게 달린 것으로 봐야 한다.

이원집정부제 정부

이원집정부제 정부(the dual executive government)는 의회제와 대통령제의 요소를 결합한 정부 형태로서 혼합제 정부의 대표적인 유형이다. 이 제도는 과거 오스트리아, 핀란드, 바이마르 독일 등에서 시행되었고 그 현대적 사례는 프랑스 제5공화국이라 할 수 있다. 프랑스 제5공화국의 경우에 대통령과 수상이라는 두 명의 집정관이 존재하며 평상시 대통령은 외교와 국방 업무를, 수상은 내정에 관한 업무를 맡아 왔다. 수상은 대통령이 지명하나 의회의 동의가 있어야 임명할 수 있고 수상과 내각은 의회제 정부에서와 같이 의회에 대하여 책임을 진다. 의회는 내각에 대해 불신임 권한을 가지고 있으며 의회가 내각을 불신임한 경우 대통령은 의회를 해산할 수 있다.

반면에 대통령은 의회로부터 독립되어 있다. 대통령은 국민에 의해 선출되며 그의 직책은 의회의 신임을 전제로 하지 않는다. 국가 비상시에는 대통령이 수상과 각료를 제치고 내정에 행정권을 행사할 수 있을 뿐만 아니라 긴급조치권을 발동할 수 있다. 대통령은 최고 사법기구의 위원을 임명하는 권한을 통하여 사법부를 통제한다. 이와 같이 프랑스 제5공화국의 대통령은 내각과 의회와 법원을 지휘 감독하는 우월적 지위에 있고 그만큼 대통령의 개인적 신념과 역량이 국정의 향방에 중대한 영향을 미치게 된다.

이원집정부제는 평상시에는 수상 중심의 의회제 정부 형태로 운영하다가 위기 시에는 '영도적 대통령제'의 정부 형태로 운영하려는 의도를 가진 것으로 볼 수 있다. 그러나 현실 정치세계에서 의회제와 대통령제 정부 형태 사이의 혼용과 전환은 누구에게나 낯선 일이며 처음 의도처럼 간단한 일이 아니다. 이원집정부제의 성과는 그 정점에 있는 대통령 개인의 영도력과 정치력에 크게 의존할 수밖에 없는데 그런 자질과 역량을 가진 지도자가 연이어 등장하는 것은 쉬운 일이 아니다. 그래서 역사적으로 이원집정부제는 단명하는 경우가 많았다. 국가적 위기나 정치적 파동이 지난 후 이원집정부제는 대통령제나 의회제 중의 하나로 전환되는 모습을 보인다.[59]

정책결정이론의 모델들

앞서 살펴본 바와 같이 정부 형태는 정책결정 과정에서 누가 주도하고 어떤 절차로 공공정책이 확정되는지에 대한 게임의 규칙을 알려 준다. 그러나 정책결정과정과 관련된 세부 사항은 외부에 공개되지 않고 정책결정기구의 블랙박스(black box) 상태로 남아 있는 것이 일반적이다. 정책 사안에 따라 정부기관 사이의 비중이 달라지고 상황의 긴급함 정도에 따라 정책결정 참여자의 범위가 달라지는 것

---

59 Arend Lijphart, "Introduction," in A. Lijphart, ed., *Parliamentary Versus Presidential Government* (Oxford: Oxford University Press, 1992), pp. 2-4.

이 보통이다. 정치학의 정책결정이론은 정책결정이 이루어지는 상황에 대해 몇 가지 다른 해석과 분석을 내놓고 있다.

첫 번째로, 합리적 행위자 모델(rational actor models)은 국가의 정책결정자들이 하나의 행위자처럼 움직이며 합리적인 접근과 선택을 할 수 있다고 본다.[60] 그 같은 합리성의 근거로 정책결정자들은 1) 정책 목표를 분명히 알고 있고, 2) 문제 상황과 정책 대안에 대한 정보를 가지고 있으며, 3) 이를 바탕으로 목표 달성에 가장 효과적이고 효율적인 대안을 선택할 수 있다고 본다.

두 번째로, 점증주의 모델(incremental models)은 많은 정책결정이 문제 상황과 정책 대안에 대한 정보가 부족한 상태에서 진행된다고 본다. 따라서 국가의 정책은 과감하고 혁신적인 변화를 가져오기보다는 기존의 정책 틀을 유지한 채 상황에 따라 점진적으로 수정해가는 방식으로 결정된다고 본다.[61] 점증주의 모델은 합리적 행위자 모델의 두 번째 가정 즉, 정책결정자들의 문제 상황과 정책 대안에 대한 정보의 수집 가능성에 대해 의문을 제기한다.

세 번째로, 관료조직 모델(bureaucratic organization models)은 정책결정에 참여한 기관들이 합리적 분석과 객관적인 평가보다는 기관 특유의 조직문화와 부서 간 경쟁에 휩싸이는 경향에 주목한

60 그 대표적 예로 Graham T. Allison, *Essence of Decision: Explaining the Cuban Missile Crisis* (Boston: Litte, Brown and Company, 1971), pp. 30-33 참조.

61 그 대표적 예로 Charles E. Lindblom, "The Science of 'Muddling Through'," *Public Administration Review*, vol. 19 (1959), pp. 79-88; Richard F. Fenno, Jr., *The Power of the Purse: Appropriations Politics in Congress* (Boston: Little, Brown and Company, 1966) 참조.

다.[62] 관료조직 모델은 그 강조점에 따라 더 세분화되는데, 참여 기관의 조직문화가 정책결정에 미치는 영향에 주목하는 조직과정 모델(organizational process model)과 참여 기관의 상호관계와 정치적 영향력이 정책결정에 미치는 영향에 주목하는 관료정치 모델(bureaucratic politics model)이 그 예이다. 관료조직 모델은 합리적 행위자 모델의 세 번째 가정 즉, 정책결정자의 합리적 선택 능력에 대해 의문을 제기한다고 볼 수 있다. 아래 <표 17>은 세 가지 정책결정 모델의 주요 특징을 정리한 것이다.

<표 17> 정책결정모델의 비교

	합리적 행위자 모델	점증주의 모델	관료정치 모델
정책 목표	1. 분명한 정책 목표 수립	1. 정책 목표 수립	1. 정책 목표 수립
정책 정보	2. 상황과 대응방안 관련 정보 확보	2. 시간과 정보의 부족	2. 필요 정보 확보
정책 선택	3. 최적의 목표 달성 방안 선택	3. 기존 정책의 수정과 보완 방식 채택	3. 참여자 특성과 상호관계가 대안 선택을 지배

위에서 살펴본 정책결정 모델들은 국가 정책이 결정되는 내부의 상황과 분위기가 모두 한결 같지 않다는 점을 시사한다. 국가와 정권에 따라 특정의 정책결정 모델이 지배적인 패턴으로 나타날 수

62 그 대표적 예로 Allison, *Essence of Decision: Explaining the Cuban Missile Crisis*, pp. 264-277; Robert E. Goodwin, "The Logic of Bureaucratic Back Stratching," *Public Choice*, vol. 21 (1975), pp. 53-67 참조.

도 있고 여러 정책결정 모델이 정책 사안과 상황에 따라 교차하여 나타날 수도 있다. 여기서 중요한 점은 정책결정 과정을 제대로 분석하기 위해서는 정부의 형태뿐만 아니라 국가별 정책결정체계의 특징도 잘 살펴봐야 한다는 것이다.

06 관료조직이 정치적으로 중요한 이유는 무엇인가

관료조직의 의미와 특성

현대 문명사회의 모든 국가는 정부 업무를 집행하기 위한 행정조직과 관료집단을 보유하고 있다. 이들 조직과 집단을 통해서 공공정책이 사회 현장에 집행된다. 본래 관료란 직업적으로 행정관리 업무에 종사하는 사람을 말하며, 관료조직은 통상적으로 국가행정 업무를 담당하고 있는 직업공무원 집단을 지칭해왔다. 방대한 정부 업무를 매번 다른 사람이 맡아서 처리하는 것은 비효율적일 뿐만 아니라 사실상 불가능하기 때문에 관료제도는 비효율성을 극복하기 위한 방안으로 간주되어 왔다. 그래서 정부와 같은 공공조직뿐만 아니라 기업이나 일반 사회단체의 경우에도 조직의 규모가 커지고 업무가 복잡해지면 관료제도가 강화되는 모습이 나타난다.

관료조직과 관료집단에 대해서는 역사적으로 긍정과 부정의 평가가 엇갈려 왔으며 이 같은 이중적 평가는 현시대에도 이어지고 있다. 근대 관료조직이 처음 등장하였을 때 관료제도는 합리적 행정의 대명사로 찬사를 받았다. 관료제도의 등장으로 그 이전까지 공무원 선발에 적용되었던 후견인 제도(patronage system)와 엽관제도(spoil system)는 후보자의 경력과 자격 요건을 따지는 실적제도(merit system)로 바뀌었고, 국가는 능력을 갖춘 공무원 집단이 전담하는 행정체계를 갖춤으로써 업무 집행의 전문성과 효율성이 높아질 것으로 기대되었다.

이 같은 입장은 막스 베버(Max Weber, 1864~1920)의 관료제 이론에서 잘 나타난다. 그는 관료제가 전통에 의한 지배나 카리스마에 의한 지배보다 훨씬 더 합리적인 지배를 가능하게 하는 우월한 행정조직이라고 인정하였다. 그는 관료제가 전문성을 기준으로 공무원을 선발하고, 권한과 책임이 잘 정비된 직위체계 속에서 개인 인격성을 최대한 배제한 채 업무의 분업과 목표의 통일성을 추구하는 것에 큰 기대를 걸었다. 그는 관료제가 산업사회의 발달에 따른 불가피한 추세라고 보았고, 관료제를 구비한 국가가 합리성과 합법성을 기반으로 공공선을 이룰 수 있다고 생각하였다.[63] 그의 관료제 이론은 관료조직의 합리성과 우월성을 강조하는 '합리적 행정 모델'에 속한다.

반면에 마르크스(Marx)는 관료조직을 계급지배의 도구로 간주하였다. 그는 베버(Weber)와 달리 관료제를 산업사회의 산출물로 인정하지 않았고 자본주의체제의 특수한 필요에서 비롯된 것으로 보았다. 즉, 자본주의 국가와 관료조직을 자본가 계급에 의해 장악된 채 자본주의체제를 방어하는 도구라고 간주한 것이다. 이 같은 견해는 랄프 밀리밴드(Ralph Miliband, 1924~1994)와 같은 20세기 네오마르크스주의자에게 이어진다. 그는 자본주의 국가의 고위직 공무원들은 정치적 중립성 요구에도 불구하고 자본가 계급과 동맹 관계를 형성해간다고 보았다. 신진 공무원들도 충원과 승진 절차를 거치면서 점차적으로 관료조직의 친자본주의 관행과 이데올로기에 동화된다고

---

63 Tony Waters and Dagmar Waters, eds., *Weber's Rationalism and Modern Society* (New York: Palgrave MacMillan, 2015), pp. 73-127 참조.

지적하였다. 이 점에서 마르크스주의의 관료제 이론은 관료조직을 자본주의체제를 지키기 위한 권력집단으로 보는 '권력블록 모델'에 해당한다.

1970년대에 들어와 관료조직에 대한 비판이 서구 사회의 신보수주의(Neo-conservatives) 그룹에 의해 대대적으로 제기되었다. 이들은 인간의 이기심에 기초한 합리적 선택이론(the rational choice theory)과 이를 공공부문에 적용한 공공선택이론(the public choice theory)을 토대로 관료집단의 욕구와 동기에 대해 의문을 가졌다.[64] 그들은 관료집단이 공무원의 이미지와는 무관하게 출세욕과 소속기관의 확장 또는 예산의 증대와 같은 동기를 가지고 있다고 보았고 그로 인해 나타나는 큰 정부에 대해 부정적 견해를 갖게 되었다. 신보수주의 그룹은 관료조직의 비시장적 성향에 대해서도 주목하였는데 관료집단은 시장의 신호와 압력에 흔들리거나 대응하지 않는다고 보았다. 그 결과 관료조직은 본질적으로 소모적이고 비효율적이며 그들이 제공하는 공공서비스의 질은 낮을 수밖에 없다는 인식이 뒤따랐다. 관료조직의 확대는 국가 행정의 공급과잉을 초래하는 원인으로 간주되었고, 신보수주의 그룹은 관료조직의 축소와 사적 부문의 시장화를 강조하였다. 이들의 관료제 이론은 관료조직을 행정 업무의 초과 공급을 초래하는 원천으로 보고 있다는 점에서 관료제의 '과잉공급 모델'을 제시한 것으로 볼 수 있다.[65]

---

64 그 대표적 예로서 William Niskanen, *Bureaucracy and Representative Government* (Chicago: Aldine-Atherton, 1971) 참조.

65 앤드류 헤이우드, 조현수 역, 앞의 책, pp. 661-664 참조.

이상과 같은 이중적 평가에도 불구하고 관료조직이 현대 정치 체제에서 지니는 중요성은 부인될 수 없다. 관료조직이 힘을 발휘하는 데에는 몇 가지 중요한 이유가 있는데, 첫 번째로, 정부 구성에서 관료집단이 차지하는 비율이 압도적으로 높다는 것이다. 정부별로 차이가 있지만 일반적으로 정부 인원의 99%가 국가의 행정 업무를 담당하는 행정관들(administrators)이다. 장관이 행정 부서를 지휘하고 정책을 결정하지만 장관은 수많은 행정관들에 의해 둘러싸여 있는 것이 현실이다.[66] 두 번째로, 관료조직은 장관과 정치인들에게 정책결정에 필요한 정보를 제공하는 역할을 한다. 이를 통하여 관료조직은 장관과 정치인이 받아보는 정보의 범위와 정책 대안의 선택에 영향을 미친다. 세 번째로, 행정관의 부서 근무 기간이 장관보다 길다는 점이다. 정치적으로 임명되고 교체되는 장관보다 행정관의 부서 근무 기간이 더 길기 때문에 행정관의 영향력은 장관보다 작더라도 더 오래 지속된다. 네 번째로, 법률안의 시행에 필요한 세부 내용과 규정은 대부분 행정기관의 관료집단에 의해 마련되며 그 과정에서 관료조직의 재량이 개입될 수 있다. 이러한 이유 때문에 현대 민주사회에서 '관료적 지배' 혹은 '공무원에 의한 지배'에 대한 우려의 목소리가 심심치 않게 제기된다.

66 예를 들어 미국에서는 20명이 안 되는 장관들이 600명 이상의 고위 공무원과 대면하게 되고, 영국에서는 장관 vs. 차관보다 낮는 직위의 공무원의 비율이 2:13인 것으로 집계된다. 앤드류 헤이우드, 조현수 역, 앞의 책, p. 678.

관료조직의 기능과 조건

현대 정치체제에서 관료조직이 중요하다고 보는 또 다른 이유는 관료집단이 수행하는 기능 때문이다. 관료조직은 국가행정 업무의 전담 기구로서 정책의 집행을 담당한다. 국가행정을 전담함으로써 관료집단은 정부 업무의 연속성을 높이고 정부가 질서정연하게 움직이게 함으로써 정치적 신뢰와 안정성을 높이는데 기여한다. 관료기구는 정책집행의 기능에 특화되어 있지만 정책결정에 필요한 정보의 제공과 정책 조언을 통하여 정책결정 과정에도 기여한다. 정책의 입안과 집행 과정에서 관료조직이 시민사회나 이익집단과 접촉하는 기회가 많은 경우에는 관료조직이 정당과는 다른 채널로 이익결집 과정에 참여하기도 한다.

관료조직이 제대로 역량을 발휘하고 본연의 기능을 잘 수행하기 위해서는 다음 몇 가지의 조건이 요구된다. 먼저 관료체제의 구성과 관련하여 세 가지의 원칙이 강조된다. 첫째는 업무 기능의 분업화 원칙이다. 관료체제에서는 거의 모든 업무가 기능 별로 분리되고 동일한 기능은 한 부서에 집중되는 방식을 취한다. 그래서 기업은 기능 별로 구분된 생산 부서, 영업 부서, 재정 부서 등과 같은 조직체계를 갖추고 정부 역시 국방, 외교, 교육, 산업통상 등의 부서체계를 갖추고 있다. 그뿐 아니라 실무 vs. 참모의 기능도 분리하는 것을 원칙으로 한다. 그에 따라 실무와 참모 기능은 각기 다른 인원들에 의해 수행되고 별도 보고 및 지시 채널이 가동된다. 둘째는 행동의 표준화 원칙이다. 관료조직은 단계별로 업무의 수행 방법을 정해 놓은 표준운영절차(standard operating procedure, SOP)에 따라 움직인다. 부서와 직책별로 업무 내용이 공식화되어 있는데 이는 업무 수행에서 개인의 인격성을 최대한 배제한 채 업무의 효율성과 안정성을 확보하려는 것과 관련이 있다. 셋째는 관리 통제의 집권화 원칙이다. 관료조직은 위계적 질서 속에서 움직이며 관료체제 내의 모든 직책은 상급자와 하급자를 분명히 하고 있다. 이 같은 위계질서와 중앙집권적 통제 방식은 관료조직의 분업화 원칙에도 불구하고 전체적으로 통일성을 잃지 않으려는 의도와 관련이 있다. 관료체제의 집권화 원칙은 거대한 관료기구가 하나의 조직체로 움직이게 한다.

다음으로 공무원의 신분이 보장되어야 한다. 특히 정권이 교체되더라도 공무원의 신분은 존속되어야 한다. 이 같은 신분보장의 원칙은 행정에서 정치를 배제하고 관료조직과 국가행정 업무의 안정성을 확보하기 위한 것이다. 공무원은 집권 정당이 누구이든지 간에 공공이익을 위하여 봉사할 수 있어야 한다는 것이다. 그 대신에 공무원의 정치적 중립성이 요구되고 공무원의 정치적 활동이 제한된다. 공무원이 특정 정당의 당직을 갖거나 기금을 조성하거나 홍보를 위해 공적 활동을 하는 행위는 금지되는 것이 보통이다. 또한, 공무원의 노조 활동에도 제한이 따른다. 공무원 노조의 설립이 허용되더라도 국정의 중단을 막기 위해 파업권은 부정되거나 엄격하게 제한이 되는 것이 일반적 추세이다.

다음으로 공무원의 선발 및 운용과 관련하여 실적제도(merit system)의 운영이 기본 원칙으로 강조된다. 권력층에 의한 후견인 제도라든가 집권 정당의 소유물 개념으로 공무원 직책이 배정되어서는 안 되고 공무원은 후보자의 능력과 공적에 근거해서 선발되어야 한다는 것이다. 현대 국가들은 대부분 경쟁시험을 토대로 공무원을 선발하는 추세이다. 미국 연방 공무원의 예를 보면 60%가 경쟁 근무직(competitive service)에 배치되는데 이들은 인사관리처(Office of Personnel Management, OPM)가 주관하는 자격시험에 합격한 후에 임명된다. 나머지 40%는 선발 경쟁시험이 면제되는 분야(excepted service)에서 근무를 하지만 이들을 고용하는 행정기관은 자체적으로 실적기준 제도를 적용한다. 우체국 직원, 국무부의 해외 근무 관리들, 연방수사국(FBI) 요원들이 그 대표적 예이다. 미국 연방 공무원 중에서 1~3% 정도가 시험 절차 없이 임용되는데 대통령이 임명하는 대사와 고위직 공무원이 채용하는 보좌관과 비서진 등이 이에 해당한다.[67]

관료제도의 쟁점

앞서 살펴보았듯이 역사적으로 관료제도에 대해 긍정과 부정의 이중적 평가가 있었듯이 현대 정치체제에서도 관료조직에 대해 두 가지의 상반된 요구가 교차하고 있다. 즉, 유능한 관료조직 vs. 민주적 관료조직에 대한 기대와 열망이 동시에 존재한다. 국가적으로는 유능한 관료조직에 의해 국가행정이 효율적으로 잘 운영되기를

---

67 오스틴 래니, 권만학 · 김경민 · 김계동 외 역, 『현대정치학』 (서울: 을유문화사, 1994), pp. 440-441.

바라는 마음이 있으나 다른 한편 관료조직이 강해져서 민주주의를 훼손하지 않을까 하는 우려도 존재하는 것이다. 그래서 민주정치체제에서 '관료정치'라는 말이 심심치 않게 등장한다. 여기서 '관료정치'란 관료조직이 주도하는 정치를 말하며, 이는 민주정치체제에서 당연히 부정적인 현상으로 간주된다.

관료정치에 대한 우려는 관료조직에 대한 민주적 통제 방안에 대한 논의로 이어진다. 초기에는 정치와 행정을 분리하는 방안이 강구되었고 이에 따라 행정관을 정책결정 과정에서 배제하는 조치들이 시도되었다. 그러나 정책을 입안하는 과정에서 행정관들이 수행하는 역할 때문에 그들을 정책결정 과정에서 완전히 배제하려는 방안은 실효를 거두지 못했고 다른 방안들이 시도되고 있다.[68]

첫 번째 방안은 행정관에 대한 감독과 평가를 관료조직의 내부에만 맡겨두는 것이 아니라 외부 기관도 할 수 있게 하는 것이다. 이를 위하여 여러 나라에서 의회의 위원회가 행정부서의 업무 내용을 조사하는 입법적 감시 제도가 도입되었고, 관료조직과 시민 사이에 분쟁이 발생하였을 경우 행정재판소가 개입하는 사법적 감독 제도가 도입되었다. 또한 시민과 행정기관 사이에 분쟁이 발생했을 때 국민의 대리인 역할을 하는 옴부즈맨(ombudsman) 제도가 활성화되고 있다. 불평처리관 혹은 시민보호관으로 일컫는 옴부즈맨은 국가행정에 대한 시민의 고충을 접수하여 중립적 입장에서 이를 조사하고 필요한 시정조치를 권고하는 일을 한다. 이상의 제도는 관료조직에

68 관료에 대한 통제 방안에 대해서는 앤드류 헤이우드, 조현수 역, 앞의 책, pp. 680-688 참조.

대해 의회와 법원과 시민의 감독 장치를 구축한 것으로서 관료조직에 대한 민주적 통제를 강화하려는 의도와 관련이 있다.

두 번째 방안은 고위직 공무원의 정치 활동을 허용하는 것이다. 고위직 관료의 경우 정치적 중립이 어렵다고 보고 정치화를 인정하는 것이다. 그 같은 방안에 따를 경우 특정 정당의 가입자나 지지자를 고위 공무원직에 임명할 수 있게 된다. 그러나 공무원의 정치화를 허용하는 방안은 정치와 행정, 정치가와 공무원 사이의 경계를 무너뜨리고 관료집단의 전문성과 신분 보장을 해칠 위험성이 따르므로 널리 시행되지는 않는다.

세 번째 방안은 관료조직에 맞서서 정책 경쟁을 벌일 수 있는 대항 관료(counter-bureaucracy) 조직을 설립하고 운영하는 것이다. 일반적으로 외부 전문가를 모아 행정기관에 상응하는 위원회를 설립하고 관료조직의 독주를 견제하게 한다. 일반인 전문가가 정책심의 과정에 상시적으로 참여하게 함으로써 관료조직에 대한 민주적 통제력을 높이는 방안이다. 그러나 대항관료조직의 활성화는 국가 행정기구 내에 중복 기관을 낳고 행정체계를 분열시킬 위험성이 있다.

이상과 같이 볼 때 관료조직에 대한 완벽한 민주적 통제는 기대하기 어려우며 유능한 관료조직 vs. 민주적 관료조직 사이의 딜레마는 계속될 것으로 전망된다.

Chapter 6 토론 사항

정치과정을 어떻게 잘 파악할 수 있을까? (접근 방법)

누가 그리고 어떤 조직이 정치과정에 참여하는가? (주요 행위자)

주요 행위자들은 각기 어떤 특징을 가지고 있는가? (특징)
: 이익집단, 사회여론, 정당, 정부조직, 관료조직

나라마다 다른 정치과정을 어떻게 비교할 수 있는가? (비교 방법)

Chapter 7
민주정치체제의 특징과 한계

"누가 감독자들을 감독할 것인가" 라는 오랜 질문에 대한 답은 단 하나뿐이다.
그 감독자들을 선택하는 자들이다"
– 제럴드 폼퍼 (Gerald M. Pomper, 1935~), 미국의 정치학자

"민주주의의 최대의 적은 약한 자이다"
– 테어도르 아도르노 (Theodor Adorno, 1903~1969),
독일의 사회학자 철학자, 피아니스트, 작곡가

개요

현시대의 대표적인 정치 이념이자 제도인 민주주의의 의미와 특성에 대해 살펴보고, 민주정치를 옹호하는 이론적 근거에 대해 알아본다. 민주정치의 가능성과 필요성을 부정하는 회의론의 근거를 알아보고, 민주정치제도가 갖는 약점과 한계에 대해 검토한다. 독재 권력과 독재정치가 세계 곳곳에 지속적으로 등장하는 이유에 대해 생각해본다. 많은 약점에도 불구하고 민주정치를 가치 있는 것으로 봐야 하는 이유를 생각해보고, 민주정치의 취약성과 지속가능 조건에 대해 살펴본다.

주요 개념어

01. 민주정치의 4대 특성, 민주정치 옹호론, 강한 평등의 원칙, 본질적 평등론, 이익 평등 고려의 원칙, 개인 자율성 추정의 원칙

02. 민주정치 회의론, 수호자주의, 소수지배론, 민주정치 제도의 한계

03. 독재정치의 유형, 권위주의와 전체주의, 21세기 민주적 독재, 합법적 독재 권력

04. 민주정치의 가치, 민주정치의 수용력과 대응력, 민주정치의 개방성과 불확실성, 민주정치의 지속가능 조건, 리더십 요건, 민주시민의 요건, 공화주의 전통

01 민주정치가 정답인가

앞에서 살펴본 정치과정의 흐름이 가장 원활하게 진행되는 곳은 민주정치체제라 할 수 있다. 민주정치체제가 아닌 경우 이익집단은 시민이 통제할 수 없는 정부의 눈치를 볼 수밖에 없고 의견표출의 내용도 정부에 대한 요구보다는 지지의 방향으로 쏠릴 가능성이 높다. 이익결집 기능도 민의에 민감한 대중 정당보다는 정부의 관료조직에 의해 실무 중심적으로 진행될 것이다. 정책결정도 정치권력을 장악하고 있는 집권세력의 내부 조정으로 이루어지고 정책집행도 관료조직에 의해 민주적 통제 없이 진행될 가능성이 높다. 민주정치체제가 아닌 경우 환류과정 역시 약할 수밖에 없는데 정부의 매스 미디어 통제로 인하여 사회 내 정치커뮤니케이션 기능이 둔화되기 때문이다.

그에 반해 민주정치체제는 앞 장에서 살펴본 바와 같이 정치과정의 각 단계별로 주도적인 역할을 수행할 구조를 갖추고 있으며 투입 - 산출 - 환류 과정을 통해 사회 환경과 소통하는 연결고리를 가지고 있다. 여기서 투입은 사회가 정치체계에 문제 해결을 위한 행동을 요청하는 것이고, 산출은 그 요청에 대한 정치체계의 응답이며, 환류는 사회와 정치체계 사이의 결산 과정이라 말할 수 있다. 정치체계이론의 관점에서 볼 때 정치체계와 사회 환경이 자연스럽게 그리고 활발하게 소통하는 민주정치체제야말로 가장 바람직한 정치 형태로 간주된다. 그러나 정치체계의 관점에서 벗어나 일반적 견지에서 바라볼 때에도 과연 민주정치체제를 최상의 정치 형태라고 말할 수 있는지, 민주정치가 정답인지에 대한 의문이 생긴다.

민주정치의 의미

민주정치란 민주주의 원리에 따라 움직이는 정치를 말하며, 민주주의는 인민 대중이 정치의 주체가 되어야 한다는 사상 혹은 그것을 실천하는 체제를 말한다. 한자어 민주주의(民主主義)로 번역된 영어의 데모크라시(democracy)는 그리스어의 데모크라티아(demokratia)에 근원을 두고 있는데 이는 인민 혹은 다수(demos)의 지배(kratos)를 의미하는 것이었다. 민주주의 개념은 후에 미국의 링컨(Abraham Lincoln, 1809~1865) 대통령에 의해 "인민의, 인민에 의한, 인민을 위한 정부(the Government of the People, by the People, and for the People)"라는 보다 세련된 문구로 표현되기도 하였다.

동양 정치에서도 백성을 위한다는 위민(爲民)사상, 백성을 사랑한다는 애민(愛民)사상, 백성을 근본으로 한다는 민본(民本)사상 등과 같이 민중과 관련된 여러 주장과 학설이 있었으나 인민의 정치적 주체성을 강조한 민주주의 사상과 제도는 약했다고 봐야한다. 이와 관련하여 맹자의 '여민'(與民) 사상이 거론되기도 하는데 이는 『맹자』에 나오는 '여민동락'(與民同樂, 백성과 즐거움을 함께 한다)에 근거한 것이다. 여민사상은 백성을 위한다는 위민(爲民) 사상보다 민주주의 색채를 더 강하게 띠고 있지만 군주 대신에 백성을 정치의 주체로 보는 것은 아니어서 민주주의 이념으로 보기는 어렵다.[69] 고대 그리스의 아테네에서 꽃피었던 민주주의의 이념과 제도는 고대 로마 공화정 이후에 역사에서 사라졌다가 근대 자유민주주의와 함께 부활하였고 현대에 와서는 동서양을 통틀어 가장 보편적인 정치이념이자 주목받는 정치제도로 자리 잡고 있다.

그렇다면 현대 정치의 대세를 이루는 민주주의의 기본 원리는 무엇인가? 민주정치다우려면 어떤 원리를 지켜야 하는가. 이 질문에 답하기 위해서는 민주주의 개념을 사상적인 측면과 제도적 측면으로 나누어 살펴볼 필요가 있다. 먼저 민주주의 사상은 인민이 정치의 주체라는 점에 초점을 둔다. 이를 위하여 자연법, 천부인권, 일반의사 등과 같은 개념들이 제시되었고 오늘날 국민주권론과 국민자치론이 민주주의의 이념적 규범으로 자리를 잡고 있다. 그러나 민주주의 이념의 선언만으로는 민주주의 정치라고 불릴 수 없으며 그 같은 이념을 실천할 제도적 장치가 구비되어 있어야 한다.

한편, 민주주의 제도는 인민 대중이 정치의 주체로 참여하는 정부 형태와 집단의사의 결정 방식을 말한다. 민주주의 제도는 현실 정치제도로서 민주주의가 갖추어야 할 조건에 해당되며 민주국가들의 제도를 연구해온 정치학자들에 의해 집중적으로 조명되었다. 그 결과 다원주의, 경쟁체제, 선택과 대표, 다수결, 권력 분립, 반대와 교체 등과 같은 개념이 민주정치 제도의 필수적 요소로 강조되고 있다. 그 외에도 달(Dahl)은 폴리아키(polyarchy)라는 다두정(多頭政) 개

69 맹자, 우재호 역, 『맹자』 (서울: 을유문화사, 2007), "권2 양혜왕장구 하" 참조.

념을 민주정치체제의 기본 조건으로 강조한 바 있다.[70] 그는 다두정에서는 대다수 시민에게 효과적인 시민권이 확대되어 시민이 시민권의 행사를 통해 정부 지도자를 반대할 수 있을 뿐만 아니라 투표에 의해 그들의 권력을 박탈할 수 있다고 보았다. 오스틴 래니(Austin Ranney, 1920~2006) 교수는 민주주의를 국민주권, 정치적 평등, 국민협의, 다수의 지배와 같은 원리들로 구성된 정부 형태로 규정하고 있다.[71]

이상에서 살펴본 바와 같이 민주주의 사상과 민주주의 제도가 강조하는 민주주의의 요소는 서로 다르지만 두 측면은 민주정치체제를 지지하고 보완하는 역할을 한다. 국민주권론과 국민자치론은 민주정치의 정체성을 지키기 위한 사상적 규범으로서, 다원주의와 권력분립, 경쟁체제 등은 민주정치를 실천하기 위한 제도적 원리로서 중요성을 지닌다. 그러나 이들 요소가 민주정치의 충분조건이라고 보기는 어려운데 그 이유는 민주정치를 실천하기 위한 구체적 방법과 제도적 요소는 사회 환경과 시대 상황에 따라 변하므로 확정적으로 규정하기가 어렵기 때문이다. 뒤에서 보는 바와 같이 민주정치는 보기보다 훨씬 복잡하고 심오한 특성을 지니고 있다.

---

70 로버트 달, 조기제 역, 앞의 책, "15장 3. 폴리아키," pp. 419-424.

71 오스틴 래니, 권만학 · 김경민 · 김계동 외 역, 앞의 책, "제5장 1. 민주주의의 작업적 정의와 원리들," pp. 156-164.

민주정치의 특성

정치제도로서 민주주의는 공동체의 집단의사를 결정하고 집행하는 방식과 관련이 있다. 이에 대해 민주주의 이념은 인민 대중이, 구체적으로는 성인 남녀 모두가, 집단의사의 결정에 참여할 수 있어야 하며 인민 다수가 결정하는 방향으로 공동체가 운영되어야 한다고 말한다. 여기서 한 가지 짚고 넘어가야 할 점은 이 같은 민주적 의사결정 방식이 공동체 의사결정의 유일한 방법이 아니라는 점이다. 역사적으로는 한 사람이 공동체의 집단의사를 결정하던 군주제와 소수의 사람이 결정하던 귀족제의 정부 형태가 민주제 정부보다 훨씬 오래 전부터 그리고 훨씬 오랜 기간 인간 사회를 지배해왔다. 그런 군주제나 귀족제와 비교할 때 민주주의 정부는 다음과 같은 특성을 지니고 있다고 볼 수 있다.

첫 번째로, 민주정치는 인민의 주권과 일반 대중에 의한 통치를 주장하므로 그 안에는 의사결정의 '다수성'을 지향하는 속성이 있다. 그렇기 때문에 군주정과 같이 한 사람에 의한 의사결정이나 귀족정과 같이 몇 사람에 의한 의사결정 방식은 그 성과가 아무리 뛰어나더라도 민주정치에서는 거부된다. 현대 대의제 민주주의 제도에서는 인민 대표들이 공동체 운영에 관한 의사결정을 내리고 있으나, 그들의 역할은 임기 동안에 한하며 그들의 대표직은 인민 대중의 선출과 위임에 따른 것이므로 대의제 민주정치는 귀족제의 과두지배체제와는 본질적으로 다르다고 볼 수 있다.

두 번째로, 민주정치는 일반 대중을 정치적 주체로 강조하므로 그 안에는 보통 사람들의 '민중성'을 지향하는 속성이 있다. 그렇기 때문에 뛰어난 능력과 자질을 갖춘 엘리트라도 일반 대중을 제치고 공동체의 집단의사를 결정하는 것이 허용되지 않는다. 민주정치에서는 인민 대중 모두가 정치권력의 주체로서 집단의사의 결정에 참여하고 동시에 그 결과에 구속을 받는 통치의 대상이 된다. 이처럼 민주정치는 공동체의 구성원들이 자신들의 행동과 관계를 규율할 집단의사를 결정하는 데에 참여하게 함으로써 스스로를 통치하는 자치(自治, self-rule)의 이념을 구현한다. 따라서 민주정치는 공동체 밖의 외부 세력이나 공동체 내부의 특권 세력에 의한 지배를 모두 거부하며 대의제 민주주의 제도에서 선출된 인민 대표들의 일방적인 독주에 대해서도 저항적 자세를 취한다.

세 번째로, 민주정치는 일반 구성원 사이의 개인적 차이를 따지지 않고 누구나 집단의사의 결정과정에 참여할 자격이 있다고 인정하므로 그 안에는 모든 구성원을 동등하게 바라보는 '평등성'을 지향하는 속성이 있다. 그 결과 민주정치체제의 시민은 학력, 재력, 직업, 건강 등 다방면에서의 차이에도 불구하고 국가와 공권력 앞에 법적으로 평등하고 동등한 지위를 인정받는다.

네 번째로, 민주정치는 공동체 속에서 나의 삶과 내가 속한 공동체의 운명을 동료 시민과 함께 결정하게 하므로 그 안에는 구성원 모두를 믿을 만한 동료로 인식하는 '동료 의식'이 내재되어 있다. 만약 동료라는 의식이 없거나 약해지면 나의 삶과 내 공동체의 운명에 영향을 미치는 집단의사 결정에 모든 구성원이 참여하는 것을 막으려 할 것이기에, 민주정치는 집단적 분열과 투쟁으로 전락하고 정치

공동체는 큰 위기에 빠질 것이다. <표 18>은 이상의 내용을 정리한 것이다.

<표 18> 민주정치의 지향 속성

지향 속성	내용
다수성	구성원 모두의 정치 참여와 다수의 의사결정 한사람, 소수에 의한 의사결정 거부
민중성	일반 대중, 보통 사람들의 정치 참여와 의사결정 특별한 신분계급이나 능력자의 정치 전담 거부
평등성	구성원 모두의 동등한 참여 자격 인정 개인 간 학력, 재력, 지위 상의 차이 불문
동료의식	동료 구성원과 공동체 미래를 함께 결정 구성원 간 적대감과 분열의 극복 내지 최소화

이상에서 살펴본 민주정치의 네 가지 속성은 민주정치체제가 잘 수립되고 유지되기 위한 조건이기도 하다. 동시에 이들 네 가지 조건은 민주정치가 정착되는 것이 쉽지 않은 일이며 오랜 준비가 필요한 과제임을 시사한다. 역사적으로 민주화 개혁이 늦거나 실패한 국가들은 대부분 민주정치의 속성에 부합된 사회적 · 문화적 여건을 갖추지 못한 경우가 많다. 민주정치가 실현되기 위해서는 우선 구성원 다수가 정치 주체로서 필요한 문화적 역량을 갖추어야 하고, 다른 구성원을 나와 동등하게 바라보는 인식의 전환이 있어야 하며, 나아가 사회 대중을 나의 삶과 내 공동체의 미래를 함께 결정할 수 있는 동료로 인정하는 것이 필요하다. 그럴 때에 구성원 서로가 상

대방의 능력과 자질을 신뢰하고, 동료 구성원이 집단의사의 결정과정에 참여하는 것을 용인하며, 결정된 결과가 내 생각과 다르더라도 승복하게 된다.

민주정치의 퍼즐

일반 대중이 정치의 주체가 되어 모두가 집단의사의 결정에 참여하는 민주주의 방식은 정치권력이 지배하는 통치 영역의 특성에 비추어 볼 때 상당히 예외적인 제도라 말할 수 있다. 오랜 세월 정치 영역에서는 권력을 가진 소수의 통치자와 그들을 따르는 다수의 피치자가 존재해 왔다. 그리고 통치자로부터 피치자에게로 명령과 지시가 흐르는 수직적 관계가 유지되었다. 그러나 민주정치는 '소수의 통치자 vs. 다수의 피치자'라는 구도를 '다수의 통치자 vs. 다수의 피치자'로 바꿔 놓았고, 통치의 흐름도 일방적이고 수직적인 것에서 쌍방향적이고 수평적인 것으로 바꾸어 놓았다.

민주정치는 자연 속 동물세계의 질서와도 차이가 난다. 자연 질서 속의 동물들은 거의 예외 없이 우두머리가 전체 집단을 통솔하는 모습을 보인다. 사자나 늑대뿐만 아니라 수 천 마리가 떼를 지어 이동하는 초식동물의 경우도 한두 마리의 우두머리가 전체 집단을 이끈다. 우두머리 자리를 놓고 경쟁자들 사이에 치열한 다툼이 계속 반복되면서도 동물의 세계는 우두머리가 군림하는 일인지배체제를 그대로 유지하고 있다. 인간 사회도 고대 국가의 탄생 이래 오랜 세월 일인지배체제와 소수지배체제가 지배적이었으나 민주정치체제의 등장으로 예외가 만들어졌다고 할 수 있다.

앞으로도 동물의 세계에는 민주정치 질서가 등장할 것으로 보이지 않으며 이런 견지에서 민주주의 제도는 인간 사회만이 가지고 있는 특별한 정치 질서라 말할 수 있다. 그만큼 민주주의 제도는 인간만이 가지고 있는 특별한 자질 즉, 집단 구성원들이 서로를 동등한 존재로 인정하고 공동 관심사를 함께 결정할 수 있는 능력을 보여주는 것이라 생각된다. 민주정치는 그 같은 동료관계와 협업 능력을 통하여 동물적인 지배 본능과 약육강식의 세계를 넘어서려는 도전의 의미를 지니고 있다고 볼 수 있다. 향후 인간 사회가 민주주의 제도를 통하여 지배와 피지배의 통치 대신에 자치를 어느 정도까지 실현할 수 있을지 궁금해진다.

민주정치 옹호론의 이론적 근거

그동안 정치사상 분야에서는 민주정치의 실현 가능성과 필요성을 옹호하는 많은 학설과 이론이 제시되어 왔는데 그 같은 주장의 이론적 근거는 크게 다음 세 가지로 나누어 볼 수 있다. 첫 번째 주장은 일반 구성원 모두가 스스로 통치할 수 있는 능력을 갖추고 있기 때문에 민주정치가 충분히 가능하다고 보는 견해이다. 이 같은 주장은 '강한 평등의 원칙'에 근거를 두고 있는데 어린이를 제외한 남녀 성인은 누구나 통치 능력을 가지고 있고 어떤 개인도 공동체의 의사 결정을 독점할 만큼 독보적으로 뛰어나지 않다고 본다. 그러나 '강한 평등의 원칙'과 일반 구성원의 통치 능력에 대해서는 많은 질문과 비판이 제기되었고 이 점은 민주정치 회의론자들과의 토론에서 주요 쟁점이 되고 있다.

두 번째 주장은 일반 구성원 모두가 뛰어난 능력과 자질을 가진 것은 아니지만 사람은 누구나 본질적으로 평등한 가치를 지니고 있으므로 각자의 가치를 실현할 기회를 가질 수 있도록 민주정치가 필요하다고 보는 견해이다. 이 같은 주장은 '본질적 평등론'에 기반을 두고 있는데 그 누구도 타인을 지배하고 복종시킬 만큼 우월한 가치를 지니고 있지 않다고 본다.[72] '본질적 평등론'은 다시 '이익 평등 고려의 원칙'으로 이어지는데 이 원칙은 각 사람의 가치가 같으므로 공동체의 삶 속에서 각자의 이익과 선이 동등하게 고려되어야 한다고 주장한다.[73] 그런데 집단의사의 결정 과정에서 그 누구도 본인 자신보다 자기 이익과 선에 대해 더 잘 알 수 없으므로 개인 각자가 최선의 판단자라는 '개인 자율성 추정의 원칙'이 추가로 강조된다. 결론적으로 모든 사람의 이익과 선이 동등한 비중을 지니고 있고, 각 개인이 자기 이익과 선의 최적 판단자이기 때문에, 모든 구성원은 자기 이익과 선에 영향을 주는 집단의사의 결정에 참여할 자격이 있는데 바로 민주정치가 그 같은 제도라고 보는 것이다.

72 존 로크, 권혁 역, 『통치론』 (서울: 돋을새김, 2019), "제7장 정치사회 또는 시민사회에 관하여," pp. 97-117 참조.

73 Stanley I. Benn, "Egalitarianism and the Equal Consideration of Interests," in J. R. Pennock and J. W. Chapman, eds., *Equality* (New York: Atherton Press, 1967), p. 174 참조.

세 번째 주장은 민주정치가 갖는 장점과 효과를 그 정당화의 근거로 삼는다. 특히 세 가지의 장점에 주목하는데 그 중 하나는 민주정치가 개인의 자유를 최대한 실현시킨다는 것이다. 민주정치가 개인의 자유와 권리를 촉진하며 자기 결정의 기회를 최대한 보장한다고 본다. 자기 결정의 기회를 갖게 하는 것은 개인의 자율성과 인격을 존중하는 것이기도 해서 민주정치를 다른 정치체제보다 도덕적으로 우월하다고 본다.

민주정치의 다른 장점으로는 개인의 능력과 자질을 계발하는데 매우 유용하다는 점이 언급된다. 존 스튜어트 밀(John Stuart Mill, 1806~1873)이 지적했듯이 민주주의는 모두가 정치생활에 능동적으로 참여할 기회를 주며 독립심, 자기 의존, 공공 정신과 같은 자질을 함양시킨다.[74] 일반 시민이라도 민주적 의사결정에 참여하다 보면 정책 대안과 결과에 대해 생각을 하고, 자신과 타인의 권리와 의무를 바라보며 책임 있는 행동을 하고, 토론과 소통 속에서 타인과 함께 결정하는 자질을 쌓게 된다. 반면에 비민주적 독재체제에서는 시민의 능력과 자질을 계발할 기회가 거의 없다.

민주정치가 갖는 또 다른 장점은 민주주의가 개인의 이익을 보호하는 훌륭한 도구라는 점이다. 민주정치에서는 인민 대중이 정치에 참여하기 때문에 자신들을 규제할 법안의 내용을 살피고 자신의 이익을 보호할 여지가 높다고 본다. 이익 보호의 성과는 개인별로 차이가 있겠지만 다수의 구성원이 공유하는 이익은 성취될 가능

---

74 John Stuart Mill, edited by Currin V. Shields, *Consideration on Representative Government* (Indianapolis: Bobbs-Merrill, 1958), p. 25 참조.

성이 높다. 실제로 민주정부에서는 국민 다수가 절실히 원하는 것은 이루어지는 반면 국민 다수가 원치 않는 것은 시행되지 않는다. 이에 비해 비민주적 독재체제에서는 인민 대중의 이익을 보호할 제도적 장치가 미약하다.

이상과 같이 민주정치의 가능성과 필요성을 옹호하는 주장을 접하게 되면 민주정치가 현실 정치제도의 정답으로 다가온다. 그러나 민주정치의 가능성과 필요성에 대해 의문을 제기하는 견해도 만만치 않은 게 사실이다. 민주정치에 대한 최종적 평가를 내리기 전에 민주정치에 대한 회의론 입장도 검토해볼 필요가 있다.

02 민주정치에 대해 불신과 비판이 생기는 이유는 무엇인가

민주정치 회의론의 이론적 근거

정치학의 역사를 보면 민주정치에 대한 회의론이 옹호론보다 훨씬 오래 전부터 전개되어 왔음을 알 수 있다. 민주정치에 대해 회의적인 이유는 다양하나 여기서는 '수호자주의'와 '소수지배론'을 중심으로 살펴보고자 한다.

'수호자주의(guardianship)'로 분류되는 첫 번째 회의론은 민주주의 이론이 가정하고 있는 일반 대중의 통치 능력에 대해 부정적 입장을 취한다. 일반 대중은 공동체의 이익과 선을 잘 알지 못하며 설사 알더라도 자신의 사적 이익을 포기할 수 없기 때문에 집단의사 결정과정에 참여하는 것이 부적절하다는 것이다. 구성원 모두가 참여하는 민주정치는 무지의 정치와 집단 이기심의 정치로 전락할 우려가 있기 때문이다. 수호자주의의 선구자 격인 플라톤(Plato)은 일반 대중이 아니라 통치 역량을 갖춘 공동체의 수호자들이 통치를 해야 한다고 주장하였다. 그는 정치의 핵심 요건으로 공동선을 제대로 알고 실행하는 역량을 꼽았고, 통치자의 요건으로는 공동선을 분별하는 지적 도덕적 능력과 헌신의 덕성을 강조하였다.[75] 수호자주의는 일반 대중은 통치자로서 잠재적 가능성이 있더라도 통치의 능력과 덕성을 계발할 기회가 턱없이 부족하다고 간주한다. 그 같은 능력과 덕성은 저절로 생기는 것이 아니라 전문적인 교육과 경험을 통해 배양되는 것이라고 보기 때문이다. 민주정치체제는 공직자를 선출하는 선거제도를 가지고 있지만 수호자주의는 민주선거가 수호자를 찾아내는 데에 적합한 장치라고 보지 않는다.

두 번째 회의론은 인간 집단에서 소수의 지배는 불가피한 현상이기에 민주정치가 실제적으로 불가능하다고 보는 견해이다. 흔히 '소수지배론'으로 불리는 이 견해는 소수의 지배계급이 전체 사회를 통제하는 것이 인류 사회의 본질적 특징이라고 본다. 소수지배론의 선구자 격인 모스카(Gaetano Mosca, 1858~1941)는 초기 문명사회에서부터 현대 사회에 이르기까지 모든 정치조직에는 지배계급과 피지배계급이 존재해왔으며, 소수의 지배계급이 권력을 독점하고 통치 기능을 수행하며 권력의 이익을 향유하는 반면에 다수의 피지배계급은 법과 정치권력에 의해 통제를 받으며 정치조직에 필요한 수단을 제공한다고 보았다.[76] 앞서 정치권력에 대한 논의 가운데 언급한 미헬스(Michels)도 모스카(Mosca)와 같은 맥락에서 '과두제의 철칙(the Iron Law of Oligarchy)'을 주장하였다. 그는 사회구성원 다수가 소수의 지배와 보호 속에 놓여 있는 운명이며 인간 사회는 지배계급 없

75 플라톤, 최광열 역, 『플라톤의 국가』 (서울: 아름다운날, 2014), "제2권 국가의 올바름, 수호자 조건," pp. 44-69, "제3권 수호자의 예비교육, 통치자의 선발," pp. 70-102 참조.

76 Gaetano Mosca, *The Ruling Class* (New York: McGraw Hill, 1939), pp. 50-52.

이 존재할 수 없다고 보았다. 그는 민주정치가 어느 단계에 이르면 변질되어 과두제를 받아들이게 되고 그렇게 등장한 귀족정은 시간이 흐르면서 다시 민주주의 이름으로 나서는 반대자들의 공격에 직면하게 된다고 보았다. 미헬스(Michels)는 이 같은 잔혹한 게임이 끊임없이 계속될 것으로 전망하였다.[77]

'수호자주의'는 민주정치가 불가능하지는 않지만 무지의 정치와 이기심의 정치로 변질되므로 바람직하지 않다고 보는 반면에, '소수지배론'은 인간 집단의 과두제 속성으로 인하여 민주정치가 실제적으로 가능하지 않다고 주장한다. 인민 대중의 통치 능력을 의심하는 수호자주의와 지배계급의 불가피성을 주장하는 소수지배론은 민주정치의 필요성과 가능성을 부정하는 회의론의 중심에 서 있다. 그러나 민주정치에 대한 비판은 이론적 차원에만 국한되지 않고 다음에서 보듯이 제도 측면에서도 제기된다.

민주정치제도의 한계

현대 사회의 실천적 정치제도로서 민주주의가 갖는 몇 가지 문제점에 대해서도 비판이 제기된다. 이들 비판 내용은 수호자주의나 소수지배론처럼 민주정치의 필요성과 가능성에 대해 근본적인 회의를 나타내기보다는 민주정치제도가 지닌 한계점을 지적하는 데

---

77 Michels, *Political Parties: A Sociological Study of the Oligarchical Tendencies of Modern Democracy*, p. 354.

에 목적을 두고 있다.

첫 번째로, 민주정치는 구성원 모두가 집단의사의 결정에 참여하고 구성원의 의견을 수렴한다는 절차적 규범을 제시하고 있지만 그 같은 민주적 의사결정을 통해 이루려는 목표가 모호하다는 비판이 제기된다. 역사적으로 민주주의 제도는 근대 자유주의의 발달과 함께 성장했으나 현대에 와서는 민주주의가 여러 유형으로 나뉘고 있는 실정이다. 개인의 자유를 우선시하는 자유민주주의, 사회적 평등을 우선으로 하는 사회민주주의, 그리고 공산주의 국가들이 인민의 뜻을 최우선으로 한다며 표방하는 인민민주주의 등이 서로 경쟁하듯이 병존하고 있다. 그 결과 현대 사회에서 민주주의라는 말은 더 이상 하나의 특정 정치모델을 담아내지 못하며 어떤 종류의 민주주의인지를 구체적으로 밝혀야 하는 상황이다.

두 번째로, 민주정치제도는 참여자들에게 절차적 정당성을 부여하는 데에 탁월하지만 민주적 의사결정의 질적 측면은 미지수로 남는다. 민주주의 원리에 따라 구성원 다수가 의사결정에 참여한다고 해서 소수 전문가의 결정보다 나은 결론을 내린다고는 말할 수 없다. 민주적 의사결정 과정에서 전문가의 의견은 주변으로 밀려 나고 일반 구성원의 공감을 얻는 의견이 의사결정을 지배하는 경우가 발생하기 때문이다. 민주적 의사결정에는 많은 사람이 참여하며 반대의 목소리도 많고 반대를 줄이기 위한 타협안도 빈번하게 등장하는데 이 같은 타협안은 본래의 원안을 수정하는 경우가 많다. 또한 민주적 의사결정이 의견 수렴 과정에서 늦어지게 되면 대응책의 요구 시점과 적용 시점 사이의 상황 변화로 인하여 잘못된 대응을 낳을 가능성도 존재한다. 이와 같이 민주적 의사결정 방식은 질적으로 낙후된 결론에 도달할 수 있는 많은 가능성을 지니고 있다고 볼 수 있다.

세 번째로, 자유민주사회에서는 민주주의 제도와 자유주의 이념 사이에 긴장관계가 상존한다. 근대 시기에 자유주의와 민주주의가 결합하여 자유민주주의의 꽃을 피웠지만 본래 자유주의와 민주주의는 서로 다른 문제의식과 목적을 가지고 있다. 자유주의는 개인의 자유를 최우선시하여 정치권력의 개입 범위를 최소화하는 데에 관심을 갖지만 민주주의는 일반 대중의 정치적 주체성에 초점을 두고 권력의 주체에 대해 관심을 갖는다. 민주주의의 원리대로 일반 대중이 정치과정에 참여할 경우 스스로 자신들의 자유를 잘 지킬 것이라는 기대 속에서 민주주의와 자유주의 사이의 상호 보완성이 인정되지만 인민 다수의 결정으로 누군가의 자유와 권리가 훼손되는 경우 민주주의 제도와 자유주의 이념은 서로 충돌하게 된다. 이때, 특히 포퓰리즘(populism) 정책이 문제가 되는데 국민의 다수를 차지하는 중하위 소득계층의 지지를 동원하여 다수결 결정으로 상위 소득계층의 경제적 자유와 재산권을 침해하는 법안들이 대표적인 예라 할 수 있다. 자유주의와 민주주의는 겉으로 보이는 것처럼 완벽한 조합이 아니며 양자 간 균형과 조정의 과제가 남아 있다고 봐야 한다. 민주주의의 종류가 다양해진 현대 사회에서 자유주의와 민주주의의 관계는 이전보다 더욱 미묘하고 복잡해지고 있다.

네 번째로, 현대 사회에서 민주주의 정치제도와 자본주의 시장경제가 충돌하는 경우가 잦아지고 있다. 근대 시기에 자유민주주의 이론이 등장할 때만 해도 자본주의 시장경제는 민주주의 정치체제와 잘 어울리는 것으로 간주되었다. 수많은 공급자와 수요자 사이에 경제적 자산과 가격 결정력이 분산된 시장경제체제가 공동체 구성원 사이에 정치권력이 분산되어 있는 민주정치체제와 좋은 조합이 될 것으로 기대했다. 그러나 자본주의 경제는 완전경쟁이론이 가정한 것과 달리 시장실패(market failure)의 현상에 봉착했고 경제 주체 간에 힘의 우열이 작용하는 경제 질서를 형성해 왔다. 반면에 민주정치체제는 1인 1표의 보통선거 제도를 보편적 규범으로 고수하였을 뿐만 아니라 복지국가체제에서 민주화의 영역을 확대하고 경제민주화를 적극 추진함으로써 자본주의 시장경제의 원리를 수정해 왔다. 그 과정에서 자본주의 경제체제와 민주정치체제 사이의 긴장 관계가 높아졌고, 현재에도 민주적 의사결정으로 자본주의 시장경제체제를 변경할 수 있는 가능성이 열려 있어서 두 제도 사이의 긴장 관계는 지속될 전망이다.

이상의 사실은 현대 사회에서 민주정치제도가 약점과 한계를 가지고 있음을 시사한다. 민주정치체제의 수립으로 정치가 완성되었다고 볼 수 없으며 민주화가 다른 이념보다 상위에 있는 최우선적 가치라고 보기도 어렵다. 이 점에서 민주주의를 최고의 가치이자 목적으로 바라보는 민주지상주의 시각이 갖는 오류와 위험성을 인식할 필요가 있다.

03 독재정치는 왜 계속해서 나타나는가

민주주의의 반대말은 무엇인가, 사회주의 혹은 공산주의인가. 1950년대 초에서 1980년대 말까지 40년에 걸쳐 전 세계적으로 자유민주주의 진영과 공산주의 진영 사이에 냉전(Cold War) 상황이 지속되면서 민주주의의 반대말이 공산주의로 각인된 측면이 있다. 그러나 다수의 지배를 의미하는 민주정치의 대척점은 소수의 지배를 의미하는 독재정치가 맞다. 독재정치에서는 민주정치의 핵심 원리들이 지켜지지 않는다. 국민주권과 입헌주의의 원리는 독재정치에서 전면 거부되거나 명목상의 구호에 그치고, 권력이 분립되기보다는 독재자에게 집중되며, 집단의사의 결정 과정이 독재자에 의해 주도되어 인민 대중이 설 자리는 거의 없다.

독재정치의 유형

<표 19>가 보여주는 바와 같이 역사적으로 왕정과 귀족정 형태의 독재정치가 오랜 세월 동안 인간 사회를 지배해 왔으나 자유민주주의 사상과 제도가 등장한 이후에도 다양한 형태의 독재정치가 세계 각지에서 영향을 미쳐 왔다. 2차 세계대전 이후의 시기만 봐도 전 세계의 개발도상국 가운데 군사 쿠데타에 의한 군부독재 사례가 많았고, 중남미 지역에서는 국가조합주의 모델이나 관료적 권위주의

모델(Bureaucratic Authoritarian Model)의 독재정치가 등장하였으며 동아시아 지역에서는 개발독재 모델의 독재정치가 성행하였다. 같은 기간에 소련과 동구권 그리고 중국이나 북한과 같은 공산주의 국가들에서는 마르크스-레닌주의(Marxism-Leninism) 이념과 스탈린(Stalin) 정책에 입각한 공산주의 체제가 지배하였는데 이 역시 현대판 독재정치의 한 표본이다. 그러나 공산주의 체제는 그 이전에 존재하였던 왕정이나 귀족정 혹은 현대 개발도상국의 독재정치와는 질적으로 다른 특성을 지닌 독재정치로 분류된다. 1960년대에 후안 린츠(Juan Linz, 1926~2013) 교수가 개발도상국의 독재정치체제를 권위주의(authoritarianism)로, 파시즘과 나치즘 그리고 공산주의 국가의 독재정치체제를 전체주의(totalitarianism)로 구분하면서 민주주의 - 권위주의 - 전체주의의 삼분법이 정권 유형의 대표적인 분류법으로 인식되었다.[78]

---

78 Juan J. Linz,"An Authoritarian Regime: Spain," E. Allardtand and S. Rokkan, eds., *Mass Politics* (first published 1964) (NewYork: Free Press, 1970); Juan J. Linz, "Totalitarian and Authoritarian Regimes," in F. I. Greenstein and N. W. Polsby, eds., *Handbook of Political Science, Vol.3: Macropolitical Theory* (Reading, M.A.: Addison-Wesley, 1975).

<표 19> 독재정치의 유형과 시대적 변천

시기	고대~19세기	20세기(1980년대까지)		최근 1990년대 이후
기본 유형	세습 지배체제	권위주의 체제	전체주의 체제	민주적 독재체제
세부 유형	왕정, 군주정 귀족정	군부독재 B-A Model 국가조합주의 모델 개발독재 모델 우세정당체제	파시즘 정권 나치즘 정권 공산주의 정권 (6대 요소 구비)	집권세력의 권력 집중과 민주정치의 파행적 운영
주요 사례	동양과 서양의 대부분 국가	2차대전 후 중남미, 아시아 국가들	무솔리니 이탈리아, 히틀러 독일, 소련과 동구권 등	구소련 동구권, 아시아, 중남미 국가들

여기서 전체주의 체제란 개개의 구성원이 전체 집단의 존립과 발전을 위해 존재한다는 이념 아래 모든 구성원을 하나로 통일된 조직체의 일원으로 동원할 수 있도록 짜인 정치체제이다. 전체주의 체제의 이론적 모형을 처음 소개한 칼 프리드리히(Carl J. Friedrich, 1901~1984) 교수와 즈비그뉴 브레진스키(Zbigniew Brzezinski, 1928~2017) 교수는 전체주의 체제의 여섯 가지 특징을 지적하고 있는데, 이를 정리하면 1) 배타적인 국가 이데올로기, 2) 일당 독점체제, 3) 비밀경찰에 의한 조직적 폭력과 정치 테러, 4) 무기의 국가 독점, 5) 대중매체의 국가 통제, 6) 경제의 중앙통제 등이다.[79] 전체주의 체제의 구성원들은 정치, 경제, 사상, 정보 등 모든 방면에서 국가의 지배와 통제를 받지만, 국가조직은 정치이데올로기를 장악하고 있는 유일 정

79 Carl J. Friedrich and Zbigniew Brzezinski, *Totalitarian Dictatorship and Autocracy* (Cambridge: Harvard University Press, 1956).

당에 종속되고, 정당은 당 지도부의 지시를 따르게 되므로 결국 전체주의 국가와 구성원 모두가 1인 지배 혹은 집단지도 체제에 종속된다. 역사적으로 스탈린(Stalin) 시대에 구축된 공산주의 체제와 무솔리니(Benito Mussolini, 1883~1945)가 통치하던 이탈리아의 파시즘, 히틀러(Adolf Hitler, 1889~1945)가 지배하던 독일의 나치즘, 마오쩌둥(Mao Zedong, 1893~1976)이 다스리던 중국의 마오이즘(Maoism) 등이 대표적인 예라 할 수 있다.

한편 2차 세계 대전 이후 개발도상국에 유행하였던 권위주의 체제는 전체주의 체제에 비하여 강도가 낮은 독재정치였다. 권위주의 독재 정권이 선호하는 정치이데올로기는 전체주의에서와 같이 배타적 유일사상의 형태가 아니다. 지배 정당이 있으나 야당이 존재하고, 경찰이 반정부 활동의 진압에 나서지만 정치 테러를 가하는 비밀경찰은 존재하지 않는다. 또한, 대중매체에 대한 검열이 있으나 국가가 대중매체를 독점하지는 않고, 국가가 경제 운영에 관여하지만 계획경제가 시장경제를 대체하지 않는다는 점에서 권위주의 독재는 전체주의 독재와 차이를 보인다. 그러나 이들 두 유형 사이의 결정적인 차이는 독재 정권이 지향하는 목표에 있다. 권위주의 체제는 독재 정권의 유지와 연장에 주안점을 두는 반면에 전체주의 체제는 국가 이데올로기의 수호와 실천을 목표로 하기 때문에 양자 간의 차이는 단순히 독재의 정도에 있는 것이 아니라 지향 목표에 있다고 봐야 한다. 이 점에서 권위주의 체제와 전체주의 체제는 서로 다른 유형의 현대판 독재정치라고 말할 수 있다.

권위주의와 전체주의의 차이는 그들의 엇갈린 운명에서도 나타난다. 권위주의 정권들은 20세기 후반에 들어와 민주화의 거센 압력 속에서 단명으로 끝난 경우가 많다. 개발도상국의 독재 정권들은 주로 경제발전을 위한 효율적 리더십을 명분으로 내세웠는데 경제발전에 실패하였을 경우에 정당성을 잃고 몰락하였다. 반면, 경제발전에 성공할 경우에 권위주의 정권은 한동안 유지되었으나 경제발전에 이어 정치적 자유에도 관심을 갖게 된 시민들의 요구에 직면하여 민주화 개혁과 시민의 저항 사이에 선택의 기로에 놓이게 되었다. 개발도상국의 권위주의 독재 정권에서 경제적 성공이 독재 정권의 생존을 위협하는 '성공의 역설' 현상이 나타난 것이다.

반면에 전체주의 체제는 국가 이데올로기의 실현을 위해 적극적으로 사회를 개조하는 일에 나섰고 그 결과 모든 사회 영역과 구성원이 유일 정당과 지도층을 정점으로 수직으로 결합된 통일적 동원체제의 형태를 띠게 된다. 그런 모습을 갖춘 전체주의 체제에서는 아래로부터의 저항과 혁명이 원천적으로 불가능하다. 실제로 전체주의 국가들에서는 시민 혁명이나 군사 쿠데타가 발생하지 않았고 단지 위로부터의 개혁이나 전쟁의 패배에 의해서만 체제의 변동이 일어났으며 그 경우 전체주의 체제의 붕괴로 이어졌다. 무솔리니(Mussolini)의 파시즘과 히틀러(Hitler)의 나치즘은 1940년대에 전쟁의 패배로 종식되었고, 1990년대에 소련과 동구권의 공산주의 체제의 붕괴는 고르바초프(Gorbachev) 소련 공산당 서기장의 개혁 운동에서 시작되었다. 1980년대 이후 중국 공산주의 체제의 괄목할 만한 변화도 중국 공산당의 최고 실권자였던 덩 샤오핑(Deng Xiaoping, 1904~1997) 중앙군사위원회 주석의 개혁 조치에서부터 시작되었다.

다만 중국의 경우에는 소련과 달리 체제의 붕괴가 아닌 체제의 변혁으로 이어진 점이 주목받는다. 반면 1990년대의 북한은 수년에 걸친 경제적 실패와 최악의 식량난에도 불구하고 '고난의 행군'을 구호로 전체주의 체제와 독재 정권을 유지하는 모습을 보여준다. 이상의 사실은 권위주의 체제와 달리 전체주의 체제가 갖는 고도의 응집력과 생존력을 시사한다.

1990년대 이후 민주화가 전 세계적으로 확산되면서 개발도상국의 권위주의 정권과 소련 동구권의 전체주의 정권이 상당수 민주주의 체제로 이행하였지만 21세기에 들어와서도 독재정치가 계속해서 나타나고 있다. 특히 민주주의 제도에 의해 선출된 지도자와 집권 세력이 민주정치를 질식시키고 독재정치를 자행하는 '민주적 독재' 가 세계 도처에서 발생하고 있다.[80] '민주적 독재'에서는 민주정치의 모양과 구호는 유지되지만 정치권력의 편중과 정국의 파행적 운영으로 사실상 독재정치가 자행된다. 이는 1990년대 이후에 등장한 새로운 형태의 독재정치라 할 수 있는데 그에 대해서는 이하 민주정치의 지속가능 조건 부분에서 논의하고자 한다.

---

80 예를 들어 1998년의 상황을 보면 차베스(Hugo Chavez, 1954~2013) 대통령 치하의 베네수엘라 외에 조지아, 헝가리, 폴란드, 우크라이나, 러시아, 스리랑카, 필리핀, 터키, 니카라과, 페루 등의 국가에서 민주적 독재 현상이 발생하였다.

합법적 독재 권력의 의미

근대 이후 자유민주주의 사상과 제도가 널리 알려졌음에도 불구하고 많은 지역에서 독재정치가 성행해온 이유는 무엇인가? 혹자는 사람들의 본성에서 그 이유를 찾는다. 그리하여 독재자의 남다른 지배 성향과 권력 욕구뿐만 아니라 일반 대중의 피지배 본능과 추종 성향이 독재정치를 가능하게 한다고 본다. 일반 대중이 스스로 자유를 유보하고 자발적으로 지배를 자청하는 성향이 있기 때문에 독재가 발생한다는 것이다.[81] 그러나 이 같은 견해는 근대 계몽주의와 자유민주주의를 계기로 널리 퍼진 시민정치의 개념 즉, 자율적이고 합리적이며 투쟁과 저항의 주체인 시민의 모습을 부정하는 것이다. 일반 대중의 피지배 본능을 주장하는 견해를 받아들이면 시민혁명의 역사는 한낱 신기루에 불과하고 인간 사회가 이룬 민주정치도 착각인 것처럼 느껴진다. 그래서 대중의 피지배 성향에 대한 주장은 쉽게 받아들이기 어렵다.

독재정치가 발생하는 원인으로서 인간성과 본능 대신 위기의 상황을 주목하는 견해가 더 설득력이 있어 보인다. 인간 사회는 구성원이 다 같이 결정하기에는 시간적으로 급박하고 준비가 안 된 상황에 대비하여 합법적인 독재 권력을 용인해 왔다. 현대의 많은 국가가 법적으로 규정하고 있는 비상 대권과 계엄권이 대표적 예이다. 이 같은 독재 권력의 전통은 고대 로마 공화정의 독재관(dictator) 제

81 에티엔느 드 라 보에티, 박설호 역, 『자발적 복종』 (서울: 울력, 2004), p. 33.

도에까지 소급되며 독재(dictatorship)라는 단어도 로마에서 유래되었다. 로마의 독재관은 임시 관직으로서 평소 국가 업무를 담당하는 집정관과 달리 한 명만 선출되며 독재관은 임기동안 집정관보다 상위의 권력을 행사하였다. 그의 임기는 보통 6개월이었으며 조기 퇴임을 할수록 더 많이 존경받았다. 외적의 침공이나 국내 반란과 같은 사태가 발생하면 신속한 조치가 필수적이므로 이런 상황에 한하여 독재관을 임명한 것이다. 합법적 독재 권력이 남용되는 일은 고대 로마 공화정이나 현대 민주국가에서 끊임없이 발생하고 있지만 비상사태에 대비한 독재 권력은 하나의 보편적 제도로 자리를 잡았다.

합법적 독재 권력의 허용은 민주정치와 민주적 의사결정 방식이 전부가 아님을 시사한다. 독재정치는 집단의사를 결정하는 주체의 범위를 소수의 인원으로 축소하므로 구성원 다수의 의사와 성향이 무시되는 일이 발생하지만 신속한 결정과 대처를 가능하게 한다는 장점이 있다. 독재정치와 독재 권력이란 말에 대해 판에 박힌 듯한 편견과 무조건적인 비판은 복잡한 공동체 삶과 정치 현상을 이해하는 데에 도움이 되지 않는다.

04 민주정치의 가치는 무엇이며, 언제 지속가능한가

앞서 살펴본 민주정치에 대한 회의론적 견해와 현실 제도로서 갖는 한계점, 그리고 독재 권력이 발동되어야 하는 상황 등을 고려할 때 민주주의 제도를 완벽한 정치제도라고 말하기 어렵다. 그럼에도 불구하고 민주정치를 지켜야 한다면 그 이유는 무엇인가, 민주정치의 가치는 어디서 찾아야 하는가?

민주정치의 가치

민주정치와 그렇지 못한 정치 사이에 가장 근본적이고 결정적인 차이는 자치(自治, self-rule)의 실현 여부에 있다고 말할 수 있다. 민주주의는 일반 구성원을 정치 주체로 인정하고 집단의사의 결정에 참여하게 함으로써 구성원 자신들이 결정한 규칙으로 스스로를 다스리게 하는 자치의 원리를 실현한다. 그래서 민주정치는 인민 대중이 창출하거나 동의한 것이 아니면 어떤 공적인 결정도 원칙적으로 거부하는 속성을 지닌다. 민주정치에서 사회공동체와 국민의 삶에 영향을 미치는 공적 결정이 정당성을 갖기 위해서는 그 결정과정에 참여하는 사람들의 대표성과 책임성의 원칙이 지켜져야 한다.

민주주의에 담겨 있는 자치의 원리에 대해 민주정치 회의론은 우려의 입장을 표한다. 앞서 살펴본 바와 같이 민주정치 회의론은 민주적 의사결정 과정이 바람직한 결과보다는 해로운 결과를 가져올 가능성이 크다고 보고 의사결정의 참여 범위를 통치 능력을 갖춘 수호자 그룹에 국한시키고자 한다. 그러나 현대 민주사회에서와 같이 수호자 그룹을 제대로 분간해내기 어려운 상황에서는 일부 전문성을 가졌더라도 소수의 결정이 올바른 결정에 도달한다고 볼 근거가 확실치 않다. 따라서 수호자주의에 입각해서 자치의 원리를 비판하는 것은 적절하지 못하며 자치의 원리 안에 담겨 있는 중요한 가치를 볼 필요가 있다. 일반 구성원이 스스로를 다스리는 자기 통치는 그 자체가 하나의 정치적인 선(善)일뿐만 아니라 권위와 권력을 고르게 배분하는 분배적 정의를 담고 있다. 자치의 원리는 단순히 형식과 절차의 문제가 아니라 분배적 정의의 한 형태라는 점을 인식할 필요가 있다. 이런 견지에서 민주주의에 담겨 있는 자치의 원리는 민주정치를 가치 있는 것으로 보게 하는 첫 번째 이유가 된다. 민주주의 옹호론은 민주주의 제도처럼 공정하고 정의로운 절차가 지켜질 경우 올바른 결정에 도달할 가능성이 클 것으로 기대한다.[82]

두 번째로, 민주정치가 수반하는 여러 가지 부수적 덕목과 선도 민주정치의 가치를 높이는 중요한 이유가 된다. 민주정치는 구성원들의 자치를 실현하기 위한 많은 자원과 제도를 갖추고 있는데 구성원들에게 언론, 출판, 결사의 자유라든가 야당 결성의 권리 등과 같은 구체적 권리를 부여하고 시민이 공동체의 집단의사 결정에 참여할 수 있도록 문을 열어 놓는다. 이 점에서 민주정치는 그 자체가 정

82 로버트 달, 조기제 역, 앞의 책, p. 316, 336.

치적 선(善)일뿐만 아니라 자유, 평등, 분배, 정의 등과 같은 다른 선도 꺼내 쓸 수 있는 선물 꾸러미의 의미를 지니고 있다고 할 수 있다. 민주정치를 통해 개개의 구성원은 자기 선택의 경험과 자기 계발의 기회를 갖게 되고 다수의 구성원이 중시하는 규범과 공공 이익을 지키는 것을 배운다. 현대 사회의 시민은 그 누구도 무력감 속에 살기를 원치 않는다. 민주정치는 각 개인이 동료 시민과 평등한 법적 지위 속에서 자유로운 정치적 주체로 살아가게 함으로써 생동감 있는 삶과 질서 있는 자유를 누리게 한다.

세 번째로, 정부 형태로서 그리고 집단의사의 결정 방식으로서 민주주의 제도가 가진 수용력과 대응력도 민주정치의 가치를 논할 때 빼놓을 수 없는 항목이다. 민주주의의 특별한 점은 어떤 특정 세력이나 특별한 견해가 전체 사회를 지배하지 않는다는 것이다. 민주정치체제는 단일 정당, 하나의 경제시장, 특정 종교 등에 의해 통제되는 체제가 아니며 아무리 좋은 것이라도 일률적인 적용과 획일적인 일치를 강요하지 않는 속성을 가지고 있다. 그래서 지도자이든 일반 시민이든 다양성 속에서 함께 공존하는 법 내지는 각자 공존하는 법을 찾게 만든다. 획일성 대신 자율성을 추구하기 때문에 민주정치체제는 효율성 면에서 손해를 보기도 하지만 내부의 다양성과 유연성이 만들어 내는 높은 수준의 수용력으로 보상을 받는다. 그리고 그 같은 수용력은 탁월한 대응력으로 연결된다. 민주정치는 사고와 가치관의 유연성을 기반으로 하기 때문에 구성원 간의 차이를 중재하는 데 유리하고, 사회 내 다양한 자원과 인재를 활용하여 각종 도전에 맞설 대응력을 가지고 있다고 본다.

여기서 한 가지 주목할 점은 민주정치가 갖는 수용력과 대응력은 역설적이게도 민주주의가 지닌 불확실성에 기인한다는 것이다. 민주주의는 하나의 진리나 특정 규범을 기준으로 미래를 정해 놓지 않는 속성이 있다. 강력한 지도자나 과두지배 집단 혹은 AI 알고리즘이 미래를 결정하는 정치체제와 달리 민주정치에는 많은 부분이 미확정인 채로 남아 있다. 이처럼 민주주의에 남겨진 여백은 일부 구성원에게 실망감과 우려를 낳기도 하지만 그 안에 민주정치 제도의 장점과 힘이 존재한다고 봐야 한다. 획일성과 통일성이 적은 민주정치체제는 초기 대응에 늦을 수 있지만 웬만한 위기와 문제에 대처하고 해결책을 찾아내는 잠재력이 뛰어난 정부 형태이자 집단의사의 결정 방식이라 말할 수 있다.

결론적으로 민주정치제도는 국가와 지도자의 권력을 제한하고, 다양한 구성원 사이에 발생하는 경쟁을 중재하며, 공적 결정에 책임을 부여하는 제도라는 점에서 높이 평가된다.[83] 민주정치는 다양한 문화적 정체성과 복잡한 이해관계가 혼재하는 현대 열린사회에서 구성원 간의 협의가 이루어지고 집단의사가 결정되는 제도적 기반을 제공한다. 민주주의가 중요한 이유는 민주라는 가치뿐만 아니라 자유, 평등, 분배, 정의와 같은 다양한 가치를 수용하고 구성원들의 폭넓은 관심을 중재할 수 있기 때문이다. 그래서 4차 산업혁명 시대에 스마트 팩토리(factory), 스마트 팜(farm), 스마트 홈(home), 스마트 시티(city) 등과 같이 인공지능 기반의 시스템이 사회 전반에 구축

83 데이비드 헬드, 박찬표 역, 앞의 책, pp. 491-493 참조.

되더라도 '스마트 정치'는 활성화되기 어려울 것으로 보인다. 만약 어딘가에 '스마트 정치' 체제가 구축된다면 이는 기술관료적 사고체계에 기반을 둔 채 정치와 행정의 경계를 무너뜨리고 시민 대중의 정치참여를 제한할 가능성이 높다.

민주정치의 위기와 취약성

한편, 민주정치에 남겨진 여백은 민주정치체제의 수용력과 대응력을 낳는 주요 원천이지만 그 공백은 민주정치체제의 치명적인 약점이 되기도 한다. 정치지도자와 집권 정당 또는 특정 사회 세력이 그 공백을 자신들의 신념으로 채우려 하거나 그 공백을 이용하여 전례 없는 정책으로 자신들의 목적을 이루려 할 때 민주정치는 크게 동요한다. 1990년대 이후 민주주의 이념에 대한 노골적인 거부나 정면 도전은 약해지는 추세이나 민주정치 제도의 공백과 취약점을 이용하여 민주주의를 무력화시키고 독재 권력을 행사하는 '민주적 독재' 사례가 많아지고 있다. 과거에는 파시즘과 공산주의의 도전이나 군부 쿠데타에 의해 민주정치가 전복되었다면 지금은 선출된 지도자에 의해 민주정치가 서서히 점진적으로 그리고 합법적으로 질식되는 일이 많아졌다.

'민주적 독재' 체제의 등장은 과거 공산주의 혁명이나 군부 쿠데타의 경우와 달리 민주정치의 비극적인 죽음을 동반하지 않기 때문에 그 진행 과정이 제대로 감지되지 않으며 구성원들은 반신반의하면서 혼란에 빠지는 경우가 많다. 시민들은 일반적으로 민주주의 헌법과 법체계가 권력의 농단과 독점을 잘 방지한다고 믿는 경향이 있으나 민주주의 제도는 언제나 불안하고 위태로운 성격을 지니고 있다고 보는 것이 옳다. 아무리 잘 설계된 민주주의 헌법이라도 권력을 장악한 지도자와 그의 추종 세력이 그 틈새를 파고 들 경우 민주정치는 커다란 타격을 입게 된다. 1919년 전문가들에 의해 치밀하게 설계된 독일의 바이마르 헌법(Weimar Constitution)도 1933년 히틀러(Hitler)와 나치(Nazi) 세력의 등장을 막지 못했고, 미국식 민주주의 헌법이 남미 국가들에 복사되었지만 내전과 독재의 악순환을 막지 못했던 사실이 이를 증명한다. 모든 경우를 예측하고 경우의 수대로 빠짐없이 헌법과 법률에 세부 내용을 조문화하는 것은 사실상 불가능하므로 법체계에는 수많은 공백과 내용상의 모호함이 내재되어 있다. 그 같은 공백과 모호한 부분에 대해서는 다양한 해석이 가능하며 이는 잠재적 독재자에게 헌법과 법체계를 악용할 기회를 준다. 그렇기 때문에 헌법과 법체계는 민주정치의 완전한 보호막이 되지 못한다.

현 시대의 '민주적 독재' 현상을 연구한 스티븐 레비츠키(Steven Levitsky, 1968~) 교수와 대니얼 지블랫(Daniel Ziblatt, 1972~) 교수는 선출된 지도자가 매우 유사한 방법과 전략으로 독재 권력을 쌓는다고 지적한다.[84] 독재 권력을 꿈꾸는 지도자는 부패척결, 정부조직의 효율화, 선거절차의 간소화, 언론의 선진화, 민주화의 촉진 등과 같은 구

---

84 스티븐 레비츠키 · 대니얼 지블랫, 박세연 역, 『어떻게 민주주의는 무너지는가』 (서울: 어크로스, 2018).

호를 앞세우며 조직 개편과 인사 교체를 통하여 자신의 사람들로 주요 기관을 채우고, 반대자와 경쟁자는 매수, 협박, 소송, 해임 등의 조치를 통해 무력화시키는 방법을 쓰는 것으로 분석한다.

이어서 두 사람은 선출된 지도자가 독재 권력을 구축하기 위해서 사용하는 세 가지의 전략을 1) 민주정치의 심판을 매수하고, 2) 상대편 선수의 출전을 제한하고, 3) 경기의 규칙을 변경하는 수법으로 구체화하여 집중적으로 분석하고 있다.[85] 첫 번째로, 잠재적 독재자는 민주정치의 감독 역할을 하는 법 집행기관들을 인사 교체와 조직 개편을 통해 자신의 사람들로 채우는 작업에 나선다. 나라마다 집행기관의 명칭은 조금씩 다르지만 대략적으로 법원과 검찰, 국가정보기관, 세무기관, 감사기관, 기타 규제감독기관들이 주요 대상이다. 이들 기관은 민주정치 게임의 반칙 행위를 처단하는 심판의 역할을 해야 하지만 정권의 충신들로 채워짐으로써 정적에게는 제재를 가하고 동지는 보호하는 일을 하게 된다고 본다.

두 번째로, 잠재적 독재자는 그의 정적들에게 눈을 돌려 회유하거나 퇴출시킨다. 정치, 경제, 사회, 언론 등의 분야에서 지도자와 집권 정부에 대해 비판적인 입장을 보이는 인사들이 주요 대상이 된다. 그는 이들에게 공직을 제안하여 매수하거나, 대가성 뇌물을 주고 협박하기도 하고, 이미 장악한 법 집행기관들을 이용하여 이들에게 각종 혐의(명예훼손, 모욕죄, 부정 금융행위 등)를 씌우고 수사와 기소 그리고 소송에 휘말리게 하거나 퇴출시키는 수법을 활용하는 것으

85 스티븐 레비츠키 · 대니얼 지블랫, 박세연 역, 앞의 책, "4장 합법적으로 전복되는 민주주의," pp. 56-70 참조.

로 관찰된다.

세 번째로, 독재자는 그의 권력을 공고히 하기 위해 정치 게임의 규칙을 변경하려 나선다. 기회가 있을 때마다 국가 위기의 극복 또는 공공선의 추진을 명분으로 헌법 조항과 법 규정 그리고 선거제도를 자신에게 유리하게 바꿔 나간다. 이때 전쟁, 폭동, 테러와 같은 안보 위협이나 경제위기 혹은 자연재해가 발생하면 독재자는 이 위기를 정권에 대한 비난의 목소리를 잠재우고 반민주적 조치를 정당화하는 구실로 사용한다. 사회적 · 국가적 위기는 민주적 독재 정권에 위협이 되기보다는 오히려 민주주의 헌법과 제도의 굴레에서 벗어날 기회를 주는 경우가 많다.

민주정치의 지속가능 조건

현대 민주정치체제에서 독재자가 의외로 쉽게 등장할 수 있는 가능성을 고려해볼 때 민주정치를 오래도록 지키기 위해서는 무엇이 필요한 것인지에 대해 관심이 모아진다. 민주정치의 지속가능 조건은 무엇인가?

위 질문에 대해 20세기의 대표적 민주주의자인 달(Dahl)은 민주주의 법체계와 제도적 장치 외에 민주정치의 실현에 필요한 각종 권리체계가 요구된다고 보았다. 그리고 한 걸음 더 나아가서 민주주의에 대한 신념이 정치적 규범으로 자리 잡고 폭넓은 사회적 공감대를 형성해야 한다고 강조하였다. 민주적 절차와 법체계만으로는 부족하고 민주주의에 대한 신념이 사회구성원들에게 하나의 불문율로 존중받고 사회적 관행 속에 자리 잡는 것이 필요하다고 본 것이다. 그럴 때에 시민들이 민주정치를 지키는 일에 나서게 되고 시민 다수의 결정으로 민주주의가 훼손되거나 파괴되는 일이 없을 것으로 전망하였다.[86]

민주주의에 대한 사회적 신념과 규범의 중요성에 대해서는 21세기 민주주의 연구의 대표 격인 레비츠키(Levitsky)와 지블랫(Ziblatt)도 공감을 한다.[87] 두 사람은 모든 성공적인 민주주의는 비성문화된 민주주의 규범과 관습에 의존한다는 점을 강조한다. 성공적인 민주주의 규범은 헌법과 법률에 명시되지 않아도 시민들에게 하나의 불문율로 존중을 받고 공동체 내부에 널리 공유된다. 민주주의 규범의 존재와 필요성은 평상시에 잘 드러나지 않지만 민주정치의 운영과 유지에 있어 매우 중요한 역할을 한다. 민주주의 규범은 시민들의 정치적 평가 기준을 분명히 하고 이를 위반하는 정당과 정치인에게 대가를 치르게 하기 때문이다.

그러나 사회 내 민주주의 신념과 규범이 때때로 무너지는 경우가 발생한다. 경제적 불황이 계속되고 빈부 격차로 양극화가 확대되면 구성원 간에 이익 다툼이 격해지면서 민주주의 신념은 빠른 속도로 사라지고 그 자리에 극단주의가 등장하는 모습이 나타난다. 그러므로 민주주의 신념과 제도가 지속되기 위해서는 민주정치를 뒷받

---

86 로버트 달, 조기제 역, 앞의 책, pp. 330-331.

87 스티븐 레비츠키 · 대니얼 지블랫, 박세연 역, 앞의 책, "5장 민주주의를 지켜온 보이지 않는 규범," pp. 72-84 참조.

침할 만한 사회적 조건이 갖춰져야 하는데, 레비츠키(Levitsky)와 지블랫(Ziblatt)은 구성원들이 어느 정도의 부와 교육 수준을 갖추고 탄탄한 중산층과 다각화된 민간 영역이 받쳐줄 때 민주정치체제가 버티기 쉽다는 점을 강조한다. 그런 조건을 갖춘 사회에 민주주의 신념과 규범이 확고해지면 정치권 내부에도 민주주의 규범과 행태가 자리를 잡을 것으로 전망한다. 민주주의 규범을 어긴 정당과 정치인은 대가를 치르기 때문이다.

이와 관련하여 레비츠키(Levitsky)와 지블랫(Ziblatt)은 민주정치체제에서 정당조직과 기성 정치인들이 잠재적 독재자를 걸러낼 수 있는 가능성에 대해 주목하고 있다.[88] 민주정치체제에서 잠재적 독재자의 정계 진출과 부상은 기본적으로 정치권의 책임이며 독재자의 대권 도전은 대부분 기성 정치인들의 잘못된 계산 속에서 합법적으로 이루어진다. 일반 시민보다는 잠재적 독재자를 가까이에서 겪어본 동료 정치인과 정당조직의 책임이 더욱 크며, 정치권이 나서서 공천 배제와 당선 방해를 통해 독재자를 차단하는 문지기 역할을 수행해야 한다. 그러나 사회적으로 민주주의 신념과 규범이 흔들리고 정당도 민주주의 수호보다 선거 승리에 집착하게 되면 동료 정치인들은 잠재적 독재자의 손을 잡고 그에게 대권 도전의 기회를 주게 된다. 반면 민주주의에 대한 사회적 신념이 굳건하면 정치권 내부의 민주주의 규범도 강화되어 후보자의 민주주의 성향이 중요한 공천 기준으로 작용한다.

---

88 스티븐 레비츠키 · 대니얼 지블랫, 박세연 역, 앞의 책, "1장 민주주의자와 극단주의자의 치명적 동맹," pp. 14-26 참조.

결국 민주정치는 헌법과 같은 성문화된 규칙과 사법부의 심판 그리고 사회적 신념과 규범으로 지켜진다고 말할 수 있다. 여기에 민주주의에 대한 사회적 신념과 규범이 굳건하게 유지될 만한 사회경제적 조건이 갖추어지면 민주정치의 지속가능성이 더욱 커진다고 할 수 있다. 이상에서 살펴본 민주정치의 지속가능 조건은 민주주의가 제도적으로 성숙하고 공고하게 되기까지 많은 시일과 준비가 필요하다는 점을 시사하며, 그 조건을 충분히 갖추지 못한 국가가 위기를 만났을 때 견고해 보이던 민주정치체제가 생각보다 쉽게 무너지는 이유를 설명한다.

민주정치의 리더십과 유권자 시민

민주정치가 지속가능하기 위해서는 민주정치에 적합한 정치리더십과 시민의 존재가 중요하다. 정치 일선에서 움직이는 정치지도자의 결정과 지도자를 선출하는 유권자 시민들의 선택이 민주정치의 앞날에 커다란 영향을 미치기 때문이다.

민주정치를 움직이는 첫 번째의 핵심 축은 정치지도자이다. 사회 대중 앞에서 정치 현장을 이끌어 가는 정치지도자의 리더십은 민주주의의 보호와 발전에 지대한 영향을 미친다. 지도자와 주요 정치인의 성향에 따라 민주정치의 운영 방식이 달라지며 경우에 따라서는 민주적 독재의 출현도 가능하다. 그래서 민주정치의 지도자는 민주주의의 기본적 속성을 잘 알고 민주주의의 가치에 대해 확고한 신념을 가진 사람이어야 한다. 무엇보다도 민주주의에 내포된 자치와 여백의 원리를 충분히 이해하고 신뢰하는 사람이어야 한다. 그럴 때에 지도자 자신의 이념과 목적에 매몰되지 않고 민주적 방식으로 공공 정책을 추진할 수 있다.

이를 위해서는 세 가지의 리더십 자질이 필요한데 1) 경청하는 자세, 2) 개방적인 사고, 3) 귀납적 융합 정책의 추진이 중요하다. 그 중 경청의 자세와 개방적인 사고는 예상 외로 집권한 지도자에게 쉬운 덕목이 아니다. 민주정치는 집권자에게 험난한 시험으로 다가오는 경우가 많다. 대통령은 국정 전반에 걸쳐 광범위한 권한을 부여받았지만 민주정치에서는 협상과 타협이 비일비재하며 후퇴도 빈번이 일어난다. 대통령이 원하는 법안에 대해 의회가 승인을 거부할 수 있고 사회단체가 반대할 수도 있다. 민주정치의 이 같은 특징은 독재 성향의 지도자에게는 견디기 어려운 속박으로 다가온다. 주요 정책을 추진하면서 관련 단체의 대표들을 만나고 야당 인사들과 회합을 갖는 것에 대해 독재 성향의 대통령은 그의 권위가 모욕을 당한 것으로 받아들이기 쉽다. 그러나 민주정치의 지도자는 경청의 자세와 개방적 사고를 통하여 민주정치가 주는 불편한 속박을 감내해야 한다.

귀납적 융합 정책을 추진하는 것도 집권자에게는 쉬운 일이 아니다. 후보자 시절에 만들어 놓은 공약을 기반으로 정책을 펼쳐 나가는 것은 어렵지 않다. 그러나 후보자 시절의 제한된 정보를 가지고 선험적으로 작성된 공약은 복잡하게 얽혀 있는 현실과 맞지 않는 경우가 많으므로 집권 지도자의 발목을 잡는 함정이 될 때가 있다.

선거 공약이 아니더라도 지도자와 그의 정책 팀이 내린 결론에서 시작하는 정책결정과정보다는 관련 당사자들의 중지를 융합하는 귀납적 방식의 정책결정이 민주정치에 더 적합하다고 말할 수 있다. 이 점에서 미국 링컨(Lincoln) 대통령이 자신의 비서에게 했다는 “나의 정책은 어떠한 정책도 가지지 않는 것이다”라는 말은 그가 민주정치의 핵심을 꿰뚫고 있었음을 알려준다.[89]

민주정치를 움직이는 두 번째의 핵심 축은 유권자 시민이다. 개개의 시민은 정치적으로 비중이 작아 보이지만 유권자 시민의 집합체는 민주정치의 시작이자 목적이 된다. 시민에 의해 정치 리더가 선출되고 시민의 기대사항이 공공 정책에 반영되므로 시민의 덕성과 자질은 민주정치의 질적 수준을 결정하는 중요 요인이 된다. 민주정치에서 기대되는 시민의 자질과 역할은 민주주의 이론의 쌍둥이 격인 공화주의(republicanism) 이론과 전통에 잘 드러나 있다. 공화주의 전통은 공적 이성에 밝은 자주적 공민(公民)이 정치의 주체가 되어 다스리는 자치 공동체를 지향하며 그 전제조건으로 시민 의식과 덕성을 강조한다. 공화국의 시민은 공적 이익을 위해 사적 이익을 양보하는 덕성을 발휘하는데 이는 전체 집단을 위한 개인의 일방적 희생이 아니라 공익의 실현을 통해 개인의 행복을 증진시키기 위한 자발적 양보라는 점에서 집단주의 전통과 구별된다.

공화주의 사상은 역사적으로 르네상스 시대에 이탈리아의 도시국가들이 고대 그리스의 민주주의 전통을 계승하는 가운데 발달

89 앤드류 헤이우드, 조현수 역, 앞의 책, p. 733에서 재인용.

하였다. 그래서 민주주의 이론과 주요 가정을 공유하고 있으나 강조점의 차이로 인하여 민주주의에 대한 대안으로서의 모습도 지니고 있다. 민주주의 이론은 인민이 주권자이며 모든 정치권력은 인민의 직접투표와 자유선거에서 나온다는 점을 우선적으로 강조하지만, 공화주의는 인민의 자치와 공민으로서의 덕성을 강조한다. 직접 민주주의와 민중 지배의 부작용을 염려했던 미국 건국의 아버지들은 독립선언서나 헌법에 민주주의라는 용어를 사용하지 않았다.[90]

최근 들어 많은 민주국가에서 자유주의 이론이 대세를 이루고 개인주의 공공철학이 확산되면서 공공 영역에서 인민의 자치를 실현하기 위한 시민 역량이 부족해지는 모습이 나타난다. 현대 자유민주주의 이론은 개인의 권리와 인민의 주권을 강조할 뿐 사회구성원들의 시민 의식과 덕성에 대해서는 침묵하는 경향이 있다. 그 결과 현대 민주국가의 시민은 정치의 주인이 아니라 고객으로 전락하고 있다. 그러나 민주주의는 단순히 국민이 원하는 것을 제공하기 위한 정치제도가 아니다. 올바른 민주정치는 국민이 자신들의 주장을 되돌아보고 판단하고 수정하도록 이끈다. 그래서 민주국가의 시민은 고객과 달리 공공선을 위해 자신의 욕구를 희생할 수 있어야 한다.[91]

민주정치를 지키기 위해서는 유권자 시민 역시 민주주의의 핵

---

90 미국 건국 당시 공화주의 개념과 특징에 대해서는 황해붕, "독립혁명기 미국 공화주의의 기본 원리들과 변형," 『미국사연구』, vol. 1 (1993), pp. 19-46; 김남균, "미국 혁명의 공화주의," 『미국사연구』, vol. 35 (2012), pp. 1-32 참조.

91 전통적 공화주의 이론에 공동체 요소를 가미한 공동체주의적 공화주의 이론이 등장하고 있어 주목을 끄는데 그 대표적 예는 마이클 샌델, 안진환 · 이수경 역, 앞의 책, p. 41 참조.

심 속성인 자치와 여백의 원리를 잘 이해하고 지키려는 노력이 필요하다. 시민은 민주주의 제도에 남겨진 여백을 개인적 이념이나 목적으로 채우려는 정치 선동가의 유혹에 빠지지 않아야 한다. 정치적 사건이나 과제에 대해 정치가만큼 자세히 알지 못하더라도 시민 스스로 민주정치의 고객이 아닌 주체로서의 의식을 분명히 하고, 민주정치의 특성을 잘 이해하며, 그에 적합한 공직자를 제대로 선출할 때 민주정치의 지속가능성은 높아진다. 시민은 교묘하게 속내를 감추고 있다가 정치권력을 장악한 독재자에게 주권자로서 저항권을 발휘할 수 있는 용기를 가지고 있어야 한다.

Chapter 7 토론 사항

민주정치는 최상의 정치인가, 어떤 원리를 가지고 있는가? (의미와 특성)

민주주의 옹호론과 회의론은 어디에서 차이가 나는가? (이론적 근거)

민주정치제도에 약점이 있다면 무엇인가? (약점과 한계)

독재정치가 꾸준히 나타나는 이유는 무엇인가? (반대 사례)

민주정치의 가치는 어디서 찾아야 하는가? (가치 발견)

민주정치를 지키려면 무엇이 필요한가? (지속가능조건)

Chapter 8

세계화 시대의 민주정치

"거대한 힘을 가진 주권국가들이 있는 한 전쟁은 피할 수 없다"
– 앨버트 아인슈타인 (Albert Einstein, 1879~1955), 이론 물리학자

"무제한적인 전쟁은 더 이상 무조건적인 승리를 가져오지 못한다. 그것은 더 이상 분쟁을 수습하는 데 도움이 되지 않는다. 더 이상 강대국만의 관심사도 아니다. 바람과 물과 공포에 의해 확산되는 핵 재난은 강대국과 약소국, 부국과 빈국, 전쟁을 한 나라와 하지 않은 나라 모두를 삼킬 수 있다. 인류는 전쟁을 끝내야 한다. 그렇지 않으면 전쟁이 인류를 끝낼 것이다"
– 존 F. 케네디 (John F. Kennedy, 1917~1963), 미국 제35대 대통령

개요

민주주의 이론이 소홀히 다룬 민주정치의 공간 범위 문제에 대해 생각해본다. 세계화 시대에 국경 밖의 세계가 국내 민주정치에 미치는 영향을 검토하고, 국내정치와 국제정치의 차이점에 대해 알아본다. 세계화의 흐름이 민주정치를 증진하고 제한하는 이중적 효과에 대해 살펴본다. 향후 민주정치가 국제사회에까지 확장될 수 있는지에 대해 관련 논의와 주장을 소개하고 그 시사점을 생각해본다.

주요 개념어

01. 민주정치의 공간 범위, 국내정치와 국제정치의 차이점, 홉스적 국제질서관, 칸트적 국제질서관, 그로티우스적 국제질서관, 안보 딜레마, 동맹정책, 세력균형이론, 패권안정이론

02. 밀집형 세계화의 특성, 세계화의 민주정치 증진 효과, 글로벌루션 효과, 세계화의 민주정치 제한 효과

03. 세계시민 민주주의 모델, 일국 민주주의의 세계화 방안, 국제질서의 민주화 방안

01 국제정치에도 민주주의가 가능한가

민주정치의 공간적 범위

인민 대중의 자치를 핵심 원리로 삼는 민주주의 이론은 민주정치가 시행되는 공간적 범위에 대해서는 다소 모호한 입장을 보인다. 특히 국민 국가의 영역 밖에 존재하는 국제사회에 대해서는 진지한 검토가 없었던 것으로 보인다. 국경 밖의 세계가 민주정치에 미치는 영향은 민주주의 이론에서 거의 고려되지 않았고 국가 공동체의 정치 생활은 외부 세계보다는 국내적 요인에 의해 좌우된다고 본 것이다. 그 결과 국제사회와 국제정치는 민주주의 이론에서 방치된 영역으로 남아 있다.

이 같은 현상은 정치가 영토를 기반으로 하는 활동이라는 점에서 쉽게 이해된다. 국내정치가 영향을 미치지 않는 영토 밖의 세계는 민주주의 이론에서 주목받는 대상이 아니었다. 여기에 국민 국가의 주권 개념이 확립되고 각 국가가 자신의 삶과 운명을 스스로 결정하는 존재로 여겨져 온 것도 민주주의 이론이 국내 지향적으로 남아 있게 된 이유를 설명한다. 주권국가의 영토 안에 있는 사람과 자원은 국가가 정한 제약에 의해서만 그리고 국가가 동의한 조약에 의해서만 영향을 받는다는 생각이 오랫동안 정치이론을 지배해 왔기 때문에 국경 밖의 세계와 사람들에 대해서까지 민주정치 이론이 관심을 가질 이유가 없었다고 볼 수 있다.

그러나 1990년대 이후 거세진 세계화의 흐름 속에서 범지구적 차원의 연결망이 구축되고 국가 간의 교류가 급증하면서 국내정치와 국제관계의 경계가 흐려지고 있다. 민주주의가 주장했던 인민 자치의 원리도 국제사회의 동향과 국제 정치경제적 요인에 의해 영향을 받는 단계에 도달하였다. 국경 밖의 활동과 관계가 국내 공동체의 삶과 정치생활에 실질적인 영향을 미치기 시작한 것이다. 21세기에 민주정치가 지속가능하기 위해서는 그 시야를 국내 공동체에서 국제사회로 넓히는 것이 필요해 보인다. 그리고 민주정치의 원리가 국경을 넘어 국제사회와 국제관계에까지 확대될 수 있는지에 대한 검토도 필요해 보인다.

국제정치와 국내정치의 차이점

국제사회가 국내사회와 다르게 보이는 것은 국제사회가 가진 몇 가지 특징 때문이다. 첫째로, 국제사회에는 공권력을 가진 중앙 정부가 없다. 국제사회는 국제법상으로 동등한 지위를 가진 주권국가들과 국민들로 구성되어 있고 각 국가는 자국의 법체계와 통치 조직을 보유하고 있다. 오늘날 유엔(UN)이 존재하기는 하지만 이는 중앙 정부가 아니라 국가 간 연합체이자 다자회의 기구이다. 개별 국가와 국민의 행위를 규제할 수 있는 세계정부와 같은 정치적 권위체는 존재하지 않는다. 대신에 정부, 정부 간 국제기구(IGO), 비정부 국제기구(INGO), 다양한 초국적 압력집단 등이 참여하고 관리하는 다국적 다자주의 거버넌스 체제가 발달하고 있다.

세계정부와 공권력이 없는 국제사회의 정치질서에 대해 여러 해석이 가능한데 국제정치학에서는 세 가지의 견해가 제시되고 있다. 그중 홉스(Thomas Hobbes, 1588~1679)적 견해를 취하는 사람들은 국제사회를 '만인 대 만인의 투쟁'에 가까운 무정부 상태로 보고 자국의 안보와 국민의 안전을 최우선 과제로 삼는다. 각 국가는 스스로 안전과 생존을 확보해야 하기 때문에 국가는 힘(power)을 추구하게 되고 국가 간 힘의 경쟁이 국제관계를 이끌어가는 핵심적 요인이라고 본다. 이 같은 홉스(Hobbes)적 입장은 현실주의(realism) 국제정치이론에 의해 대변되어 왔다.

이에 비해 칸트(Immanuel Kant, 1724~1804)적 견해를 따르는 사람들은 국제사회에도 공통된 생각과 공공선 개념이 존재하며 국가 간의 관계에도 보편적인 도덕규범이 작용한다고 본다. 국제정치는 본질적으로 갈등 지향적이 아니며 국제사회에 존재하는 보편성을 기반으로 범세계적 질서도 가능하다는 입장을 취한다. 이 같은 칸트(Kant)적 입장은 이상주의(idealism) 국제정치이론에 의해 대변되어 왔다.

이와 달리 네덜란드의 법학자이자 정치가였던 그로티우스(Hugo Grotius, 1583~1645)의 견해를 따르는 사람들은 홉스(Hobbes)적 입장과 칸트(Kant)적 입장의 중간에 서 있다. 국가 간 관계는 투쟁적인 것만이 아니며 공동 규칙과 제도에 의해서도 규율되고 조정된다고 본다. 그러면서도 주권국가가 여전히 국제사회의 주요 실체임을 강조한다. 이 견해에 따르면 국제사회가 국가 간 전쟁과 투쟁의 상태에 놓여 있는 것은 아니지만 범세계적 질서를 지향하는 국제 공동체의 모습도 아닌 것이 된다.

둘째로, 국제사회는 국내사회에 비해 월등히 다양한 행위자들로 구성된다. 이들 행위자 간의 격차와 이질성은 국내사회의 경우와 비교할 수 없을 정도로 크다. 국내사회의 주요 행위자는 시민과 사회조직과 국가기관으로 구성되며, 개인 간 그리고 사회조직 간의 구별과 격차는 민주화와 복지화 과정을 거치면서 계속 줄어왔다고 볼 수 있다. 그러나 국제사회는 주권국가뿐만 아니라 방대한 수의 기능별, 지역별 국제조직과 다양한 국제 무대에서 활동 중인 개인들에 의해 채워진다. 이들 국제사회의 행위자 간에 구별과 격차는 좁혀지지 않은 채 그대로 존속되고 있다. 예를 들어 국가는 국제법상으로 동등한 지위를 인정받지만 강대국과 약소국 사이에는 인구, 지리, 자원, 기술, 경제력, 군사력 측면에서 엄청난 차이가 존재한다. 국제사회에는 거대국가와 협소국가, 선진국과 후진국, 강대국과 약소국이 공존하고 있다. 국제조직의 경우에도 정부 간 조직(IGOs)과 비정부간 조직(INGOs), 범지구적 조직과 지역별 조직, 정치 · 경제 · 문화 · 보건 등 다방면의 국제 업무와 관련된 조직에 이르기까지 실로 다양한 유형과 국적의 집단들이 국제사회에서 활동 중이다. 국제조직 간의 다양성은 국내 사회조직의 경우와 비교할 바가 아니다.

결론적으로 국제사회는 국내사회보다 훨씬 더 복잡하고 불안정하고 이질적인 요소들로 구성되어 있다고 봐야 한다. 특히 국제사회의 행위자 사이에 존재하는 다양성과 불균등성의 문제는 국제정치를 국내정치와 다른 것으로 보게 하는 이유가 된다. 이 같은 국제사회의 특징은 민주주의의 이념과 제도가 국제사회에 적용될 수 있을 것인지에 대해 의문을 갖게 한다. 앞 장에서 논의하였듯이 민주정치는 사회구성원 다수가 공동체의 집단의사 결정에 참여하게 함으로써 '일반 대중의 참여'와 '다수의사의 결정'이라는 원리를 구현한다. 그 같은 원리는 구성원들이 서로를 '동등한 존재로' 그리고 '같은 공동체 집단의 동료로' 인식할 때 실현이 가능하다. 국제사회의 구성 요소가 갖는 다양성과 이질성을 고려해 볼 때 국가 사이에 혹은 세계 시민 사이에 민주주의 이론이 가정하는 평등성과 동료의식이 얼마나 형성될 수 있을지 의문이 제기된다. 그래서 지금까지 국제정치는 각국의 민주정치와는 많이 다른 모습을 보여 왔다고 할 수 있다.

국제정치의 핵심적 이슈

국내정치와 국제정치의 차이점은 양쪽의 핵심 이슈에서도 나타난다. 국내 민주정치에서는 권력의 분립과 구성원의 권리 보장이 중요한 이슈가 되지만 국제정치에서는 구성원(국가와 국민)의 안전이 가장 중요한 이슈가 된다. 중앙 정부와 공권력이 존재하지 않는 국제정치에서 전쟁은 국가 간 분쟁의 해결 수단으로 사용되어 왔고 국가는 자신의 안보와 권리를 지키기 위해 국력을 강화하게 된다. 이를 위해 국가는 영토를 확대하고, 인구를 늘리고, 경제 발전을 통해 부와 군사력을 강화시키는 데에 주력한다. 그러나 모든 국가가 국력을 증강할 수 있는 것은 아니며 그 같은 방안이 여의치 않은 중소 국가에서 안보 문제는 중차대한 과제로 다가온다.

이에 대해 국제정치이론은 세 가지 대안을 제시하는 데 첫 번째로, 동맹정책의 제안이다. 강대국과 1:1로 맺는 상호방위조약은 이 같은 동맹정책의 구체적 표현이며, 두 국가 간의 양자동맹 외에 여러 국가들과 함께 하는 다자동맹도 가능하다. 서유럽 국가들과 미국이 함께 하는 대서양조약기구(NATO)가 다자동맹의 대표적인 예이다. 두 번째로, 집단안보체제도 안보 문제를 해결하기 위한 방법으로 제시된다. UN이 대표적인 예라 할 수 있는데 회원국 모두가 UN의 안보 협정에 가입하고 관련 의무를 준수하게 함으로써 개별적인 군사행동을 자제하도록 하며, 위반 국가가 발생할 경우 UN 차원의 집단자위권을 발동하여 제재를 가한다는 구상이다. 세 번째로, 동맹정책이나 집단안보체제에 의지하기 어려운 국가들, 특히 강대국 사이의 전략적 요충지에 자리 잡고 있는 국가의 경우에는 중립화 방안이 하나의 대안으로 떠오르기도 한다. 독일, 프랑스, 이탈리아, 오스트리아에 둘러싸여 있는 스위스의 중립 정책이 그 대표적인 예라 할 수 있다. 그러나 중립화 방안은 인접 강대국이 약속을 파기할 경우 바로 실패하기 때문에 이 역시 안보 문제의 완벽한 해결책이라 보기는 어렵다.

국가 안보와 함께 국제 평화도 국제정치의 핵심적 이슈가 된다. 전쟁이 국가 간 분쟁의 해결 수단으로 그리고 외교정책의 수단으로 사용되는 국제사회에서 전쟁 방지와 평화 유지는 중요한 과제가 아닐 수 없다. 전쟁과 반인륜 범죄에 관한 국제법과 국제조약이 발달해 왔지만 개별 국가의 군사행동을 막기에는 한계가 있다. 국제법과 더불어 UN 주도 하의 집단안보체제라는 해법이 시행되고 있으나 이 역시 집행력의 한계로 충분한 실효를 거두지 못하는 실정이다. 현재 UN 안전보장이사회의 5대 상임이사국(미국, 영국, 프랑스, 러시아, 중국)에는 의사결정 거부권(veto power)이 부여되어 있는데 거부권의 행사로 집단자위권의 발동이 부결되는 일이 심심치 않게 일어난다. 집단자위권이 발동되더라도 실제로 군대를 파견하는 것은 회원국의 의사에 달려 있기 때문에 그 집행력에도 약점이 존재한다.

국제 평화의 유지와 관련하여 국제정치학은 세력균형이론과 패권안정이론을 제시한다. 세력균형이론(the balance of power theory)은 적대적인 경쟁 세력 간에 힘의 균형이 이루어질 때 어느 일방의 군사적 행동을 막고 평화를 유지할 수 있다고 말한다.[92] 비슷한 힘을 가진 국가와 전쟁을 벌일 경우 승산이 적고 이기더라도 피해가 크기 때문에 섣불리 군사 행동에 나서지 않을 것으로 보는 것이다. 그러나 잘못된 정보나 주관적 해석으로 힘에 대한 평가가 잘못될 경우 실제로 세력균형의 상황임에도 불구하고 전쟁이 발발할 가능성이 있다는 점이 지적되어 왔다.

이에 비해 패권안정이론(the hegemonic stability theory)은 압도적인 힘을 갖는 패권 국가(the hegemonic power)가 존재할 때 국제 평화가 유지될 가능성이 높다고 말한다.[93] 패권 국가는 국제질서를 유지하는

---

92 그 선구적 예로 Hans J. Morgenthau, *Politics among Nations* (New York: Alfread P. Knopf, 1973); Kenneth N. Walz, *Theory of International Politics* (Reading, Mass: Addison-Wesley, 1979) 참조.

93 그 선구적 예로 Stephen D. Krasner, "State Power and the Structure of International Trade," *World Politics*, vol. 28 (1976), pp. 319-321; Robert Gilpin, *War and Change in World Politics* (Cambridge: Cambridge University Press, 1981) 참조.

데에 필요한 공공재와 게임의 규칙을 제공하고 나머지 국가들은 패권국이 설정한 국제질서에 순응하게 된다고 본다. 19세기 영국 주도 하의 평화(Pax Britannica)와 20세기 미국 주도 하의 평화(Pax Americana)가 그 대표적인 예로 거론된다. 그러나 패권국의 지위가 영구적인 것은 아니며 패권국의 지위를 놓고 강대국 사이에서 전쟁이 일어날 수 있다. 기존 패권국의 체제유지 능력이 쇠퇴하고 국력이 급성장한 다른 강대국의 도전이 있을 경우 새로운 패권국에 의한 국제질서가 등장할 것으로 예상한다.

이상에서 살펴본 국가 안보와 국제 평화의 문제는 국제질서가 국내질서와는 사뭇 다른 환경 속에서 고유의 특성을 지니고 있음을 시사한다. 무엇보다도 국제사회에서는 국내사회에서와 같이 민주정치의 이념과 제도가 사회 전반적으로 확대되어 나가기 어렵다는 인상을 준다. 이 점은 현재 주요 국제기구의 구성 방식이나 의사결정 과정에도 잘 나타나고 있다. 국제기구의 구성과 운영에서 민주적 절차와 제도가 꾸준히 도입되고 있지만 중요한 부분에 대해서는 주도적인 국가들에만 특별한 지위와 권한이 부여되는 모습이 관찰된다. UN 안전보장이사회의 5대 상임이사국에 부여된 거부권(veto power)이 그 한 예이다. 국제경제 부문에서 중추적 역할을 하고 있는 국제통화기금(IMF)과 세계은행(World Bank)의 경우에도 조직의 수장을 뽑을 때 국제통화기금(IMF) 의장은 유럽연합에서 그리고 세계은행(World Bank) 총재는 미국 정부가 추천하는 인물을 선출하는 관례가 이어져 오고 있다. 이러한 사실은 국제정치에 민주주의 원리를 적용하는 것이 완전히 불가능한 것은 아니지만 현재 국제정치의 현실은 민주주의 원리와는 일부 차이가 있음을 시사한다.

02 세계화는 민주정치에 어떤 영향을 미치는가

국제사회와 국내사회의 본질적 차이로 인하여 국제정치의 모습은 민주주의 원리와 격차를 보이고 있지만 20세기 후반에 시작된 세계화의 흐름 속에서 국제사회와 국내사회의 간격은 이전 어느 때보다 줄어들고 있다. 국가 간에 급격히 늘어난 각종 교류와 이를 공동으로 관리하기 위한 정부 간 협정의 증가는 국내정치에 영향을 미치는 국제적 요인의 범위를 확대시키고 있다. 그 결과 민주주의의 핵심적 이념인 국민자치의 원리도 여러 부문에서 국제적 요인에 의해 제한받는 상황이 되었다. 다른 한편 세계화의 흐름은 폐쇄적이고 중앙집권적인 국가들의 자유화와 민주화를 촉진함으로써 민주정치의 확산을 가져오는 촉매제의 역할을 하기도 한다. 이 점에서 현시대의 세계화는 민주주의와 이중적 관계에 놓여 있다고 말할 수 있다.

세계화 개념과 특성

세계화란 인간사회의 제반 활동과 관계가 국경을 넘어 초대륙적으로 연결되는 현상을 말한다. 세계화로 연결되는 대상은 상품과 서비스 그리고 금융자본과 같은 경제적 자원뿐만 아니라 사람들의 생각과 문화 그리고 여행에 이르기까지 거의 모든 사회적 활동과 관계를 포함한다. 초대륙적 연결 현상은 고대 정복국가와 제국의 등장 및 대륙 간 원거리 교역에서 그 선례를 찾아볼 수 있지만, 연결의 속도와 강도와 영향력이 모두 고강도로 진행되는 '밀집형 세계화(thick globalization)'의 사례는 1870~1914년의 기간에 서구 산업국가를 중심으로 진행되었던 '제1차 세계화'와 1980~2007년에 범세계적으로 진행된 '제2차 세계화'에서 찾아볼 수 있다.[94]

앞서 제1부의 미래 국가의 전망 부분에서 언급한 바와 같이 제2차 세계화는 1980년대 초 영국의 대처리즘(Thatcherism)과 미국의 레이거노믹스(Reaganomics)로 대변되는 신자유주의 정책에 의해 표면화되고, 1995년 세계무역기구(WTO)의 출범으로 제도화되었다. 그 과정에서 1989~1991년 소련과 동구권의 공산주의체제가 붕괴되어 동서 간 이동의 장벽이 해체되었고 2000년대에는 동아시아의 신흥공업국을 중심으로 세계경제의 성장이 지속되었다. 제2차 세계화는 한 세기 전의 제1차 세계화보다 그 범위와 규모가 훨씬 더 확대되었을 뿐만 아니라 1차 세계화와 달리 WTO에 참여한 회원국들로부터 정책적 지지를 받았다. 또한 1차 세계화가 주로 운송기술의 발달에 기반을 두었던 것과 달리 2차 세계화는 정보기술혁명이 이뤄낸 통신기술의 발전에 기반하고 있었다. 대륙 간 장거리 전화, 인공위성, 컴퓨터, 인터넷으로 대변되는 정보기술혁명은 글로벌 차원의 정보화 경제체제를 촉진하는 동력이 되었다.

이 같은 시대적 상황을 반영하여 제2차 세계화는 <표 20>에 정

94 세계화의 유형별 구분과 개념에 대해서는 데이비드 헬드 · 앤터니 맥그루 외, 조효제 역, 『전지구적 변환』(서울: 창작과비평사, 2002), pp. 48-49 참조.

리된 바와 같이 세 가지의 원리를 기본 특징으로 한다.[95] 첫 번째는 '자유화'의 원리로서, 이는 각종 인위적 장벽의 철폐와 탈규제를 의미한다. 국내적으로 탈규제는 국가의 개입과 지시로부터 벗어나는 것을 말하며 여기에는 국가가 설정한 보호막의 해체도 포함된다. 그만큼 개인과 민간조직의 자율성이 강화되는 것을 뜻한다. 국제적으로 탈규제는 국가 간 인위적 장벽의 제거를 뜻한다. '자유화'가 세계화 시대의 이념적 가치이자 행동 준칙을 나타낸다면 두 번째의 '지구화'의 원리는 세계화 시대에 국가와 기업 그리고 개인의 활동 범위를 의미한다. '지구화'는 탈규제의 자유화 원리가 범지구적으로 확대되는 것을 뜻한다. 세 번째의 '정보화' 원리는 세계화 시대의 기술적 기반이자 활동 수단을 나타낸다. 단순히 정보가 중요해졌다는 의미가 아니라 모든 사회 활동에 정보기술이 적용되고 그 과정에서 정보기술의 신 개념과 방법론이 개척되는 새로운 기술 패러다임이 등장하였음을 의미한다.

---

95 제2차 세계화의 중심 원리에 대해서는 이인성, 앞의 책, pp. 46-49 참조.

<표 20> 세계화의 3요소: 자유화, 지구화, 정보화의 관계

	전반적 의미	경쟁 측면	가치 창출 측면	효과	세계화에 대한 기능
자유화	이념적 가치이자 행동 준칙	경쟁의 원칙 "자유롭게 조직하고 활동"	가치 창출의 게임 규칙	분권화 개체화 자율화	정치적, 사회적 정당화
지구화	공간적 범위이자 활동 대상	경쟁의 범위 "전세계를 무대로"	가치 창출의 대상과 범위	광역화	공간적 확산
정보화	기술적 기반이자 활동 수단	경쟁의 수단 "정보기술을 토대로"	가치 창출의 방법과 원천	유연화 복합화	지속적 혁신

세계화의 민주정치 증진 효과

세계화는 국가와 정치세력의 힘을 제한하는 속성을 지니고 있다. 세계화에 내재되어 있는 '개방 - 공유 - 협력 - 경쟁'의 논리는 중앙통제체제의 경직성과 약점을 드러내는 강력한 무기가 된다. 제2차 세계화가 진행되는 동안 개별 국가의 특성과 성과가 적나라하게 드러나면서 정치 엘리트가 지배하던 중앙통제체제는 급격히 신뢰를 잃는 모습이 나타난다. 일반 시민이 세계의 정부들을 비교하고 부패한 지도자와 독재정부의 무능함을 제대로 알게 되는 일이 많아졌기 때문이다. 1990년대에 소련과 동구권의 국가 독점형 공산주의 체제가 무너진 것도 같은 맥락이라고 볼 수 있다. 또한 1997년 동아시아 국가들이 겪은 경제위기도 국가 주도 경제체제가 갖는 한계를 드러낸 사건이라고 할 수 있다. 자유화와 탈규제를 지향하는 세계화의 흐름 속에서 폐쇄적이고 중앙집권적인 통제체제는 쇠퇴하게 되었다.

이 같은 통제체제의 쇠퇴는 개인과 시민사회의 자유를 신장시키는 결과를 낳았다. 해외여행과 국외 이주의 기회가 늘어나면서 사람들이 자신의 출생지와 소속 집단의 굴레에서 벗어날 수 있는 기회가 증가하고, 장거리 통신과 인터넷의 발달로 사회적 고정 관념과 전통문화의 영향에서 벗어나는 것이 용이해졌다. 자유화가 민주주의의 확대로 즉각 이어지는 것은 아니지만 개인과 시민사회의 자율성 회복이 민주주의에 대한 갈망을 높이는 촉진제가 되는 것은 분명하다.

세계화는 자유화와 함께 민주화를 촉진한다. 당초 세계화의 신봉자들은 무역과 투자의 확대가 개발도상국의 경제 번영을 가져오고 이들 나라에서 경제 발전은 민주주의를 촉진할 것이라는 기대를 가지고 있었으나, 글로벌 기업이 주도한 제2차 세계화는 모든 참여국에 경제 번영을 주지 못했고 오히려 국내 불평등을 증가시켜 민주정치의 기반을 약화시키는 경우가 많았다. 그러나 세계화는 다른 방식으로 민주화를 추진하는 모습을 보여준다. 그 시작은 개발도상국의 독재 정권이 신속한 경제성장을 기대하며 글로벌 경제체제에 접속하는 것이다. 개발도상국 정부는 국제 자본과 선진 기술을 유치하기 위하여 글로벌 스탠다드(global standards)를 갖추도록 직·간접의 압력을 받게 되고 필요한 개혁 조치를 밟게 된다. 이때 투명한 회계와 재무관리 체계, 다변화된 주식시장, 정치부패의 축소와 이를 감시하기 위한 자유 언론 등이 국제 투자가 집단의 단골 요구 사항으로 등장한다. 이 같은 요구 사항은 개발도상국의 운영체계와 정책집행 과정을 민주화시키는 요인으로 작용한다. 국제문제 칼럼니스트인 토머스 프리드먼(Thomas L. Friedman, 1953~)이 말한 세계화의 민주화 혁명 즉, '글로벌루션'(globalution) 효과가 발생하는 것이다.[96]

개발도상국에 글로벌루션 효과가 진행되는 중에 불어 닥친 금융 위기와 사회 불안정 사태는 민주화 열망이 가득한 시민그룹의 정치적 행동을 촉발시켜 독재 정권을 순식간에 무너뜨리는 결과를 낳았다. 인도네시아에서 1966년부터 지속되어온 수하르토(Haji Mohammad Soeharto, 1921~2008) 독재 정권이 1997년 동아시아 금융위기를 거치면서 1998년에 몰락한 것이 그 대표적인 예이다. 이와 같이 세계화는 이전과는 다른 방식으로 정치 민주화를 촉진해왔다.

세계화의 민주정치 제한 효과

세계화로 인한 국가 간 연결은 정치 부문에 큰 변화를 초래하였는데 중앙 정부가 독점적으로 관할하던 많은 기능이 국제조약이나 국가 간 협정을 통해 외국 정부나 국제조직과 공유되는 일이 대폭 증가한 것이다. 초국가적 활동과 관계가 경제협력, 사회교류, 보건위생, 환경보전, 국가안보 등의 이슈 영역으로 확대됨에 따라 이를 관리하기 위한 수많은 국제협정이 생겼고 이들 협정은 전통적인 국가의 주권을 제한하고 있다. 국제적으로 공동 관리하고 조정하

---

96 Thomas L. Friedman, *The Lexus and the Olive Tree: Understanding Globalization* (New York: Anchor Books, 2000), "Ch. 9 Globalution," pp. 167-193 참조.

는 절차들이 등장하면서 국제사회의 의사결정구조에도 중대한 변화가 발생하고 있다. 정부, 정부 간 국제기구(IGO), 비정부 국제기구(INGO), 다양한 초국적 압력집단이 참여하는 다국적 다자주의 집단 의사결정 방식의 발달이 변화의 예가 된다.

그 결과 국가가 누리던 불가분의, 무제한적이고, 배타적이고, 영속적인 주권 개념은 사라지고 국가와 초국적 기관 사이에 분할된 공권력이 현대 사회의 공동체 삶을 지배하기 시작하였다. 새롭게 등장한 공치체제(共治體制)가 향후에 어떤 방향으로 진행할 것인지는 더 두고 봐야겠지만 중앙 정부의 권한이 국제사회의 행위자들과 공유되기 시작한 상황은 민주주의의 국민자치 원리가 제한될 가능성이 커졌음을 시사한다. 예를 들어 개별 국가와 국제조직 간의 관계를 살펴볼 때 만국우편연합(UPO), 국제전기통신연합(ITU), 세계기상기구(WMO) 등과 같이 주로 기술적 문제를 다루는 국제조직은 그 업무가 명확하게 정해져 있어 개별 국가와 마찰을 일으키기보다는 개별 정부가 제공해온 공공 서비스를 국제조직이 연장하여 제공할 것으로 예상된다. 그러나 국제통화기금(IMF), 세계은행(World Bank), 세계무역기구(WTO), 유네스코(UNESCO) 등과 같이 규칙의 제정 및 자원의 할당 업무와 관련된 국제조직은 정책 통제권을 둘러싸고 개별 정부와 경쟁을 벌일 가능성이 있다. 또한 유럽연합(EU)과 같은 국제 지역 조직은 회원국을 강제할 수 있는 법의 제정 권한을 가지고 있으므로 회원국 정부는 더 이상 자신의 국경 안에서 유일한 권력체가 될 수 없게 되었다.

이처럼 정치 부문의 국제적 연계성이 커짐에 따라 국민의 삶에 영향을 미치는 결정이 국가 밖에서 내려지는 일이 늘어나고, 국민 다수가 내릴 수 있는 결정의 범위가 축소되는 상황이 전개되고 있다. 외부에서 내려진 결정이 국민의 삶에 실제적 영향을 미치지만 국민 다수가 그 의사결정에 참여하지 못한다면 민주주의 개념은 퇴색하게 된다. 민주주의의 개념은 국민이 통치하고 스스로 공동체의 미래를 결정한다는 점을 전제로 하기 때문이다. 그러나 이 개념은 현대 국가가 당면한 초국적 과제들과 범지구적 연계망의 증가로 도전을 받고 있다.

03 민주정치는 국경 밖으로 확장될 수 있을까

현시대의 국민공동체는 점점 더 많은 분야에서 정책과 행동을 독자적으로 계획하지 못하고 무엇이 자국민에게 맞는 것인지 혼자서 결정하기 어려운 상황에 놓이고 있다. 이런 상황을 인식하여 민주적 자치의 모델이 재검토되어야 한다는 의견이 제기된다. 특히 민주적 자치의 모델이 실현되기에 적절한 공간이 어디인지, 국민 국가를 넘어 초국적 영역에까지 확대되어야 하는지, 초국적 영역에서도 실현이 가능할 것인지에 대해 관심이 높아지고 있다. 정치공동체의 공간적 영역이 어떻게 바뀔지는 민주정치의 선이 실현되는데 적절한 장소가 어디인지에 달려 있다고 볼 수 있다.

세계시민 민주주의 모델

이 같은 질문에 대해 영국의 정치학자인 데이비드 헬드(David Held, 1951~2019) 교수는 세계시민 민주주의(cosmopolitan democracy) 모델을 제시하고 있다. 오늘날 국제사회에서 민주주의의 원리는 매우 제한적으로 적용되고 있고 이로 인해 각국의 민주정치의 효능도 떨어지고 있는 상황에 직면해 있는데 그는 국제지역과 세계 차원에서 민

주주의를 확대해 나갈 것을 주장한다.[97]

이를 실천하기 위한 구체적 방법으로서 헬드(Held)는 두 가지의 과제를 제시한다. 첫 번째 과제는 국민 국가가 다룰 수 없는 범세계적, 지역적 차원의 문제를 담당할 정치기구를 결성하고 그 기구가 독자적인 행정 역량과 자원을 갖게 하는 것이다. 개별 국가의 행정 역량과 자원이 국경 내에 머물고 있기 때문에 초국적 문제를 방치할 경우 이는 국가 공동체와 국민의 삶에 블랙홀(black hole)이 되고 국가 차원의 민주정치의 효능을 떨어뜨림으로써 민주주의에 위협이 될 수 있다. 그는 유럽연합(EU)과 같은 지역 차원의 정치조직과 유엔(UN)과 같은 범지구적 정치기구의 행정 역량과 자원을 강화하면서 동시에 민주적 책임성을 높이는 조치가 필요하다고 주장한다. 전반적으로 국민 국가의 역할을 인정하면서도 범세계적 혹은 지역적 결과를 초래하는 활동 영역에는 국가보다 상위의 정치기구를 구성하여 개별 국가 차원의 민주정치제도를 보완하게 하는 것이 중요하다는 것이다.[98]

두 번째 과제는 범세계적 혹은 지역적 정치기구의 의사결정에 일반 시민이 참여하고 숙의할 수 있는 통로를 만드는 것이다. 그는 유엔(UN)의 경우에는 법의 지배와 민주주의 원칙을 보완하도록 개혁하고, 남미나 아프리카와 같이 가능성이 있는 지역에는 유럽연합(EU)과 같은 지역 의회와 통치 구조를 창출하는 것이 필요하다고 주

97 이하 내용은 데이비드 헬드, 박찬표 역, 앞의 책, "제11장 민주주의, 국민국가, 전 지구적 체제," pp. 541-577 참조.

98 데이비드 헬드, 박찬표 역, 앞의 책, pp. 567-568.

장한다. 그리고 세계무역기구(WTO), 국제통화기금(IMF), 세계은행(World Bank)과 같은 국제조직의 경우에는 의제의 설정 과정을 개방하고 공적 조사를 수용하게 함으로써 민주적 책임성을 높일 것을 강조한다. 반면, 환경과 빈곤 그리고 복지 문제와 같이 정부 간 국제조직(IGO)의 집행력이 취약한 부문에는 새로운 국제기구를 만들어 세계무역기구(WTO)나 국제통화기금(IMF)과 같은 시장 지향적 기관의 영향력을 상쇄시키는 것이 필요하다고 주장한다.

이와 더불어 헬드(Held)는 민간 부문에서 큰 소리를 낼 수 있는 일국적, 초국적 시민단체와 비정부 민간조직의 투명성과 책임성을 강화하고 업무 역량을 높이도록 지원할 것을 주문한다. 세계 시민이 관심을 갖는 사안에 대해 논란이 발생할 때에는 국민과 국가를 넘어 지역적 혹은 세계적 수준에서 투표를 실시할 것을 제안한다. 이 경우 그는 각국 시민을 대표하는 표본 집단에 의한 투표나, 해당 정책의 주요 대상이 되는 집단에 의한 투표, 혹은 정책결정자와 각국 의회 의원들에 의한 투표 등 여러 방법이 고려될 수 있다고 설명한다.[99]

결론적으로 헬드(Held)는 세계화 시대에 민주주의가 효과적이기 위해서는 일국적 성격을 버리고 초국적 모습을 가져야 하며 민주정치제도가 국제사회에서도 작동해야 한다고 생각한다. 이러한 견지에서 그는 민주정치제도의 국제적 확장을 주장할 뿐만 아니라 '지방 도시 - 국민 국가 - 국제지역 - 전세계'의 차원별로 효율적이고 책임 있는 역량을 갖춘 세계시민 민주정치 네트워크를 21세기의 민주정치 모델로 제시하고 있다.

---

99 데이비드 헬드, 박찬표 역, 앞의 책, pp. 568-571.

일국 민주주의의 세계화 vs. 국제질서의 민주화 두 방안

국제사회에 민주주의 제도를 정착시키고 확대하는 일과 관련하여 민주국가의 수를 늘려 가는 방안(민주주의의 세계화)과 국제관계를 민주화시키는 방안(국제질서의 민주화)이 실천 방안으로 제시된다.[100] 여기서 '민주주의의 세계화'란 일국 차원의 민주주의를 심화하고 그 같은 민주국가의 수를 범세계적으로 늘려가는 것을 의미하는데, 그것이 이루어질 경우 많은 국가에서 국제질서를 민주적으로 관리하자는 기대와 압력이 높아질 것으로 전망한다. '국제질서의 민주화' 방안은 초국적 기구와 초국적 시민사회를 포함하여 국제사회와 국제정치체제를 민주적인 것으로 만드는 데에 초점을 둔다.

일국 민주주의의 심화와 확산, 그리고 국제질서의 민주화라는 두 개의 방안은 민주주의가 국제사회에서 자리 잡기 위해 추진되어야 할 과제이자 거쳐야 할 과정으로 비친다. 그러나 그 중 어느 것이 선결 과제인지를 놓고 학자들 사이에서 의견이 엇갈리는 모습이 나타난다. 한 쪽에서는 일국 차원의 민주주의의 심화와 확산이 비민주적인 국제질서에 의해 가로막혀 있다고 주장한다. 국제관계가 근본적으로 홉스(Hobbes)가 말한 무정부 질서에 의해 지배되고 모든 국가가 안보 딜레마에 직면해 있기 때문에 일국 차원의 민주주의도 발전

100 두 방안의 특징과 쟁점에 대해서는 강정인 · 김세결 편, 『현대 민주주의론의 경향과 쟁점』 (서울: 문학과 지성사, 1994) 참조.

에 한계가 있다고 본다.[101] 또한 오늘날과 같이 초국적 상호 연계망이 심화되고 실제적 정책결정이 국민 국가 밖에서도 내려지는 상황에서 일국 민주주의는 불평등한 국제관계와 비민주적 관행에 의해 위협받게 되었다고 본다. 이런 견지에서 일국 민주주의의 세계화는 국제질서의 민주화가 선행되지 않는 한 완성되지 못한다고 주장한다.[112]

다른 한편 국제질서의 민주화는 일국 민주주의의 세계화를 전제 조건으로 한다는 주장이 제기된다. 그에 따르면 국제사회의 민주주의는 국제평화를 전제로 하는데 비민주적이면서 집단주의 성향의 국가가 다수 존재할 경우 국제평화는 유지되기 어렵고, 그 결과 국제사회에서 민주주의의 실현 가능성도 낮아진다고 본다. 그렇기 때문에 국제질서가 민주화되기 위해서는 일국 민주주의의 심화와 확산이 필요하다고 주장한다. 지금까지 국제정치 분야에서 민주주의 문제에 대해 관심이 적었던 것은 대다수의 국가가 민주화되기 전까지는 국제사회에 민주주의가 가능하지 않다고 봤기 때문인데 그 같은 인식은 일국 민주주의의 확산 필요성을 뒷받침하는 것이라고 볼 수 있다.[103]

이상에서 살펴본 두 가지의 주장을 문장 그대로 병합할 경우

---

101 로버트 요한슨, "민주주의의 장애물로서 군사정책과 국가체계," 강정인 · 김세결 편, 앞의 책, pp. 334-365 참조.

112 Noberto Bobbio, "Democracy and the International System," in Daniele Archibugi and David Held, eds., *Cosmopolitan Democracy* (Cambridge: Polity Press, 1995), pp. 17-41 참조.

103 Daniele Archibugi and David Held, "Editors' Introduction," in Archibugi and Held, eds., *Cosmopolitan Democracy*, pp. 1-16 참조.

"국가는 완전히 민주화된 국제사회에서만 민주적이 될 수 있다. 그러나 완전히 민주적인 국제사회는 모든 국가가 민주적일 때 가능하다"는 악순환의 논리가 나타난다. 그러나 민주주의를 '민주 vs. 반민주'의 이분법적 결과론의 관점이 아니라 진화과정의 관점에서 바라본다면 일국 민주주의의 세계화 과정과 국제질서의 민주화 과정은 양자택일의 과제가 아니라 상호 보완적인 과제로 파악된다.[104] 일국 민주주의의 심화와 확산은 국제질서의 민주화를 촉진하고 그렇게 촉진된 국제질서의 민주화는 다시 일국 민주주의의 심화와 확산에 기여할 것이기 때문이다. 21세기 국제사회에 민주정치제도가 활성화되기 위해서는 더 많은 국가들에서 민주주의가 심화되어야 하고 이와 더불어 초국적 기구와 국제적 관행의 민주화 개혁이 병행되어야 할 것으로 생각된다.

---

104 강정인 · 김세결 편, 앞의 책, p. 46.

Chapter 8 토론 사항

국제정치에서도 민주주의가 통하는가, 민주정치는 국내용인가? (공간 범위)

국제정치는 국내정치와 무엇이 다른가? (특성)

국제 조약과 협정이 늘어나면 민주주의의 국민자치 원리는 어떻게 되는가? (충돌 요인)

세계화는 민주주의를 증진시키는가, 잠식하는가? (이중적 효과)

민주정치를 국경 밖으로 확장할 수 있는가, 그 방법은 무엇인가? (확대 방안)

Chapter 9

정치와 민주정치의 다음 과제

"민주주의가 무엇인지 안다는 믿음은 환상에 불과하다.
민주주의는 가까운 과거에 시작된 여러 가능성의 놀이일 뿐이며
우리는 아직 제대로 된 탐험을 시작하지도 못했다"
– 클로드 르포르(Claude Lefort, 1924~2010), 프랑스의 정치철학자

개요

정치의 의미를 재검토하고 그 안에 담긴 인간계발의 기능과 염원에 대해 생각해본다. 물질 중심의 '생물학적 삶'과는 다른 '정치적 삶'의 의미를 검토하고 미래 정치의 실천 과제로 강조한다. 민주주의 이념의 보편성에도 불구하고 민주정치를 정확히 알지 못하는 이유를 알아보고, 민주정치에 내재되어 있는 '결과의 불확실성'이 어떤 방식으로 제도화되어 있는지 검토한다. 이를 통해 민주정치는 고도의 균형과 다양한 제도적 가능성 위에 존재하며 그럴 때에 정치적 역동성과 창의성을 발휘한다는 점을 강조한다.

주요 개념어

01. 정치의 인간계발 기능, 생물학적 삶과 정치적 삶, 무차별적 경제논리와 효율성의 함정

02. 민주주의 교리의 보편성, 민주정치의 모호성, 결과의 불확실성과 절차의 확실성, 민주정치의 역동성과 창의성 발휘 조건

01 정치라는 특별한 기술과 정치적 삶의 의미

일상 언어에서 '정치'라는 말은 많은 것을 연상시킨다. 정치 관련 정보가 넘쳐나는 현대 사회를 살아가는 시민은 누구나 저마다의 방식으로 정치를 떠올리고 정의한다. 그리고 그 같은 선입관을 가지고 정치학을 대한다. 사람들은 정치학의 주제가 편견에 치우침 없이 공평하게 다루어질 수 있다고 믿지 않는 경향이 있다. 그 같은 의심이 심해지면 정치학은 과학적 지식이 아니라 단순히 권력과 통치의 기술로 비춰진다. 이에 대해 본서는 '정치'에 따라붙는 여러 일상적인 연상과 선입관을 걷어내고 정치는 기본적으로 공동체 생활에 관한 지혜이며 개인과 사회에 매우 중요하고 가치 있는 일이라는 점을 강조하고 있다.

정치의 의미 재성찰

정치는 사회적 활동이므로 고립된 개인은 정치활동을 할 수 없다. 정치는 함께 소통하고 행동하는 여러 사람들로 인해 발생한다. 그 같은 소통과 집단행동 안에는 여러 형태의 불일치가 존재하는데 구성원 사이에 서로 다른 욕구와 경쟁적 의견 그리고 상반된 이해관계는 함께하는 사람들 사이에 갈등을 유발시킨다. 정치는 그 같은 갈등을 해소하고 협력을 유지하는 데에 필요한 규칙을 만든다. 이처럼 정치는 공동체 삶 속의 갈등 및 협력의 문제와 밀접히 연관되어 있다. 보다 근본적으로 정치는 갈등의 해소 문제를 포함하여 인간이 공동체 생활을 영위하는 데에 필요한 집단의사를 결정하고 집행하는 기능을 수행한다. 이것이 필자가 정치를 바라보는 입장이다. 정치는 인간사회가 협업관계와 공동행동의 집단으로 발전하기 위해 개발한 기술이다. 정치는 단순히 통치의 기술이 아니라 조직의 결성과 집단역량의 창출을 위한 기술이며, 인간사회가 개발한 가장 오래된 기술 중의 하나이고, 그의 대표적 수단인 정부조직은 가장 보편적인 제도 가운데 하나이다.

정치활동을 통해 인간 사회는 소규모 그룹의 한계를 극복하고 거대하고 강력한 집단으로 성장할 수 있었다. 인간 사회는 정치활동을 원활히 하기 위한 수단으로서 오래전부터 정치권력체계와 정부조직을 개발하였고, 이들 제도는 진화를 거듭하여 현대 민주정치체제와 복지국가 모델에 이르고 있다. 그 사이 정치권력은 신분 계급에 의한 지배에서 직위에 근거한 권한의 개념으로 변하였고, 정부조직도 초기 정복국가의 통치기구 유형에서 산업화와 민주화 그리고 복지화를 실천하는 기구로 변모해 왔다. 대량 생산과 노동 분업을 지향하던 산업화 과정을 거치면서 정치의 개입 범위는 사회 전반으로 확대되었으나, 민주화 과정을 통해 국가는 일방적 통치기구가 아닌 국민자치의 실현 기구로 변해왔고, 복지화 과정을 통해 사회 대중을 위한 서비스 제공자의 모습을 띠게 되었다. 그 결과 정치의 의미도 사회관리와 통치를 넘어 구성원들의 발전과 행복을 촉진하는 활동으로 해석되고 있다. 그래서 현대 민주복지국가는 사회관리 기능뿐만 아니라 구성원들의 자기계발과 복지의 실현을 돕는 역할도 수행한다. 이하에서는 이 부분에 대해 조금 더 집중하여 논의하고자 한다.

정치에 담긴 인간계발 기능

구성원들의 자기계발은 정치학에서 낯선 주제가 아니다. 두 개념의 연관성은 고대 그리스의 아리스토텔레스(Aristotle)가 일찍이 인간을 '정치적 동물'로 규정한 데에서 잘 나타나고 있다. 그가 말한 정치적 동물은 단순히 함께 모여 살며 서로 돕고 조직을 갖추는 사회적 존재를 말하는 것이 아니었다. 수많은 동물도 군집생활을 하며 울타리를 이루고 분업을 하므로 그 같은 생물학적 공동의 삶은 인간 고유의 특성이 아니라 동물의 일반적인 특성으로 파악되었다. 아리스토텔레스(Aristotle)가 말한 정치는 구성원들이 공통의 과제와 비전을 논의하고 실천하는 삶을 말하며, 그는 이 같은 정치적인 삶을 통해서 인간이 인간답게 된다고 보았다. 인간에게는 단순히 먹고사는 생물학적 문제보다 어떻게 사는가를 결정하는 정치적 문제가 더 중요하며, 오로지 인간만이 공통의 문제를 이성과 언어로 풀어갈 수 있기 때문에 정치는 인간을 인간답게 만드는 중요한 시험대가 된다. 산업사회에서 정치의 사회관리 기능이 강화되면서 잊혔던 정치의 인간계발 기능이 현대 민주복지사회에 들어와 다시 조명을 받고 있다. 아직 먹고사는 생존의 문제와 생물학적 욕구가 완전히 해결된 것은 아니지만 인간의 존엄성, 올바른 삶, 사회 정의, 공적 참여 등에 대한 갈증의 목소리는 계속 커지고 있다.

여기서 주목할 점은 사회관리와 구성원의 자기계발이라는 정치의 두 기능이 상호 대립적이거나 양자택일의 대상이 아니라는 것이다. 오히려 구성원의 자기계발은 원활하고 성공적인 사회관리를 위한 필수조건의 의미를 지니고 있다. 현대 대중민주주의는 고대 그리스의 민주주의와는 근본적으로 상이한 구조를 가지고 있으나 아리스토텔레스(Aristotle)가 구분한 '생물학적 삶'과 '정치적 삶'의 차이는 현대 대중사회에서도 유의미하다. 이는 무한 경쟁의 경제구조 속에서 올바른 삶과 정치적 생명력 대신에 경제논리와 생물학적 욕구에 눌려 있는 현대 민주정치에 대한 재성찰의 필요성을 상기시킨다. 현대인의 삶을 지배하고 있는 경제논리는 생물학적 삶이 안전해질 때까지 정치적 삶은 잊으라는 메시지를 전달한다. 경제적 삶이 없다면 정치적 삶도 없지만 정치적 삶이 없는 경제적 생존 게임은 개인이나 사회공동체에 맹목적이고 황폐화된 삶을 가져올 수 있다. 이런 견지에서 공동체 구성원의 정치적 삶을 일깨우고 바로 세우는 정치가 요청된다.

그러기 위해서는 정치가 무차별적인 경제논리와 효율성의 함정에서 벗어나야 한다. 경제가 사회의 화두가 되고 경제적 풍요가 최고의 선이 되면 다른 가치들은 쉽게 무시된다. 경제논리에 가려서 웬만한 정도의 비도덕성은 묵인되고 도덕적 해이와 불감증이 퍼지게 된다. 잘 먹고 잘 사는 '생물학적 삶'이 어떻게 살아야 좋은 삶인지를 고민하는 '정치적 삶'을 압도하게 되는 것이다. 좋은 삶, 옳은 삶에 대한 고민은 도덕적 가치와 공공선의 문제와 마주칠 수밖에 없다. 현대 열린사회의 시민들은 도덕과 공공선에 대해 서로 다른 관점을 가지고 있지만 그렇다고 해서 그에 대한 논의를 회피하거나 덮어두기보다는 각자의 생각을 공공담론 속에 담아내고 서로 확인하고 조정하는 노력이 필요하다.[105] 이것을 시작으로 정치 영역에서 도덕적 가치관이 회복될 때에 생물학적 삶 이상의 정치적인 삶이 가능할 것으로 보인다.

---

105 이 같은 관점은 1980년대 이후 공동체주의 이론에서 많이 논의되고 있다. 그 대표적 예로 마이클 샌델, 안진환 · 이수경 역, 앞의 책, "Part 1: 도덕이란 무엇인가," pp. 26-151 참조.

02 민주정치의 끝나지 않은 질문과 숙제

현대 문명사회의 정치는 거의 예외 없이 민주주의를 표방하고 민주정치의 모양새를 갖춘 채 진행되고 있다. 지금의 단계에 도달하기까지 인간 사회는 오랜 세월 수많은 실험과 시행착오를 거쳐 왔다고 할 수 있다. 현 시대에 민주주의 교리를 정면으로 거부하는 주장이 나오지 않는 것을 보면 어느덧 민주주의가 보편적인 교리로 자리 잡은 것으로 보인다. 그래서 외골수의 정치인을 비판할 때 반민주적이라는 낙인이 사용되고, 실용주의 노선의 지도자는 자신의 정책을 민주주의 이름으로 옹호하는 모습을 보인다.

독재자들이 민주주의의 이름으로 정권을 정당화하는 사례도 발견된다. 이탈리아에 파시즘을 가져온 베니토 무솔리니(Benito Mussolini)는 "이탈리아 파시즘은 진정한 민주주의의 실현"이라고 주장하였고, 독일 나치 정권의 선전부 장관이었던 요제프 괴벨스(Joseph Goebbels, 1897~1945)는 "나치 하의 독일은 근대 민주국가의 가장 고귀한 형태"라고 선전하였다.[106] 공산주의 국가도 예외가 아니어서 1960년대 소련의 저널들은 "인민민주주의는 부르주아 의회민주주의보다 더 새롭고 더 높은 형태의 민주주의"임을 강조하였다.[107] 21세기 정치판에 등장한 '민주적 독재' 정권들도 스스로 민주주의

106 오스틴 래니, 권만학 · 김경민 · 김계동 외 역, 앞의 책, p. 155에서 재인용.

107 Zbigniew R. Brzezinski, *The Soviet Bloc* (Cambridge, MA: Harvard University Press, 1967), p. 31에서 재인용.

국가임을 자처하며 주요 사건마다 민주주의를 내세운다는 점은 동일하다. 이 같은 현상은 전 세계적으로 많은 사람이 민주주의를 바람직한 정치체제로 받아들이고 있다는 것을 시사한다.

민주주의의 모호성 문제

그러나 문제는 누구도 민주주의가 무엇인지 정확히 모른다는 것이다. 민주주의라는 용어와 관행에 익숙한 현대인은 민주주의를 알아볼 수 있다고 믿는다. 그러나 그것은 생각처럼 쉬운 일이 아니다. 민주주의는 한 가지로 정해진 모습인가, 아니면 하나 이상의 그 무엇인가. 자유와 권리가 제도적으로 갖추어져 있으면 민주주의로 봐야 하는 것인가, 아니면 밖으로 드러나지 않지만 상호존중의 규범이 민주주의의 필수요건인가. 민주주의의 생사를 구분하는 기준은 무엇인가. 선동적인 독재자가 정권을 잡았을 때부터인가, 독재 정권이 권위주의적 정책들을 만들어 낼 때인가, 독재자가 교체 불능의 권력을 확보했을 때인가. 민주정치의 실체를 파악하려 하면 할수록 답을 모르는 질문들이 이어진다. 그래서 프랑스의 정치철학자인 클로드 르포르(Claude Lefort, 1924~2010)는 "민주주의가 무엇인지 안다는 믿음은 환상에 불과하다. 민주주의는 그저 가까운 과거에 시작된 여러 가능성이 열려 있는 놀이일 뿐이며, 우리는 아직 제대로 된 탐험을 시작하지도 못했다"라고 했다.[108] 그는 민주정치를 끝이 없는 진행형으로 보았고 아직 등장하지 못한 민주주의 방식에 대해 여지를 남겨두었다.

하지만 민주주의에 대한 탐험이 시작되더라도 그 실체를 확실히 알 수 있다는 보장이 없어 보인다. 민주정치에 내재되어 있는 '불확실성' 때문이다. 앞에서 논의하였듯이 민주주의의 특별한 점은 특정 세력이나 견해나 기술이 전체 사회를 지배하지 않는다는 것이다. 민주주의는 아무리 좋은 생각이나 방법이 있다 하더라도 일률적인 적용과 획일적인 일치를 강요하지 않는 속성을 가지고 있다. 민주정치체제는 획일성 대신에 자율성과 다양성을 추구하기 때문에 효율성 면에서 손해를 보기도 하지만 높은 수준의 수용력과 대응력을 보상으로 받는다. 여기서 주목할 점은 민주정치체제가 갖는 수용력과 대응력은 민주주의가 남겨 놓은 여백에 기인한다는 것이다. 민주정치의 여백에 담겨 있는 불확실성 때문에 민주사회의 구성원들은 서로 소통하고 협력할 방법을 찾게 된다. 민주정치의 불확실성은 일부 구성원에게 우려를 낳기도 하지만 민주정치를 민주정치답게 만드는 핵심적 요건이 된다.

---

108 얀-베르너 뮐러, 권채령 역, 『민주주의 공부』 (파주: 윌북, 2022), p. 7에서 재인용.

민주정치의 절차적 요건과 균형 과제

그러나 민주정치의 불확실성이 혼란이나 무작위성을 목적으로 하는 것은 아니므로 그 불확실성의 범위가 어디까지인지, 불확실성의 문제를 어떻게 다뤄야 하는지 궁금해진다. 이 문제에 대한 민주정치의 접근법은 구성원 간의 불일치와 갈등을 허용하면서, 그 갈등을 조정하는 절차와 게임 방식에 대해서는 확실한 규칙을 정하되, 그 결과는 미리 정하지 않고 정치 현장에 맡기는 것이다. 그에 따라 결과의 불확실성이 존재하지만 확실한 게임의 절차와 규칙 덕분에 전혀 예기치 못하거나 민주주의를 파괴할 만한 결과는 발생하지 않을 것으로 기대한다.

민주정치 게임의 규칙에 의해 패자도 의견을 내고 승자는 자신의 의견을 정책으로 시행한다. 결과의 불확실성은 패자와 승자에게 똑같이 적용되며 게임의 규칙에 의해 다음 번에는 승자와 패자가 바뀌거나 제3의 새로운 세력이 진입할 수도 있다. 이처럼 확실한 게임의 절차와 규칙에 의해 제도화되어 있는 불확실성은 혼란이나 무작위성과는 다르다고 할 수 있다. 민주정치는 이런 방식으로 결과의 불확실성을 제도화한다.[109] 그리고 그 같은 결과의 불확실성은 민주정치의 역동성을 높이는 계기로 활용된다. 이에 반해 독재정치는 절차의 불확실성과 결과의 확실성을 기본 특징으로 한다. 독재정치에

---

109 애덤 셰보르스키는 '제도화된 불확실성'을 민주주의의 주요 특징으로 지적하고 있다. Adam Przeworski, *Democracy and the Market* (New York: Cambridge University Press, 1991) 참조.

서처럼 결과가 거의 확실하게 정해진 곳에서는 시민이 정치에 참여할 이유가 없고 구성원들의 정치적 삶도 사라지게 된다.

결과의 불확실성을 절차의 확실성으로 제도화한다는 말이 어색하고 불편하게 느껴지지만 이 말은 민주정치가 고도의 균형을 필요로 하는 정치라는 점을 시사한다. 민주정치는 미래의 구체적인 모습과 진로를 확정해 놓지 않기 때문에 거의 모든 영역에서 수많은 대안이 열려 있는 정치체제이다. 절차의 확실성과 결과의 불확실성도 민주정치가 갖추어야 할 균형의 덕목에 속한다. 그 같은 균형 속에서 '지금의 패배'와 '다음의 승리'의 가능성이 균형을 이루어야 민주정치 게임이 유지될 수 있다. 만약 어느 한쪽의 연속적 승리가 확실하다면 민주정치는 사라지기 때문이다. 민주정치는 고도의 균형과 제도화된 다양한 가능성 위에 존재한다고 말할 수 있다.

본서의 앞부분에서 민주정치가 지속되기 위해서는 민주주의 법체계와 정치제도, 신념과 규범, 그리고 민주정치를 뒷받침할 사회경제적 조건(부와 교육 수준, 견실한 중산층, 다각화된 민간 영역 등)이 필요하다는 점을 지적하였다. 이제 제2부의 민주정치과정과 제도에 대한 논의를 마무리하면서 민주정치의 지속가능 조건을 한 가지 더 추가하고자 한다. 그것은 바로 민주정치가 요구하는 균형과 제도화된 다양한 가능성에 대한 이해와 실천이다. 정치인과 유권자 시민이 민주정치의 이 같은 특성을 바로 이해하고 실천할 때 민주주의는 지속가능할 뿐만 아니라 성공적인 정치제도가 될 가능성도 높다. 그럴 때에 민주정치의 열린 가능성을 통하여 정치적 역동성과 창의성을 이끌어낼 수 있을 것으로 기대된다.

민주정치의 열린 가능성을 활용하는 것은 쉬운 일은 아니지만 도전할 만한 가치가 있다. 그러기 위해서는 먼저 민주정치에 대한 올바른 이해와 공동체에 대한 헌신의 자세가 요구된다. 정치사회가 여러 진영으로 대열화되고, 진영 논리 속에 전문성이 묻히고, 정치적 진실이 단편적 정보들에 의해 쉽게 가려지는 시대에는 올바른 정치학 지식과 시민 덕성의 필요성이 더욱 커진다. 더 많은 시민이, 특히 미래의 주역인 청년 세대가 정치학의 지식과 안목을 갖추고 정치 발전에 열정을 품는다면 나라의 정치도, 정치가 관리하는 사회도 좋은 방향으로 나아갈 것이다. 그 반대로 청년들의 정치적 효능감이 저하되고 정치적 무관심과 냉소주의가 팽배해질 경우 좋은 정치와 밝은 사회는 기대하기 어렵다. 스코틀랜드의 소설가이자 정치가이면서 제15대 캐나다 총독을 지낸 존 버컨(John Buchan, 1875~1940)이 오래 전에 했던 말이 지금도 호소력을 갖기를 기대해본다. "공적인 삶은 최고의 경력이다. 그것은 젊은이들에게 최고의 야망이기도 하다. 정치는 아직도 가장 위대하고 가장 명예로운 모험이다."[110]

---

110 오스틴 래니, 권만학 · 김경민 · 김계동 외 역, 앞의 책, p. 59에서 재인용.

Chapter9 토론 사항

정치의 의미를 다시 생각할 때 미래 정치의 과제는 무엇인가? (의미와 과제)

'생물학적 삶'과 '정치적 삶'은 어떻게 다른가? (다음 목표)

민주정치의 다양성은 불확실성과 혼란을 낳는가? (핵심 속성)

'결과의 불확실성'을 '절차의 확실성'으로 제도화하는 것이 가능한가? (핵심 과제)

참고 문헌

1. 국문 문헌

(한국 단행본 및 논문)

강정인 · 김세결 편. 『현대 민주주의론의 경향과 쟁점』. 서울: 문학과 지성사, 1994.

김남균. "미국 혁명의 공화주의." 『미국사연구』, vol. 35 (2012), pp. 1-32.

김우태 · 박창진 · 김명하 외. 『정치학의 이해』. 서울: 형설출판사, 1998.

민경국. 『자유주의의 지혜』. 서울: 아카넷, 2007.

박세일 · 나성린 · 신도철 공편. 『공동체 자유주의』. 파주: 나남, 2008.

성경륭. 『체제변동의 정치사회학』. 서울: 한울아카데미, 1995.

신정현. 『정치학』. 서울: 법문사, 1993.

윤형섭 · 김영래 · 이완범. 『한국정치 어떻게 볼 것인가』. 서울: 박영사, 2003.

이범준 · 신승권 공저. 『정치학』. 서울: 박영사, 1996.

이인성. 『21세기 세계화체제의 이해』. 서울: 아카넷, 2009.

이항우 · 이창호 외. 『정보사회의 이해』. 서울: 미래인, 2011.

이항우. 『클릭의 사회학』. 서울: 이매진, 2013.

정상호. "한국 이익집단 연구의 분석적 개괄." 『한국정치학회보』, vol. 40 (2006), pp. 91-113.

최장집. 『한국의 노동운동과 국가』. 서울: 열음사, 1988.

황해붕. "독립혁명기 미국 공화주의의 기본 원리들과 변형." 『미국사연구』, vol. 1 (1993), pp. 19-46.

(외국 단행본 및 논문)

나임, 모이제스. 김병순 역. 『권력의 종말』. 서울: 책읽는 수요일, 2015.

달, 로버트. 조기제 역. 『민주주의와 그 비판자들』. 서울: 문학과 지성사, 1999.

드 라 보에티, 에티엔느. 박설호 역. 『자발적 복종』. 서울: 울력, 2004.

라인골드, 하워드. 이운경 역. 『참여군중』. 서울: 황금가지, 2003.

래니, 오스틴. 권만학 · 김경민 · 김계동 외 역. 『현대정치학』. 서울: 을유문화사, 1994.

레비츠키, 스티븐 · 대니얼 지블랫. 박세연 역. 『어떻게 민주주의는 무너지는가』. 서울: 어크로스, 2018.

로크, 존. 강정인 · 문지영 역. 『통치론』. 서울: 까치, 1996.

로크, 존. 권혁 역. 『통치론』. 서울: 돋을새김, 2019.

마르크스, 칼 · 프리드리히 엥겔스. 최인호 역. 『칼맑스 프리드리히 엥겔스 저작 선집 2권』. 서울: 박종철출판사, 1997.

마르크스, 칼. 김수행 역. 『자본론 1』 상하. 서울: 비봉출판사, 2015.

마르크스, 칼. 김문수 역. 『경제학 철학 초고, 자본론, 공산당 선언, 철학의 빈곤』. 서울: 동서문화사, 2016.

만하임, 칼. 임석진 역. 『이데올로기와 유토피아』. 파주: 김영사, 2012.

매킨타이어, 알래스데어. 이진우 역. 『덕의 상실』. 서울: 문예출판사, 1997.

맹자. 우재호 역. 『맹자』. 서울: 을유문화사, 2007.

멜레, 니코. 이은경 · 유지연 역. 『거대 권력의 종말』. 서울: 알에치코리아, 2013.

뮐러, 얀-베르너. 권채령 역. 『민주주의 공부』. 파주: 윌북, 2022.

샌델, 마이클. 김은희 역. "자유주의와 무연고적 자아." 『동서사상』, 제1집 (2006), pp. 161-207.

샌델, 마이클. 안진환 · 이수경 역. 『왜 도덕인가』. 서울: 한국경제신문, 2010.

샌델, 마이클. 안기순 역. 『돈으로 살 수 없는 것들』. 서울: 와이즈베리, 2012.

아키히꼬, 타나카. 이웅현 역. 『새로운 중세: 21세기의 세계시스템』. 서울: 지정, 2000.

왈쩌, 마이클. 정원섭 외 역. 『정의와 다원적 평등』. 서울: 철학과현실사, 1999.

왈쩌, 마이클. 김용환 역. 『자유주의를 넘어서』. 서울: 철학과현실사, 2001.

토플러, 앨빈. 이규행 역. 『제3물결』. 서울: 한국경제신문, 1989.

플라톤. 최현 역. 『국가론』. 서울: 집문당, 1990.

플라톤. 최광열 역. 『플라톤의 국가』. 서울: 아름다운날, 2014.
헤이우드, 앤드류. 조현수 역. 『정치학: 현대정치의 이론과 실천』. 서울: 성균관 대학교 출판부, 2003.
헬드, 데이비드·앤터니 맥그루·데이비드 골드블라트·조너선 페라턴. 조효제 역. 『전지구적 변환』. 서울: 창작과비평사, 2002.
헬드, 데이비드. 박찬표 역. 『민주주의의 모델들』. 서울: 후마니타스, 2010.

2. 영문 문헌

Adams, Ian. *Ideology and politics in Britain today.* Manchester: Manchester University Press, 1998.
Allison, Graham T. *Essence of Decision: Explaining the Cuban Missile Crisis.* Boston: Litte, Brown and Company, 1971.
Almond, Gabriel A. "Comparative Political Systems." *The Journal of Politics,* vol. 18(1956), pp. 391-409.
Almond, Gabriel A. and Sidney Verba. *The Civic Culture: Political Attitudes and Democracy in Five Nations*. Princeton: Princeton University Press, 1963.
Almond, Gabriel A., ed. *Comparative Politics Today: A World View*. Boston: Little, Brown and Company, 1974.
Almond, Gabriel, and G. Bingham Powell, Jr. *Comparative Politics: System, Process, Policy*. Boston: Little, Brown and Company, 1978.
Archibugi, Daniele and David Held, eds. *Cosmopolitan Democracy*. Cambridge: Polity Press, 1995.
Bell, Daniel. *The End of Ideology: On the Exhaustion of Political Ideas in the Fifties*. New York: Free Press, 1960.
Benn, Stanley I. "Egalitarianism and the Equal Consideration of Interests." In J. R. Pennock and J. W. Chapman, eds. *Equality*. New York: Atherton Press, 1967.
Bobbio, Noberto. "Democracy and the International System." In Daniele Archibugi and David Held, eds. *Cosmopolitan Democracy*. Cambridge: Polity

Press, 1995, pp. 17-41.

Brzezinski, Zigniew R. *The Soviet Bloc*. Cambridge, MA: Harvard University Press, 1967.

Bull, Hedley. *The Anarchical Society*. London: Macmillan, 1977.

Cerny, Philip G. "Paradoxes of the Competition State: the Dynamics of Political Globalization." *Government and Opposition*, vol. 32 (April 1997), pp. 251-274.

Cooley, Charles H. *Social Organization: A Study of the Larger Mind*. New York: Charles Scribner's Sons, 1909.

Cudworth, Erika, Timothy Hall and John McGovern. *The Modern State: Theories and Ideologies*. Edinburgh: Edinburgh University Press. 2007.

Easton, David. *The Political System: An Inquiry into the State of Political Science*. New York: Knopf,1953.

Easton, David. "An Approach to the Analysis of Political System." *World Politics*, vol. 9 (April, 1957), pp. 383-400.

Esping-Andersen, Gosta. *Changing Classes Stratification and Mobility in Post-Industrial Societies*. London Newbury Park, California: Sage Publications, 1993.

Esping-Andersen, Gosta. *Social Foundations of Postindustrial Economies*. Oxford: Oxford University Press, 1999.

Fenno, Richard F., Jr. *The Power of the Purse: Appropriations Politics in Congress*. Boston: Little, Brown and Company, 1966.

Friedman, Thomas L. *The Lexus and the Olive Tree: Understanding Globalization*. New York: Anchor Books, 2000.

Friedrich, Carl. J. *Constitutional Government and Politics*. New York: Harper & Brothers, 1937.

Friedrich, Carl J. and Zbigniew Brzezinski. *Totalitarian Dictatorship and Autocracy*. Cambridge: Harvard University Press, 1956.

Fukuyama, Francis. "The End of History?" *The National Interest*, vol. 16 (1989), pp. 3-18.

Gilpin, Robert. *War and Change in World Politics*. Cambridge: Cambridge University Press, 1981.

Goodwin, Robert E. "The Logic of Bureaucratic Back Stratching." *Public Choice*, vol. 21 (1975), pp. 53-67.

Hayek, Friedrich A. *The Constitution of Liberty*. Chicago: University of Chicago Press, 1960.

Held, David, Anthony McGrew, David Goldblatt and Jonathan Perraton. *Global Transformations: Politics, Economics and Culture*. Stanford: Stanford University Press, 1999.

Holt, Robert T. and John E. Turner. *The Political Basis of Economic Development: An Exploration in Comparative Political Analysis*. Princeton, NJ: D. Van Nostrand & Company, 1966.

Huntington, Samuel P. *American Politics: The Promise of Disharmony*. Cambridge, Mass: The Belknap Press of Harvard University Press, 1981.

International IDEA (Institute for Democratic and Electoral Assistance). https://www.idea.int/data-tools/data/voter-turnout/compulsory-voting.

Katz, Richard S. and Peter Mair. "Changing Models of Party Organization and Party Democracy: the Emergence of the Cartel Party." *Party Politics*, vol. 1 (1995), pp. 5-28.

Krasner, Stephen D. "State Power and the Structure of International Trade." *World Politics*, vol. 28 (1976), pp. 317-347.

Lijphart, Arend, ed. *Parliamentary Versus Presidential Government*. Oxford: Oxford University Press, 1992.

Lindblom, Charles E. "The Science of 'Muddling Through'." *Public Administration Review*, vol. 19 (1959), pp. 79-88.

Linz, Juan J."An Authoritarian Regime: Spain." In E. Allardtand and S. Rokkan, eds. *Mass Politics* (first published 1964). NewYork: Free Press, 1970.

Linz, Juan J. "Totalitarian and Authoritarian Regimes." In F.I. Greenstein and N.W. Polsby, eds., *Handbook of Political Science, Vol.3: Macropolitical Theory* Reading, M.A.: Addison-Wesley, 1975.

MacIntyre, Alasdair. *After Virtue*. Notre Dame, IN: University of Notre Dame Press, 1981.

Michels, Robert. *Political Parties: A Sociological Study of the Oligarchical Tendencies of Modern Democracy*. Translated into English by Eden Paul and Cedar Paul.

New York: Collier Books, 1962.

Mill, John Stuart. *Consideration on Representative Government*. Edited by Currin. V. Shields. Indianapolis: Bobbs-Merrill, 1958.

Morgenthau, Hans J. *Politics among Nations*. New York: Alfread P. Knopf, 1973.

Mosca, Gaetano. *The Ruling Class*. New York: McGraw Hill, 1939.

Niskanen, William. *Bureaucracy and Representative Government*. Chicago: Aldine-Atherton, 1971.

Przeworski, Adam. *Democracy and the Market*. New York: Cambridge University Press, 1991.

Sandel, Michael. *Liberalism and the Limits of Justice*. Cambridge: Cambridge University Press, 1982.

Taylor, Charles. *Sources of the Self*. Cambridge, MA: Harvard University Press, 1984.

Tilly, Charles. *Coercion, Capital, and European States, AD 990~1990*. Cambridge, MA: Basil Blackwell, 1990.

Walz, Kenneth N. *Theory of International Politics*. Reading, Mass: Addison-Wesley, 1979.

Walzer, Michael. *Spheres of Justice*. New York: Basic Books, 1983.

Waters, Tony and Dagmar Waters, eds. *Weber's Rationalism and Modern Society*. New York: Palgrave MacMillan, 2015.

Wempe, Ben. *T. H. Green's theory of positive freedom: from metaphysics to political theory*. Exeter: Imprint Academic, 2004.

글로 듣는 정치학 수업

초판 1쇄 발행 / 2022년 11월 25일
초판 2쇄 발행 / 2023년 4월 3일

저자 이인성
발행처 형설출판사
경기도 파주시 회동길 37-23 · 전화 (031) 955-2361~4 · 팩시밀리 (031) 955-2341
발행인 장진혁
등록 라-제9호 · 1962년 5월 1일
홈페이지 http://www.hyungseul.co.kr
e-mail hs@hyungseul.co.kr

정가 18,000원

ISBN 978-89-472-8628-2 03340

글로 듣는
정치학 수업

MEMO

MEMO